统计学精品教材

统计学原理

陈湘来 武敏敏 编著

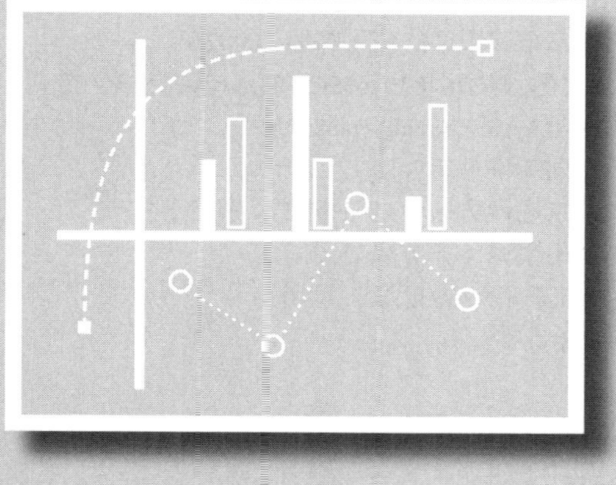

首都经济贸易大学出版社
Capital University of Economics and Business Press
·北京·

图书在版编目（CIP）数据

统计学原理 / 陈湘来，武敏敏编著. -- 北京 : 首都经济贸易大学出版社，2025. 2. -- ISBN 978-7-5638-3823-3

Ⅰ. C8

中国国家版本馆 CIP 数据核字第 2024WZ5467 号

统计学原理

TONGJIXUE YUANLI

陈湘来　武敏敏　编著

责任编辑　潘秋华

封面设计　风得信·阿东 FondesyDesign

出版发行　首都经济贸易大学出版社

地　　址　北京市朝阳区红庙（邮编 100026）

电　　话　（010）65976483　65065761　65071505（传真）

网　　址　http://www.sjmcb.cueb.edu.cn

经　　销　全国新华书店

照　　排　北京砚祥志远激光照排技术有限公司

印　　刷　唐山玺诚印务有限公司

成品尺寸　185 毫米×260 毫米　1/16

字　　数　268 千字

印　　张　15

版　　次　2025 年 2 月第 1 版

印　　次　2025 年 2 月第 1 次印刷

书　　号　ISBN 978-7-5638-3823-3

定　　价　42.00 元

前　言

统计学是一门研究数据收集、分析、解释和展示的科学，在社会科学、自然科学、工程技术、商业决策等领域都有着广泛的应用。随着大数据时代的到来，统计学的重要性更加凸显，成为现代教育中不可或缺的一部分。

本教材旨在为统计学初学者提供一个全面、系统的学习平台，以适应高等院校经济与管理类专业统计学相关课程教与学的需要。本教材的目标读者包括：经济与管理类专业的本科生，对统计学感兴趣、希望通过自学掌握统计学基础知识和技能的社会人士，需要在实际工作中应用统计学方法的数据分析人员、市场研究人员、财务分析师，等等。

本教材的主要特点如下。

（1）引入实际应用案例。通过结合经济管理等实际应用实例，介绍统计方法的具体应用，从而提高读者学以致用和解决实际问题的能力。

（2）跨学科内容融合。将统计学理论与经济学、管理学等学科知识相结合，实现跨学科的知识融合和应用。

（3）避免冗长的数学推导。力求简明易懂，避免冗长的公式推导和证明，使教材内容更加贴近初学者的接受能力。

（4）重视对统计过程和概念的理解。不强调公式和技巧，而是让读者把精力集中在对统计过程和概念的理解上。

本教材内容共计十章，包括统计学导论、数据统计量、统计数据抽样、参数估计、假设检验、方差分析、相关分析、回归分析、时间序列分析、统计指数等。每章均附有习题，并在书后附有习题答案，方便读者自主学习。

本教材由陈湘来和武敏敏两位同志编写。陈湘来设计了本教材的内容框架，编写了主体理论内容并负责统稿；武敏敏编制了本教材的计算例题与课后习题。

限于编者的水平，本教材中难免有错误与疏漏之处，敬请读者批评指正。

目　录

1　统计学导论

统计与人们的生活息息相关。我们在生活中的每一天都会看到大量的统计数据，各类媒体随时都会发布各种统计数字，如国内生产总值（GDP）数据、消费价格指数（CPI）数据、全国城镇调查失业率数据、股票市场上的股票价格指数数据、人民币兑换美元的国际汇率数据、企业顾客满意度指数数据等。可以说，统计数据无处不在、无时不在。因此，理解统计学含义、了解统计数据及其类别、掌握统计分析方法与工具显得尤为重要。

本章主要介绍统计与统计学的含义、统计学的分类、统计数据及其分类、统计学中的几个基本概念等内容。

1.1　统计与统计学

1.1.1　统计的含义

2010 年 6 月，第 64 届联合国大会第 90 次会议通过正式决议，将 2010 年 10 月 20 日确定为“世界统计日”（World Statistics Day）。这是人类有史以来第一个全球性的统计日，全球统计人迎来了属于自己的节日。五年后的第 69 届联合国大会正式将 10 月 20 日定为世界统计日，每五年举行一次庆祝活动。2015 年 10 月 20 日、2020 年 10 月 20 日，联合国分别举办了第二届、第三届“世界统计日”的庆祝活动。庆祝活动由联合国统计委员会指导和组织，在全球统计机构的共同努力下，举办了各类活动以展示统计事业，宣传统计事业。作为超越国界的盛事，世界统计日凸显了“全球统计为一家”的理念，提升了统计的重要性和公众认可度，彰显了统计在各个方面的重要作用。

统计作为一种重要的处理与分析问题的方法，无论对在宏观层面的经济与社会的调查研究，还是对微观层面的工作与生活的分析判断，都有着十分重要的应用。在实际应用中，人们对统计一词的理解一般有三种：统计工作、统计资料和统计科学。

对统计的第一种理解是“统计就是统计工作”。它指利用科学的方法搜集、整理、分析和提供关于各类事物和现象的数量资料的工作的总称，一般也称为统计实践或统计活动。统计工作是随着人类社会的需要而产生和发展起来的，至今已有四五千年的历史。统计工作是在一定统计理论指导下，采用科学的方法，搜集、整理、分析统计资料的一系列活动过程，一般包括统计设计、统计调查、统计整理和统计分析等四个环节。

对统计的第二种理解是“统计就是统计资料”。统计资料指通过统计工作取得的、用来反映各类事物和现象的数据资料（数字资料、文字资料、图表资料及其他相关资料）的总称，一般也称统计信息。统计工作所取得的各项数字资料及有关文字资料，一般反映在统计表、统计图、统计手册、统计年鉴、统计资料汇编和统计分析报告中。

对统计的第三种理解是“统计就是统计科学”。统计科学是统计工作经验的总结和理论概括，是系统化的知识体系，是指研究如何搜集、整理和分析统计资料的理论与方法，一般简称其为统计学。在我国教育部的学科门类划分中，统计学是与数学并列的理科二级学科。它主要通过概率论建立数学模型，收集所观察系统的数据，进行量化的分析、总结，并进而进行推断和预测，从而为相关决策提供依据和参考。统计学被广泛应用于各门学科，几乎涵盖了自然科学和社会科学的各个领域，从物理、化学，到商业乃至体育、文学等领域，都会看到统计学的身影。

1.1.2 统计学及其分类

本书认为，统计学是一门收集、处理、分析、解释数据并从中得出结论的科学。统计学的研究对象是随机的统计数据，研究方法是通过样本来研究总体，研究结果是随机现象中的统计规律，研究用途是为决策提供依据。

按照统计分析方法的研究方向，可将统计学分为理论统计学与应用统计学。理论统计学研究统计学的一般理论，更加注重对统计方法的数学原理的研究，应用统计学则更加注重统计学在各个领域中的具体应用。

按照统计分析方法的特点，可将统计学分为描述统计学与推断统计学。描述统计学侧重对数据的整理和加工，从而形成描述性数据统计量，如平均数、中位数等描述数据集中趋势的统计量，方差、标准差等描述数据离散程度的统计量，偏度、峰度等描述数据分布形状的统计量。推断统计学侧重根据样本提供的信息对总体特征进行推断。例如，根据经由样本数据计算得到的样本统计量值来估计总体的参数值（统计学上称之为“参数估计”）。又如，先对总体的特征做出某种假设，然后通过抽样得到的样本信息，根据小概率原则、应用反证法等对此假设做出拒绝或不拒绝的推断（统计学上称之为“假设检验”）。

1.2 统计数据

统计学的研究对象是随机的统计数据。我们所面对的各类随机现象都可以用统计数据来描述，统计数据就是对随机现象进行测量的结果。例如，对学生样本的体重和身高信息进行测量可以得到体重和身高的数据，对新生儿性别的测量可以得到男或者女的数据。

那么什么是统计数据？统计数据就是统计工作活动过程中所取得的反映各类随机现象的数字资料以及与之相联系的其他资料的总称。狭义上讲，统计数据是指数字数据；而广义上讲，统计数据不仅包括数字数据，而且包括图表数据、文本数据、音频数据、视频数据等其他数据。本书所涉及的统计数据是狭义范围的，并不涉及广义范围的其他数据。

在统计学中，按照对事物和现象描述的精确程度，可以把统计数据分为两大类、四个层次，即定性数据和定量数据这两大类，以及定类数据、定序数据、定距数据和定比数据这四个层次。其中，定性数据这一类中包含定类数据和定序数据，定量数据这一类中包含定距数据和定比数据。

首先，我们来看定性数据这一类。所谓定性数据，是指仅能用文字、数字代码等来表示事物或现象属性特征的数据。根据其能否排序，可将定性数据进一步细分为定类数据和定序数据。其中，定类数据是指能区分类别但不能区分顺序的数据。对于定类数据，可以用数字代码（如 1、2、3 等）进行类别区分。例如，新生儿性别分类为男或女，则可用数字 1 和 2 分别代表男和女，但这时 1 和 2 仅仅是男和女的数字代码，而不能进行加减乘除等算术运算，也不能进行大小比较。定序数据是指既能区分类别又能区分顺序或等级的数据。例如，专业技术职务职称的评定结果可分为初级、中级、高级。

其次，我们再来看定量数据这一类。所谓定量数据，是指可以用数值来表示事物或现象数量特征的数据。根据其是否存在绝对零点，可将定量数据进一步细分为定距数据和定比数据。其中，定距数据是指不仅能区分类别和顺序而且能计算不同类别之间差距的数据。例如温度，其数据不仅可以区分低温和高温，而且能以数字的形式计算出低温和高温之间的温差是多少。定距数据可以进行加和减的算术运算，但不能进行乘和除的算术运算。定比数据是指不仅能区分类别和顺序，能计算不同类别之间的差距，而且能进行比较并得到相对数的数据。例如，不同经济体之间的GDP 数据，不仅可以排序，做大小比较，还可以进行比值计算。定比数据可以进行加减乘除的算术运算。

在定类数据、定序数据、定距数据和定比数据这四个层次数据中，定类数据是计量层次最低的计量尺度数据，它仅能进行分类操作；定序数据的计量层次高于定类数据，不仅能进行分类操作，还能进行排序操作；定距数据的计量层次高于定类数据和定序数据，不仅能进行分类和排序操作，还能计算不同类别之间的差距；定比数据的计量层次最高，不仅能进行分类和排序操作，能计算不同类别之间的差距，还能计算比值。具体如表 1.1 所示。

表 1.1　四类测量尺度的比较

类型	特性			
	分类（=，≠）	排序（<，>）	间距（+，-）	比值（×，÷）
定比数据	√	√	√	√
定距数据	√	√	√	
定序数据	√	√		
定类数据	√			

1.3 统计学中的几个基本概念

1.3.1 统计总体、总体单位与样本

1）统计总体

统计总体（简称总体）是指所要研究的、具有某种共同属性的事物或现象的属性值的全体集合。总体中个体的数量被称为总体容量。例如，某家电灯生产企业以其生产的电灯产品的使用寿命为元素所构成的集合，可视为电灯产品使用寿命总体。需要说明的是，要检验一批电灯产品的使用寿命，应当关心的是每个电灯产品的使用寿命，而不是电灯产品本身，所以应当把电灯产品使用寿命数据的集合作为总体，而这个总体是一些实数构成的集合。所以说，统计总体是一组观测数据，而不是一群人或一些事物的集合。

统计总体具有同质性、大量性、差异性等特点。同质性是指总体中的所有元素应当具有某种相同的性质或特征，大量性是指总体容量应当是充分大的，差异性是指总体中的各个元素在所研究的内容上存在不同的表现。

根据总体容量，可将统计总体分为有限总体和无限总体。有限总体的总体容量是有限可数的，无限总体的总体容量则是无限的、不可数的。将总体分为有限总体和无限总体，主要是为了判断从每次总体中抽取样本（即抽样）是否独立。对于无限总体而言，从总体中每抽取一个元素后，并不会影响总体本身，也就不会影响下一次抽样的结果，因此每次抽样可以被看作是独立的。对于有限总体而言，因为从总体中每抽取一个元素后总体元素数量就会减少一个，总体本身会发生变化，因而前一次的抽样结果往往会影响后一次的抽样结果，所以说在这种情况下的抽样是不独立的。抽样独立与否会影响到抽样推断的结果。

2）总体单位

总体单位（简称个体）指构成统计总体的个别事物的属性值，这是总体中一个特定的研究对象的属性值。例如，电灯产品使用寿命数据集合中的任意一盏电灯的使用寿命数据。统计学中个体与总体的关系，类似于数学上元素与集合的关系。

个体也不是一成不变的，而是会随着研究内容和目的的改变而改变。例如，当

研究某家企业电灯产品使用寿命情况时，则该企业所生产的每一个电灯产品的使用寿命检测数据就是一个个体；如果把范围扩大，即研究不同电灯生产企业之间电灯产品使用寿命情况时，一家电灯生产企业的电灯产品整体的使用寿命数据就是一个个体。

3）样本

样本是研究中实际观测或调查的一部分个体的集合，或是从总体中抽取的一部分个体的集合。样本中个体的数量被称为样本容量或样本量。从总体中抽取样本的目的是通过样本信息来推断或者估计总体的信息。例如，对于某家电灯生产企业而言，从其某一天生产的所有电灯产品中随机抽取 100 个，那么这 100 个电灯产品的使用寿命数据就构成了一个样本，而这个样本的样本容量就是 100。然后，我们就可以根据这 100 个电灯产品使用寿命的检测数据的平均数来推断或估计其在这一天所生产的电灯产品的平均使用寿命。

1.3.2 参数与统计量

在统计学中，参数是描述总体特征情况的概括性数字度量，统计量则是描述样本特征情况的概括性数字度量。例如，对于某家电灯生产企业而言，从其某一天生产的所有电灯产品中随机抽取 100 个，那么这 100 个电灯产品使用寿命的检测数据平均数，就是这一天所有电灯产品使用寿命数据的平均数这一总体参数所对应的一个样本统计量。

参数是根据总体数据计算得到的，当总体确定时，参数是一个常量。但在实际中，无限总体的参数是无法获取的，有限总体的参数也往往由于成本的原因而无法获取，因此参数也通常是一个未知量。例如，假定某家电灯生产企业一天生产电灯产品 10 000 盏，这 10 000 盏电灯产品的使用寿命就构成了一个总体。尽管从技术的角度看，这家企业可以得到这个总体的平均数，但现实中恐怕不会有哪家企业会去检测以得到这个总体参数，因为这样会使成本大到企业无法承担。所以，我们才需要从总体中抽取一定量的样本，通过样本计算得到样本统计量，以此来估计总体参数。

值得说明的是，从总体中抽样可以是不止一次的。每一次抽样所得到的样本也是不尽相同的。所以说，样本统计量是一个会变化的量。如果所抽取的样本是随机的，那么所得到的样本统计量就是随机变量。

在统计中，我们一般使用希腊字母来表示总体参数。例如，总体平均数用 μ 来表示，总体标准差用 σ 来表示，总体比例用 π 来表示。而对于样本统计量，我们一般使用英文字母来表示。例如，样本平均数用 $\bar{x}$ 来表示，样本标准差用 s 来表示，总体比例用 p 来表示。

1.3.3 统计变量

统计变量（简称变量），顾名思义，就是指"可以变的量"，即指某一事物或现象可以取两个或两个以上可能值的特征或属性。例如，GDP 就是经济现象中最重要的特征之一，它反映的是一个经济体在国民财富上的富裕程度，并且每一年其统计数值都会发生变化，所以说 GDP 就是一个变量。变量的取值就是变量值，也就是数据。例如，2022 年中国的 GDP 为 121.02 万亿元人民币，这 121.02 万亿元人民币就是 GDP 这个变量的一个变量值。

统计变量的取值就是统计数据。因此，与统计数据的分类相似，变量也可分为定性变量和定量变量。

定性变量，或称为分类型变量，是指取值为定性数据的变量，可分为定类变量和定序变量。定类变量是指取值为定类数据的变量，如"性别"这一变量就是一个定类变量，其取值为"男"或"女"，这两个取值之间是不存在顺序关系的。定序变量是指取值为定序数据的变量，如"职称"这一变量就是一个定序变量，其取值为"初级职称"、"中级职称"和"高级职称"，这三个取值之间是存在着顺序关系的。

定量变量，或称为数值型变量，是指取值为定量数据的变量。根据取值是离散的还是连续的，定量变量可分为离散型变量和连续型变量。离散型变量是指取值是有限的或无限可列的变量，如"抛掷一枚骰子出现的点数"这一变量就是一个离散型变量，其取值为"1""2""3""4""5""5"，是有限的。连续型变量是指可以在一个或多个区间内取任意值的变量，如"GDP"这一变量就是一个连续型变量，其取值可以是（0，+∞）这个区间内的任意一个值。

【思考与练习】

1. 简述统计学的含义及其分类。

2. 简述统计数据的含义及其分类。

3. 举例说明总体、个体、样本、参数、统计量、变量这几个统计学中的重要概念。

4. 指出下列变量的类型。

（1）性别；

（2）年龄；

（3）职称；

（4）岗位（从管理岗位、技术岗位、其他岗位中选择一项）；

（5）员工满意度得分（从 1 分、2 分、3 分、4 分、5 分中选择一项）。

5. 某研究机构从某高校即将毕业参加工作的 3 000 名本科应届生中随机抽取 200 名，调查他们所签工作协议的起始薪酬状况。请指出该项研究的总体、样本和样本容量，并描述该项研究的参数和统计量。

2　数据统计量

总体和样本中的数据是不尽相同、有大有小的，所以数据是有分布情况的。要想把握数据的分布特征，就需要找到反映数据分布的各个特征统计量。数据分布的特征可以从三个方面进行描述和度量：一是描述数据集中趋势的特征，它反映的是数据向中心值靠拢或者聚集的程度；二是描述数据离散程度的特征，它反映的是数据围绕中心值上下波动的程度；三是描述数据分布形状的特征，它反映的是数据分布形状的偏态和峰态。

本章主要介绍描述数据集中趋势、离散程度和分布形状的统计量等内容。

2.1　描述数据集中趋势的统计量

2.1.1　平均数

平均数也称平均值或均值，其描述的是各数据的中心数值。常见的平均数包括算术平均数、调和平均数、几何平均数等。

1）算术平均数

算术平均数，是统计学中最基本、最常用的一种描述平均水平的统计量，一般用 $\bar{x}$ 来表示。算术平均数可分为简单算术平均数和加权算术平均数。

简单算术平均数简称平均数、平均值或均值，是指一组数据相加后除以数据的个数所得到的结果。假设有一组数据为 x_1，x_2，…，x_n，则该组数据的简单算术平均数 $\bar{x}$ 为：

$$\bar{x} = \frac{x_1 + x_2 + \cdots + x_n}{n} = \frac{1}{n}\sum_{i=1}^{n} x_i$$

【**例 2.1**】某位同学在某学期末参加了三门课程的考试，其考试成绩分别为 90 分、87 分和 93 分，则该同学这学期三门课程的平均成绩为：

$$\frac{90+87+93}{3}=90(\text{分})$$

加权算术平均数是考虑到一组数据中每个数据的相应权数后的平均数，是将各个数据乘以相应的权数，然后加总求和得到总体值，再除以权数总和所得到的结果。这里的权数，表示每个数据在所在数据组中的重要程度。最简单的一种权数，就是每个数据出现的次数。假设有一组数据为 x_1，x_2，…，x_n，每个数据所对应的权数为 f_1，f_2，…，f_n，则该组数据的加权算术平均数 $\bar{x}$ 为：

$$\bar{x}=\frac{x_1f_1+x_2f_2+\cdots+x_nf_n}{f_1+f_2+\cdots+f_n}=\frac{1}{\sum_{i=1}^{n}f_i}\sum_{i=1}^{n}x_if_i$$

【**例 2.2**】某位同学在某学期末参加了三门课程的考试，考试成绩分别为 90 分、87 分和 93 分，对应课程的学分分别为 2.5 分、3.0 分、2.0 分，则该同学这学期三门课程的加权平均成绩为：

$$\frac{90\times2.5+87\times3.0+93\times2.0}{2.5+3.0+2.0}=89.6(\text{分})$$

简单算术平均数是加权算术平均数的一个特例，也就是说，在简单算术平均数的计算中，将各个数据的权数均设定为 1。

2）调和平均数

当面对诸如速度、价格等这些比值数据①时，在有些场合不能直接用算术平均数的计算公式来得到这些数据的均值，而是需要转化成两个总量数据的总和之比来求得。这时就会用到调和平均数。

调和平均数又称倒数平均数，是数据倒数的算术平均数的倒数，一般用 $\bar{x}_h$ 来表示。同样的，调和平均数也可分为简单调和平均数和加权调和平均数。

简单调和平均数，是数据倒数的简单算术平均数的倒数。假设有一组数据为 x_1，x_2，…，x_n，则该组数据的简单调和平均数 $\bar{x}_h$ 为：

$$\bar{x}_h=\frac{1}{\frac{1}{n}\sum_{i=1}^{n}\frac{1}{x_i}}=\frac{n}{\sum_{i=1}^{n}\frac{1}{x_i}}$$

① 比值数据是指由两个数据之比所形成的数据，且具有物理意义的单位。例如，速度就是一种比值数据，它是由距离数据与时间数据之比而得到的，其国际制单位为米/秒。

【**例 2.3**】假设某水果有三个等级，分别对应三种价格：甲级 5 元/千克、乙级 4 元/千克、丙级 2.5 元/千克。若某人在上述三个等级的该种水果上都花了 1 元钱，则平均价格为：

$$\bar{x}_h = \frac{1+1+1}{\frac{1}{5}+\frac{1}{4}+\frac{1}{2.5}} = \frac{3}{0.85} \approx 3.53(\text{元}/\text{千克})$$

加权调和平均数是数据倒数的加权算术平均数的倒数。假设有一组数据为 x_1，x_2，…，x_n，f_1，f_2，…，f_n 为各数据对应的权数，则该组数据的加权调和平均数 $\bar{x}_h$ 为：

$$\bar{x}_h = \frac{1}{\frac{1}{\sum_{i=1}^{n} f_i}\sum_{i=1}^{n}\frac{1}{x_i}f_i} = \frac{\sum_{i=1}^{n} f_i}{\sum_{i=1}^{n}\frac{1}{x_i}f_i}$$

【**例 2.4**】某水果有三个等级，分别对应三种价格：甲级 5 元/千克、乙级 4 元/千克、丙级 2.5 元/千克。若某人在上述三个等级的该种水果上分别花了 3 元、2 元、1 元，则平均价格为：

$$\bar{x}_h = \frac{3+2+1}{\frac{3}{5}+\frac{2}{4}+\frac{1}{2.5}} = \frac{6}{1.5} = 4(\text{元}/\text{千克})$$

在使用调和平均数时，应注意数据组中的任意一个数据均不能为 0，否则调和平均数的计算公式的分母将等于无穷大，从而无法求出确定的平均值。在实际应用中，绝大部分的场合都会应用到算术平均数，而很少会直接计算调和平均数。事实上，调和平均数可由算术平均数变形而得到：

$$\bar{x}_h = \frac{\sum_{i=1}^{n} f_i}{\sum_{i=1}^{n}\frac{1}{x_i}f_i} \overset{f_i = x_i m_i}{\Rightarrow} \bar{x}_h = \frac{\sum_{i=1}^{n} x_i m_i}{\sum_{i=1}^{n}\frac{1}{x_i}x_i m_i} = \frac{\sum_{i=1}^{n} x_i m_i}{\sum_{i=1}^{n} m_i} = \bar{x}$$

3）几何平均数

在面对诸如合格率、增长率等这些比率数据①时，计算其平均比率是不适用于算术平均数的，而是需要转化成相应总体比率的多次方根来求得。这时就会用到几

① 比率数据是指由两个物理单位相同的数据之比所形成的百分比数据。例如，产品合格率就是一种典型比率数据，其是由合格产品数与产品总数之比而得到的，一般用%表示。

何平均数。

几何平均数是指数据连乘积后开多次方根的结果，一般用 $\bar{x}_g$ 来表示。同样，几何平均数也可分为简单几何平均数和加权几何平均数。

简单几何平均数是指 n 个数据连乘积的 n 次方根。假设有一组数据 x_1，x_2，…，x_n，则该组数据的简单几何平均数 $\bar{x}_g$ 为：

$$\bar{x}_g = \sqrt[n]{x_1 x_2 \cdots x_n} = \sqrt[n]{\prod_{i=1}^{n} x_i}$$

【例 2.5】 某金融机构以复利计息，近五年的年收益率分别为 3%、5%、8%、10%、15%，则其近五年的平均年收益为：

$$\bar{x}_g = \sqrt[5]{(1+3\%)\times(1+5\%)\times(1+8\%)\times(1+10\%)\times(1+15\%)} \approx 108.12\%$$

故其近五年的平均年收益率为 108.12% － 1 =8.12% 。

加权几何平均数是指各数据的幂次方的连乘积的总幂次方根。假设有一组数据为 x_1，x_2，…，x_n，f_1，f_2，…，f_n 为各数据对应的权数，则该组数据的加权几何平均数 $\bar{x}_g$ 为：

$$\bar{x}_g = \sqrt[f_1+f_2+\cdots+f_n]{x_1^{f_1} x_2^{f_2} \cdots x_n^{f_n}} = \sqrt[\sum_{i=1}^{n} f_i]{\prod_{i=1}^{n} x_i^{f_i}}$$

【例 2.6】 某金融机构以复利计息，其近 12 年的年收益率分别为：有四年为 3%，有两年为 5%，有两年为 8%，有三年为 10%，有一年为 15%。则其近 12 年的平均年收益为：

$$\bar{x}_g = \sqrt[4+2+2+3+1]{(1+3\%)^4\times(1+5\%)^2\times(1+8\%)^2\times(1+10\%)^3\times(1+15\%)} \approx 106.85\%$$

故其近 12 年的平均年收益率为 106.85% － 1 =6.85% 。

在使用几何平均数时，应注意数据组中的任意一个数据均不能为 0 或负值，否则将无法计算几何平均数。另外，在实际工作中计算几何平均数时，各个数据的连乘应当具有物理意义或实际意义，而不能盲目地直接将数据连乘，如在例 2.5 中，就不能直接将五年的利率数据直接相乘，而是应当先转换成年收益数据，然后计算其几何平均数以得到年平均收益数据，再将年平均收益数据还原成年平均利率。

2.1.2 分位数

将一组数据按照从小到大的顺序排列后，就可以找到排在某个位置上的数据，所找到的数据可以代表数据水平的高低，而这些位置上的数据就是相应的分位数。

常见的分位数主要有中位数、四分位数、百分位数等。

1）中位数

中位数是指一组数据排序后处在中间位置上的数值，一般用 M_e 来表示。中位数使用一个点将全部数据等分成两个部分，每个部分均包含50%的数据。假设有一组数据为 x_1，x_2，…，x_n，从小到大排序后为 $x_{(1)}$，$x_{(2)}$，…，$x_{(n)}$，则中位数 M_e 的计算公式为：

$$M_e = \begin{cases} x_{\left(\frac{n+1}{2}\right)} & n\text{ 为奇数} \\ \frac{1}{2}\left(x_{\left(\frac{n}{2}\right)} + x_{\left(\frac{n}{2}+1\right)}\right) & n\text{ 为偶数} \end{cases}$$

根据计算式可以看出，中位数是一个不完全虚拟数：当一组数据有奇数个时，中位数就是该组数据排序后处于最中间位置对应的那个数据，是这组数据中真实存在的一个数据；但在数据个数为偶数的情况下，中位数是最中间两个数据的简单算术平均的结果，而这个结果一般情况下与这组数据中的每一个数据都不一样，此时的中位数就是一个虚拟的数。

【例2.7】经调查，某商学院12位毕业生的起始年薪（单位：万元）排列如下：8.0、8.5、8.6、9.0、9.8、10.0、11.0、12.0、12.5、12.8、13.0、100.0。因数据个数 $n = 12$，为偶数，因此该12位毕业生起始年薪的中位数为第 $12/2 = 6$ 个数据（10.0）和第 $12/2 + 1 = 7$ 个数据（11.0）的平均数：

$$\frac{10.0 + 11.0}{2} = 10.5\text{（万元）}$$

即该12位毕业生的起始年薪的中位数为10.5万元。

中位数的一个重要特点就是其不易受到数据组中极端数据的影响。对此，我们可以通过例2.7来加以了解，该例的12个数据中的最大值（100.0）是一个极端值，该值显著大于其他11个数据。如果用包含极端值的所有数据计算简单平均数所得到的结果来表示平均水平，那将是相当不准确的。在这种情况下，使用中位数来表示平均水平是比较合理的。

2）四分位数

四分位数，是一组数据排序后处在25%和75%位置上的数值，一般分别用 $Q_{25\%}$ 和 $Q_{75\%}$ 来表示，其中，$Q_{25\%}$ 为下四分位数，$Q_{75\%}$ 为上四分位数。四分位数使用三个点将全部数据等分成四个部分，每个部分均包含25%的数据。与中位数一样，四分位数也不易受到数据组中极端数据的影响。

在计算四分位数时，与中位数计算过程类似，先应对数据按大小排序，然后确定四分位数的位置，该位置上对应的数据就是四分位数。与中位数不同的是，四分位数位置的确定方法有多种，不同的统计软件所使用的四分位数位置的计算公式是不尽相同的。例如，在 Python、R、Excel 等软件所使用的四分位数位置的默认计算公式为：

$$Q_{25\%}\text{ 位置}=\frac{n+3}{4},\quad Q_{75\%}\text{ 位置}=\frac{3n+1}{4}$$

而在 SPSS、MINITAB 等软件所使用的四分位数位置的默认计算公式为：

$$Q_{25\%}\text{ 位置}=\frac{n+1}{4},\quad Q_{75\%}\text{ 位置}=\frac{3(n+1)}{4}$$

根据每种四分位数位置的计算方法进行计算，所得到的结果是不一致的，但是差异不会很显著，一般相差不会超过一个位次，因而一般不会影响对结论的分析。

在得到四分位数位置数据后，就应当依据“四分位数位置数据是否为整数，若非整数则看小数部分”的原则，来计算上下两个四分位数：如果位置数据是整数，则四分位数就是该位置对应的数值；如果位置数据是整数加 0.5 的形式，则四分位数取该位置两侧数值的平均数；如果位置数据是整数加 0.25 或 0.75 的形式，则四分位数等于该位置前面的数值加上按位置数据的小数部分的数值比例所分摊到的该位置两侧数值的差值。

【例 2.8】经调查，某商学院 12 位毕业生的起始年薪（单位：万元）排列如下：8.0、8.5、8.6、9.0、9.8、10.0、11.0、12.0、12.5、12.9、13.0、100.0。按照 Python 所使用的四分位数位置的默认计算公式，可以得到四分位数的位置数据：

$$Q_{25\%}\text{ 位置}=\frac{12+3}{4}=3.75,\quad Q_{75\%}\text{ 位置}=\frac{3\times 12+1}{4}=9.25$$

由此可知，$Q_{25\%}$ 在第 3 个数值（8.6）和第 4 个数值（9.0）之间的 0.75 的位置上：

$$Q_{25\%}=8.6+0.75\times(9.0-8.6)=8.9$$

$Q_{75\%}$ 在第 9 个数值（12.5）和第 10 个数值（12.9）之间的 0.25 的位置上：

$$Q_{75\%}=12.5+0.25\times(12.9-12.5)=12.6$$

3）百分位数

所谓百分位数，是一指组数据排序后，用 99 个点将该组数据 100 等分，处在各分位点上的数值就是百分位数，一般用 $P_{i\%}$ 表示第 i 个百分位数。

与四分位数的位置计算方法类似，百分位数的位置数据的计算方法也有多种，不同的统计软件所使用的百分位数位置的计算公式也是不尽相同的。例如，在 Python、R、Excel 等软件所使用的第 i 个百分位数位置的默认计算公式为：

$$P_{i\%}\text{ 位置} = \frac{i}{100} \cdot (n-1) + 1$$

而在 SPSS、MINITAB 等软件所使用的第 i 个百分位数位置的默认计算公式为：

$$P_{i\%}\text{ 位置} = \frac{i}{100} \cdot (n+1)$$

在得到百分位数位置数据后，就应当依据“百分位数位置数据是否为整数，若非整数则看小数部分”的原则，来计算百分位数：如果位置是整数，百分位数就是该位置对应的数值；如果位置不是整数，则百分位数等于该位置前面的数值加上按比例分摊的该位置两侧数值的差值。显而易见，中位数就是第 50 个百分位数 $P_{50\%}$，四分位数 $Q_{25\%}$ 就是第 25 个百分位数 $P_{25\%}$，四分位数 $Q_{75\%}$ 就是第 75 个百分位数 $P_{75\%}$。

【例 2.9】经调查，某商学院 12 位毕业生的起始年薪（单位：万元）排列如下：8.0、8.5、8.6、9.0、9.8、10.0、11.0、12.0、12.5、12.9、13.0、100.0。按照 Python 所使用的四分位数位置的默认计算公式，可以得到第 10 个百分位数的位置数据：

$$P_{10\%}\text{ 位置} = \frac{10}{100} \times (12-1) + 1 = 2.1$$

则 $P_{10\%}$ 在第 2 个数值（8.5）和第 3 个数值（8.6）之间的 0.1 的位置上：

$$P_{10\%} = 8.5 + 0.1 \times (8.6 - 8.5) = 8.51$$

2.1.3 众数

众数是一组数据中出现频数最多的数值，一般用 M_o 表示。众数具有一般水平或代表值的意义，因而与中位数和分位数一样，众数也不易受到数据组中极端数据的影响。一般情况下，众数只有在数据量较大的时候才有意义。从分布的角度看，众数就是一组数据分布的峰值点所对应的数据值。由此可知，众数有可能不存在，即数据分布不存在峰值；众数也有可能只有一个，即数据分布只存在一个峰值；众数也可能有多个，即数据分布存在多个峰值。

【例 2.10】 在豆瓣网站中，电影板块中评分最高的电影为 1994 年上映的美国剧情影片《肖申克的救赎》。截至 2024 年 7 月，共有超过 300 万名网友给出了 9.7 分的豆瓣评分，如图 2.1 所示。

图 2.1　电影《肖申克的救赎》豆瓣评分

从图 2.1 中我们可以看出，豆瓣评分共分五个等级，从低分到高分依次为：“1 星”“2 星”“3 星”“4 星”“5 星”。对该电影，评分为“1 星”和“2 星”的数量占比均为 0.1%，评分为“3 星”的数量占比为 1.2%，评分为“4 星”的数量占比为 12.7%，而评分为“5 星”的数量占比高达 85.9%。由此可知，“电影《肖申克的救赎》豆瓣评分等级”这个变量的众数为“5 星”。

2.2　描述数据离散程度的统计量

2.2.1　极差

极差也称全距，是一组数据中的最大值与最小值的差值，一般用 R 来表示。假设有一组数据为 $x_1, x_2, \cdots, x_n$，则极差 $R = \max\{x_1, x_2, \cdots, x_n\} - \min\{x_1, x_2, \cdots, x_n\}$。

极差的计算比较简单，它在一定程度上反映了一组数据取值的波动范围。但是，极差仅仅利用的是最大值与最小值这两个数值的信息，而没有充分利用数据组中的每一个数据值，因此它对极端值十分敏感。如果数据组中的最大值或者最小值明显超出了数据本身的有意义的范围，那么这时的极差所反映的数据的差异状况是不可信的。因此，在现实中，极差很少被单独使用，但它可以作为分析数据离散程度的一个参考值。

【例 2.11】 某年春节上映了两部贺岁片，研究人员随机采访了同时观看了这两部贺岁片的十位观众，并要求他们对这两部贺岁片进行评分（满分 10 分）。评分结果如表 2.1 所示。

表 2.1 十位观众对两部贺岁片的评分

观众序号	1	2	3	4	5	6	7	8	9	10
贺岁片 1 评分	6	8	6	7	8	9	6	7	9	8
贺岁片 2 评分	6	6	3	9	8	5	6	6	7	7

根据表 2.1，这十位观众对贺岁片 1 的最高评分为 9 分，最低评分为 6 分，因此“贺岁片 1 评分”的极差为 3 分；而同样的十位观众对贺岁片 2 的最高评分为 9 分，最低评分为 3 分，因此“贺岁片 2 评分”的极差为 6 分。由此可以看出，观众对贺岁片 1 的评价相对一致，而对贺岁片 2 的评价差异较大。

2.2.2 四分位差

四分位差也称四分位距，是一组数据中的上四分位数与下四分位数的差值，一般用 IQR 来表示，则 $IQR = Q_{75\%} - Q_{25\%}$。

四分位差反映的是中间 50%数据的离散程度，因此它不受极端值的影响。也正是因为它只考虑了中间 50%的数据信息，所以它所反映的数据离散程度是不全面的。与极差相类似，四分位差也没有充分利用中间 50%的每一个数据值。

【例 2.12】 接上例的数据，因“贺岁片 1 评分”和“贺岁片 2 评分”这两组数据具有相同的数据量，所以它们的上下四分位数具有相同的位置，分别为：

$$Q_{25\%}\text{位置} = \frac{10+3}{4} = 3.25,\ Q_{75\%}\text{位置} = \frac{3\times 10+1}{4} = 7.75$$

因此，对于贺岁片 1 而言，其评分的上下四分位数分别为：

$$Q_{25\%} = 6 + 0.25\times(7-6) = 6.25,\ Q_{75\%} = 8 + 0.75\times(8-8) = 8$$

故“贺岁片 1 评分”的四分位差为：

$$IQR = Q_{75\%} - Q_{25\%} = 8 - 6.25 = 1.75$$

对于贺岁片 2 而言，其评分的上下四分位数分别为：

$$Q_{25\%} = 6 + 0.25 \times (6 - 6) = 6,\ Q_{75\%} = 7 + 0.75 \times (7 - 7) = 7$$

故“贺岁片 2 评分”的四分位差为：

$$IQR = Q_{75\%} - Q_{25\%} = 7 - 6 = 1$$

根据两部贺岁片评分的四分位差，我们发现，如果不考虑评分最高的 25%和最低的 25%的数据，则这两部影片的中间 50%评分的离散程度是接近的。

2.2.3 方差与标准差

极差与四分位差均没有充分利用数据组中的每一个数据值，因而用它们来反映数据组的离散程度是有局限性的。方差和标准差就是充分考虑到了数据组中的每一个数据并且能够反映数据组离散程度的统计量。因而，在离散程度的度量上，方差和标准差要比极差和四分位差更为全面、更为准确，使用场合也更加广泛。事实上，方差和标准差是实际应用中使用最广泛也最为重要的度量离散程度的统计量。

方差是指一组数据中的每个数据与这组数据平均数之差的平方和的平均数，一般用 σ^2 表示总体方差，用 s^2 表示样本方差。假设有一组数据为 x_1，x_2，…，x_n，则有：

$$\sigma^2 = \frac{1}{N}\sum_{i=1}^{N}(x_i - \mu)^2$$

$$s^2 = \frac{1}{n-1}\sum_{i=1}^{n}(x_i - \bar{x})^2$$

其中，N 和 n 分别为总体和样本的容量，μ 和 $\bar{x}$ 分别为总体和样本的均值。值得说明的是，总体方差的计算公式里的分母为 N，而样本方差的计算公式里的分母为 $n-1$，它们的形式是不一致的。

标准差即方差的平方根，一般用 σ 表示总体标准差，用 s 表示样本标准差。假设有一组数据为 x_1，x_2，…，x_n，则有：

$$\sigma = \sqrt{\frac{1}{N}\sum_{i=1}^{N}(x_i - \mu)^2}$$

$$s = \sqrt{\frac{1}{n-1}\sum_{i=1}^{n}(x_i - \bar{x})^2}$$

其中，N 和 n 分别为总体和样本的容量，μ 和 $\bar{x}$ 分别为总体和样本的均值。与方差的计算公式一致，总体标准差的计算公式里的分母为 N，而样本标准差的计算公式里的分母为 $n-1$，它们的形式是不一致的。

从方差和标准差的计算公式可知，方差和标准差是带有计量单位的，都与原始数据的计量单位相关。其中，方差的计量单位是原始数据的平方，标准差的计量单位则与原始数据相同。因此，标准差的实际意义要比方差清楚，故在对实际问题进行分析时通常使用标准差。

【例 2.13】 假定从某行业随机抽取 8 家上市公司，通过年报查阅可知这 8 家公司在某年底的每股收益数据，如表 2.2 所示。

表 2.2 某行业 8 家上市公司的每股收益数据 （单位 元）

公司序号	1	2	3	4	5	6	7	8
每股收益	0.36	0.42	0.61	0.84	1.17	1.22	1.37	1.45

则，该 8 家上市公司每股收益数据的平均数为：

$$\frac{0.36+0.42+0.61+0.84+1.17+1.27+1.37+1.45}{8}\approx 0.94\text{（元）}$$

因为是从行业中随机抽取 8 家上市公司组成的样本，故选用样本方差和样本标准差的计算公式。因此，这 8 家公司每股收益数据的方差为：

$$\frac{(0.36-0.93)^2+(0.42-0.93)^2+\cdots+(1.45-0.93)^2}{8-1}\approx 0.1859\text{（元}^2\text{）}$$

这 8 家公司每股收益数据的标准差为：

$$\sqrt{\frac{(0.36-0.93)^2+(0.42-0.93)^2+\cdots+(1.45-0.93)^2}{8-1}}\approx 0.4311\text{（元）}$$

2.2.4 离散系数

方差和标准差均是依据一组数据中的每一个数据与该组数据的平均值的差值而计算得到的。因此，方差和标准差的大小必然会受到原始数据的数量级以及计量单位的影响。原始数据的数量级越大，则相应的方差和标准差也会倾向于越大。如果要比较两组数据的离散程度，当这两组数据的计量单位和数量级都相同时，可以直接通过方差或标准差进行比较；但如果两组数据的数量级相去甚远，甚至连计量单位都不一样，则不能使用方差或标准差来比较，而是应当排除原始数据的数量级和计量单位的影响。离散系数就是这样一种排除了原始数据的数量级和计量单位影响的统计量。

离散系数（或称变异系数），是一组数据的标准差与其相应的平均值之比，一般用 CV 表示，$CV = s/\bar{x}$ 。由于标准差与均值的计量单位是相同的，而均值又在一定程度上代表了原始数据取值大小的一般水平，因此，离散系数同时消除了原始数据的计量单位和数量级的影响，它反映的是一组数据的相对离散程度，故可用于不同数据的比较。

【例 2.14】 假定从某两个行业各随机抽取 8 家上市公司，通过年报查阅可知这 16 家公司在某年底的每股收益数据，如表 2.3 所示，其中行业 1 的数据与上例数据相同。

表 2.3　某两个行业 16 家上市公司的每股收益数据　　（单位：元）

行业 1	公司序号	1	2	3	4	5	6	7	8
	每股收益	0.36	0.42	0.61	0.84	1.17	1.22	1.37	1.45
行业 2	公司序号	1	2	3	4	5	6	7	8
	每股收益	0.04	0.09	0.17	0.27	0.27	0.43	0.67	0.88

则有：行业 1 的 8 家上市公司每股收益数据的平均数为 0.93 元、标准差约为 0.431 1 元，故行业 1 的 8 家上市公司每股收益数据的离散系数约为 0.463 4；行业 2 的 8 家上市公司每股收益数据的平均数为 0.352 5 元、标准差约为 0.292 4 元，故行业 2 的 8 家上市公司每股收益数据的离散系数约为 0.829 5。

如果直接比较标准差，则行业 1 的 8 家上市公司的每股收益的差异似乎比行业 2 的上市公司要大。但是，如果仔细观察就会发现：行业 1 的 8 家上市公司的平均每股收益要远高于行业 2 的上市公司。这是因为，原始数据的数量级越大，会导致其标准差越大。因此，应进一步计算两个行业上市公司的每股收益的离散系数。由此可见，在消除了这两类上市公司每股收益平均水平不同所带来的影响后，行业 1 的上市公司每股收益的离散程度实际上要小于行业 2 的上市公司，也就是后者每股收益的数据波动更大。

2.3 描述数据分布形状的统计量

2.3.1 偏度系数

偏度是指数据分布的偏斜性或不对称性，度量数据分布偏斜程度的统计量为偏度系数，一般用 SK 来表示。假设有一组数据为 x_1，x_2，…，x_n，则有：

$$SK = \frac{n}{(n-1)(n-2)}\sum_{i=1}^{n}\left(\frac{x_i-\bar{x}}{s}\right)^3$$

其中，n 为数据组中的数据个数，$\bar{x}$ 为数据的平均数，s 为数据的标准差。

偏度系数 $SK=0$ 时，表明数据为对称分布；偏度系数 $SK>0$ 时，表明数据为右偏分布，即分布曲线的右侧有长尾；偏度系数 $SK<0$ 时，表明数据为左偏分布，即分布曲线的左侧有长尾。

当偏态系数不等于 0 时，表明数据分布存在一定程度的偏斜。若偏态系数的绝对值 $|SK|>1$，则可视为高度偏态分布；若偏态系数绝对值的范围在 $0.5\leqslant|SK|\leqslant 1$，则可视为中等偏态分布；若偏态系数的绝对值 $|SK|<0.5$，则可视为轻微偏态分布。

【例 2.15】 接例 2.13 的数据，则这 8 家上市公司每股收益数据的平均数为 0.93 元、标准差约为 0.431 1 元，故这 8 家上市公司每段收益数据的偏度系数为：

$$\frac{8}{(8-1)\times(8-2)}\times\left[\left(\frac{0.36-0.93}{0.4311}\right)^3+\left(\frac{0.42-0.93}{0.4311}\right)^3+\cdots+\left(\frac{1.45-0.93}{0.4311}\right)^3\right]\approx -0.2076$$

这说明该数据分布呈轻微左偏。

2.3.2 峰度系数

峰度是指数据分布峰值的高低，度量数据分布峰值高低程度的统计量为峰度系数，一般用 K 来表示。假设有一组数据为 x_1，x_2，…，x_n，则有：

$$K = \frac{n(n+1)}{(n-1)(n-2)(n-3)}\sum_{i=1}^{n}\left(\frac{x_i-\bar{x}}{s}\right)^4-\frac{3(n-1)^2}{(n-2)(n-3)}$$

其中，n 为数据组中的数据个数，$\bar{x}$ 为数据的平均数，s 为数据的标准差。

标准正态分布的峰度系数为 0，故一般分布的峰度通常是与标准正态分布相比较而言的。峰度系数 $K>0$ 时，可视为尖峰分布，数据分布的峰值比标准正态分布高，数据相对集中；峰度系数 $K<0$ 时，可视为扁平分布，数据分布的峰值比标准

正态分布低，数据相对分散。

【例 2.16】 根据例 2.13 中的数据，则这 8 家上市公司每股收益数据的平均数为 0.93 元、标准差约为 0.431 1 元，故这 8 家上市公司每股收益数据的偏度系数为：

$$\frac{8\times(8+1)}{(8-1)\times(8-2)\times(8-3)}\times\left[\left(\frac{0.36-0.93}{0.431\ 1}\right)^4+\left(\frac{0.43-0.93}{0.431\ 1}\right)^4+\cdots+\left(\frac{1.45-0.93}{0.431\ 1}\right)^4\right]-$$

$$\frac{3\times(8-1)^2}{(8-2)\times(8-3)}\approx-0.187\ 61$$

这说明该数据分布的峰值较标准正态分布低，为扁平分布。

【思考与练习】

1. 一个数据组的分布特征可以从哪些方面进行描述？这几个方面又包括哪些统计量？

2. 有这样一组数据：91，68，92，75，78，81，88，88，95。请计算这组数据的：（1）平均数；（2）众数；（3）中位数；（4）极差；（5）四分位差。

3. 某企业的一条产品生产线平均每天的产量为 370 件，标准差为 5 件。如果某一天的产量低于或高于平均产量，并落在±3 个标准差的范围之外，就认为该生产线出现异常。表 2.4 所示为一周各天的产量，该生产线哪几天出现了异常？

表 2.4　某企业的一条生产线一周各天的产量

时间	周一	周二	周三	周四	周五	周六	周日
产量（件）	380	367	369	372	361	350	370

4. 某产品需要人工组装，现有三种可供选择的组装方法。为检验哪种方法更好，随机抽取 15 名工人，让他们分别用三种方法进行组装。表 2.5 所示为 15 名工人分别用三种方法在相同的时间内组装的产品数量。

表 2.5　15 名工人分别用三种方法在相同的时间内组装的产品数量

方法 A	方法 B	方法 C
164	129	125

续表

方法 A	方法 B	方法 C
167	130	126
168	129	126
165	130	127
170	131	126
165	130	128
164	129	127
168	127	126
164	128	127
162	128	127
163	127	125
166	128	126
167	128	116
166	125	126
165	132	125

请问：

(1) 你准备采用什么方法来评价组装方法的优劣？

(2) 如果让你选择一种方法，你会做出怎样的选择？试说明理由。

5. 某用户持有一只基金，其连续 5 个月的收益率分别为 6.8%、12.5%、8.9%、15.2%、5.5%，请计算这 5 个月的平均收益率。

3　统计数据抽样

在进行统计分析时，获取研究对象的数据是第一个要面对的问题。在多数情况下，我们总是希望能够对所要研究的对象的总体进行研究，以期掌握研究对象总体的信息和特征。但在现实中，我们往往会受时间、成本等的限制，因而只能从研究对象总体中抽取一部分个体，也就是抽样。我们希望的是，尽管只研究分析了总体中的一部分个体，但所能得到的不仅仅是这一部分个体的信息，而是能通过这些个体信息反映出总体的特征。因此，如何选择能够代表总体的那部分个体，成为开展统计分析工作的主要难点问题之一。

本章主要介绍数据抽样的方法、主要的样本统计量及其分布、抽样误差的计算以及样本容量的确定等内容。

3.1　数据抽样方法

3.1.1　概率抽样

在抽样的过程中，如果总体中的每一个个体都有一个已知的概率被选中，那么依据这样的抽样方案得到的样本就是一个随机样本。例如，若研究者想要调查某城市大学生每个月的生活费用支出，可以在该城市的所有大学中，按照每个学校的学生人数，随机抽取相应比例的个体进行调查。这种按照一定的概率，依据随机原则从总体中抽取部分个体的抽样方法被称为概率抽样，或称随机抽样。

虽然随机样本一般不会与总体完全一致，但其所依据的是大数定律，并且能计算和控制抽样误差，因此可以正确地说明样本的统计值在多大程度上适合于总体。根据样本调查的结果可以从数量上推断总体，也可在一定程度上说明总体的性质或特征。此外，运用概率抽样，可以依据抽样精确度计算出必要的样本量。因此，概率抽样成为实际应用中最主要的一类抽样方法。在本书中，如果没有特指，则样本均是指通过概率抽样的方法从总体中抽取得到的。

概率抽样主要包括简单随机抽样、分层抽样、整群抽样、系统抽样、多阶段抽样等方法。

1）简单随机抽样

简单随机抽样也称为单纯随机抽样、纯随机抽样，是指从总体 N 个单位中任意抽取 n 个单位作为样本，使每个可能的单位被抽中的概率相等的一种抽样方式。在实际生活中，有许多应用简单随机抽样的例子。例如，彩票派奖时，将印有数字的乒乓球在滚筒中充分搅拌后，随机产生中奖号码；知识竞赛中，将印有不同考题编号的纸条放在纸箱中充分摇匀后，由参赛选手随机抓取；企业质检部门抽检时，从生产车间中随机抽取一定数量的产品；等等。

简单随机抽样是一种最基本的概率抽样方法，也是其他抽样方法的基础。这种方法简单、直观，并且满足了概率抽样的一切必要要求，保证每个个体在抽选时都有相等的被抽中的概率。但是，简单随机抽样在实际应用中也存在一些局限性。首先，当总体单位个数 N 很大时，构造概率抽样所需的抽样框并不容易；其次，采用简单随机抽样方法，所抽出的样本可能是很分散的，这会给后续研究分析工作造成困难；最后，简单随机抽样方法没有利用其他总体中有用的信息来提高样本代表性。因此，根据研究问题和研究对象的不同，人们往往会将简单随机抽样与其他抽样方法结合起来使用。

2）分层抽样

分层抽样也称为类型抽样，是从一个可以分成不同子总体（或称为层）的总体中，按规定的比例从不同层中随机抽取样品（个体）的一种抽样方式。例如，研究大学生的生活费支出时，由于考虑到不同地区的家庭收入可能存在较大差异，为保证样本推断总体结果的精确度，可先将学生按照籍贯所在地分层，然后从不同地区的层中随机抽取一定数量的学生共同组成最后的样本。

显然，分层抽样可以借助总体单元的某些辅助信息，确保不同特征的总体单元都能以一定的数量被包含到样本中，避免了简单随机抽样可能抽中的具有相同特征的总体单元过于集中的偏差，从而使样本结构在一定程度上更加接近总体结构，由此提高了估计的精度。此外，由于分层抽样不仅可以收集样本数据估计总体的目标变量，还可以提供不同层的估计结果，因此便于比较不同特征的总体单元之间的差异。分层抽样的这些优点使得其在实践中有着广泛的应用。

3）整群抽样

整群抽样是指整群地抽选样本单位，然后对被抽选的各群进行全面调查的一种抽样方式。也就是说，整群抽样，是在抽样之前先按照某种规则将总体单元划分为不同的群，然后随机抽取部分群，将被抽中的群中所有的单元都选入样本中，对没有被抽中的群则不做调查。例如，要研究某城市的居民对城市行政服务的满意程度，可以先按照居住的小区将城市的所有居民划分为不同的群，然后从小区名单中随机抽取若干个小区，对抽中的小区中的所有住户进行调查，以此获取样本数据。如果将总体划分为单位数目相等的 R 个群，则在整群抽样时用不重复抽样方法随机从这 R 个群中抽取 r 个群，并对这 r 个群的每一个群进行全面调查。

整群抽样与分层抽样看似相近的地方是，二者在抽样之前都会按照某种规则将总体单元进行分类，但其实质作用是不尽相同的。分层抽样中对总体单元分层的目的是保障每个层内都有一定数量的单元被抽中，层的划分规则是：不同层的总体单元之间存在较大的差异，而同一层内的单元较为相似。整群抽样则主要通过群的划分，以达到简化编制总体所有单元名单的工作量为目的，群的划分规则往往以地理位置邻近或隶属同一系统为标准，这样组织实施调查时相对便利，也节省调查费用。因此，就理论上而言，只有当不同群的总体单元之间较为相似，即抽取若干群就足以代表所有群的总体特征，同时被抽中的群内的不同单元之间又存在显著差异时，整群抽样的效果才会比较理想。

4）系统抽样

系统抽样也称机械抽样、等距抽样，是指先将总体的全部单元按照一定顺序排列，采用简单随机抽样抽取第一个样本单元，再顺序抽取其余的样本单元的一种抽样方式。例如，某企业为调查员工对公司制度的满意程度，将每个员工按照各自的工号进行排序，并在前 10 名员工中随机抽取一名员工作为起点，然后每隔 20 人依次抽取下一名员工，直至抽取 100 名员工并以此组成此次调查的样本。

系统抽样操作简便，如果有辅助信息，就可以通过事先对总体单元进行合理排列，有效提高抽样的精确度。但是，如果总体单元排列的顺序（如按日期排列）可能引起研究变量（如销售额）发生某种内在变化（如淡季、旺季的周期性），那么由于抽样起点和抽样间隔确定的随机性，就可能造成抽取的样本数据出现某些趋同的特征（如抽取的都是淡季或旺季数据），从而增加抽样误差。

5）多阶段抽样

多阶段抽样也称多级抽样、分段抽样，是指在抽取样本的时候按照抽样个体的隶属关系或层次关系，分两个或两个以上的阶段从总体中抽取样本的一种抽样方式。其具体操作过程是：第一阶段，将总体划分为若干个一级抽样单位，从中抽选若干个一级抽样单位入样；第二阶段，将入样的每个一级单位分成若干个二级抽样单位，再从中抽选若干个二级抽样单位入样。从集体抽样到个体抽样，分成若干阶段逐步进行。在社会研究中，当总体的规模特别大或者总体分布的范围特别广时，一般采取多阶段抽样的方法来抽取样本。比如，为了调查某县人口的抽样，可以分为三段进行：首先，以乡为抽样框，抽取一部分；其次，在抽中的乡里面，以村为单位进行抽样，即抽出若干个村；最后，在抽取的村里面再抽取一定的人口。对整个过程中各阶段的抽样，则可以采取简单随机抽样或者分层抽样的方法。

多阶段抽样区别于分层抽样，也区别于整群抽样，它的适用面特别广，不要求有具体的、包括所有总体单位的抽样框等条件，因而比较容易进行。它同样适用于因总体范围太大而无法直接抽取样本的情况，相对而言可节省调查费用。但是，由于每段抽样都会有误差，因此经过多阶段抽栏后抽出来的样本误差就会比较大，这是多阶段抽样的主要缺点。在同等条件下，可以通过增加开头阶段的样本数并适当减少最后阶段的样本数等做法来尽量缩小误差。

3.1.2 非概率抽样

非概率抽样也称不等概率抽样、非随机抽样，是指调查者根据自己的方便或主观判断抽取样本的方法。它不是严格按随机抽样原则来抽取样本的，所以失去了大数定律的存在基础，也就无法确定抽样误差，无法正确说明样本的统计值在多大程度上适合于总体。虽然根据样本调查的结果，也可在一定程度上说明总体的性质、特征，但不能从数量上推断总体。本书仅简要介绍非概率抽样。

非概率抽样的方式主要有以下几种：方便抽样、判断抽样、自愿抽样、滚雪球抽样和配额抽样。

1）方便抽样

方便抽样是指在调查过程中，由调查员依据方便的原则自行确定抽样样本的单位。其优点是：容易实施，调查成本低。其缺点是：样本单位的确定带有随意性，无法对总体数据进行推断。

2）判断抽样

判断抽样是指调查员根据经验、判断和对研究对象的了解，有目的地选择一些单位作为样本。实施时根据不同的目的，有重点抽样、典型抽样、代表抽样等方式。判断抽样是带有主观性的，样本选择的好坏往往取决于调查者的判断、经验、专业程度和创造性。这种方式的抽样成本比较低，也容易操作，但由于样本是人为确定的，没有依据随机原则，因而调查结果不能用于总体数据估计。

3）自愿抽样

自愿抽样是指被调查者自愿参加，成为样本之一，向调查员提供有关信息。由于自愿样本是有偏的，因而不能依据样本的信息对总体的状况进行估计。

4）滚雪球抽样

滚雪球抽样是指选择一组调查单位，对其实施调查之后，再由其提供另外一些属于研究总体的调查对象，调查员根据所提供的线索进行此后的调查，这个过程持续下去，就会形成滚雪球效应。滚雪球抽样的主要优点是容易找到那些属于特定群体的被调查者，调查的成本也比较低。它适用于对特定群体进行研究时的资料收集。

5）配额抽样

配额抽样是指将总体中的所有单位按一定的标志（变量）分为若干类，然后在每个类中用方便抽样或判断抽样的方式选取样本单位。这种抽样方式操作比较简单，并且可以保证总体中不同类别的单位都能包括在所抽的样本之中，使得样本的结构和总体的结构类似。但因为在抽取具体样本单位时并非依据随机原则，所以它属于非概率抽样。

3.2 样本统计量及其分布

3.2.1 样本统计量

在对总体进行抽样后，就会得到样本。我们总是希望能够通过样本的信息来反映总体的某些特征。由样本值去推断总体情况时，需要对样本值进行“加工”，这就需要构造一些关于样本的函数，这样就可以把样本中所包含的某些方面的信息集中起来。这种不含任何未知参数的样本的函数被称为样本统计量，它是完全由样本决定的量。

设 X_1，X_2，…，X_n 是从总体 X 中抽取的容量为 n 的样本，如果由此样本构造出关于样本的函数 $T(X_1, X_2, \cdots, X_n)$ 是不依赖于任何未知参数的，则称函数 $T(X_1, X_2, \cdots, X_n)$ 为样本统计量，或简称统计量。如果 x_1，x_2，…，x_n 是样本 X_1，X_2，…，X_n 的一次观测值，则 $T(x_1, x_2, \cdots, x_n)$ 是统计量 $T(X_1, X_2, \cdots, X_n)$ 的一次观测值。

例如，从某个地区随机抽取 1 000 个家庭构成一个样本，然后根据这 1 000 个家庭的平均可支配收入来估计该地区所有家庭的平均可支配收入。这里的 1 000 个家庭的平均可支配收入是由所对应样本的每一个家庭可支配收入所确定的，并且不依赖其他未知的量，所以说这 1 000 个家庭的平均可支配收入就是一个样本统计量。可见样本均值就是一个统计量。

常用的样本统计量除了样本均值，还有样本方差和样本比例。

1）样本均值

设 X_1，X_2，…，X_n 是从总体 X 中抽取的容量为 n 的样本，则称 $\bar{X} = \sum_{i=1}^{n} X_i/n$ 为样本均值统计量。如果 x_1，x_2，…，x_n 是样本 X_1，X_2，…，X_n 的一次观测值，则 $\bar{X}$ 的一次观测值为 $\bar{x} = \sum_{i=1}^{n} x_i/n$。

2）样本方差

设 X_1，X_2，…，X_n 是从总体 X 中抽取的容量为 n 的样本，则称 $S^2 = \sum_{i=1}^{n}$

$(X_i - \bar{X})^2/(n-1)$ 为样本方差统计量。如果 $x_1, x_2, \cdots, x_n$ 是样本 $X_1, X_2, \cdots, X_n$ 的一次观测值，则 S^2 的一次观测值为 $s^2 = \sum_{i=1}^{n}(x_i - \bar{x})^2/(n-1)$ 。

3）样本比例

总体中具有某一特征的单位数占总体全部单位数的比例称为总体比率，一般用 π 来表示；样本中具有某一特征的单位数占样本全部单位数的比例称为样本比例，用 P 来表示。比例是一个常用统计指标，如城镇调查失业率、产品合格率等。

假设 $X_1, X_2, \cdots, X_n$ 是从总体 X 中抽取的容量为 n 的样本，若该样本中具有某一特征的单位数为 $m(X_1, X_2, \cdots, X_n)$ ，则称 $P = m(X_1, X_2, \cdots, X_n)/n$ 为样本比例统计量。如果 $x_1, x_2, \cdots, x_n$ 是样本 $X_1, X_2, \cdots, X_n$ 的一次观测值，则 P 的一次观测值为 $p = m(x_1, x_2, \cdots, x_n)/n$ 。

3.2.2 正态分布及其推导的重要分布

对于一个样本统计量，即使在同一个总体下抽样，该样本统计量的观测值也会随着抽样样本的不同而不同，因而样本统计量也是一个随机变量，那么它就会服从一定的概率分布。本小节主要介绍样本统计量所服从的几个重要的分布。

1）正态分布

正态分布的概念最早由法国数学家棣莫弗在 1718 年著作的书籍（*Doctrine of Change*）以及 1734 年发表的一篇关于二项分布的文章中提出。德国数学家高斯在研究测量误差时从另一个角度导出了正态分布，并研究了其性质。因为高斯对正态分布历史地位的确立起到了决定性的作用，故后人将正态分布又命名为高斯分布，这也是斯蒂格勒命名定律的又一个生动例子。

正态分布也称常态分布，是一个在统计学、数学、物理、工程等领域都非常重要的概率分布，也是人们日常生活中最普遍、最常用的概率分布之一。例如，商品的重量、零部件的尺寸、测量误差、同一年龄人群的身高和体重等，都可以用正态分布来描述。

假定随机变量 X ，其概率密度函数为：

$$f(x) = \frac{1}{\sqrt{2\pi}\sigma} e^{-\frac{1}{2\sigma^2}(x-\mu)^2}, \quad -\infty < x < +\infty$$

则称 X 服从参数为 μ 、σ^2 的正态分布，一般记作 $X \sim N(\mu, \sigma^2)$ 。其中：μ 是随机变

量 X 的均值，$-\infty<\mu<+\infty$；σ^2 是随机变量 X 的方差，$\sigma>0$。

正态分布具有以下几个性质：

（a）正态分布的密度曲线是关于 $x=\mu$ 对称的钟形曲线。

（b）$x=\mu$ 左右两边曲线下的面积相等，且最高点也在 $x=\mu$ 处。

（c）正态随机变量 X 的取值可以向横坐标左右两个方向无限延伸，对应的概率密度曲线尾部也无限接近横轴，但理论上永远不会与之相交。

（d）正态分布的概率密度曲线的具体形式由两个参数 μ 、σ^2 唯一确定。其中：均值 μ 决定了曲线的中心位置，见图 3.1（a）；方差 σ^2 或标准差 σ 决定了曲线的陡峭程度，见图 3.1（b）。

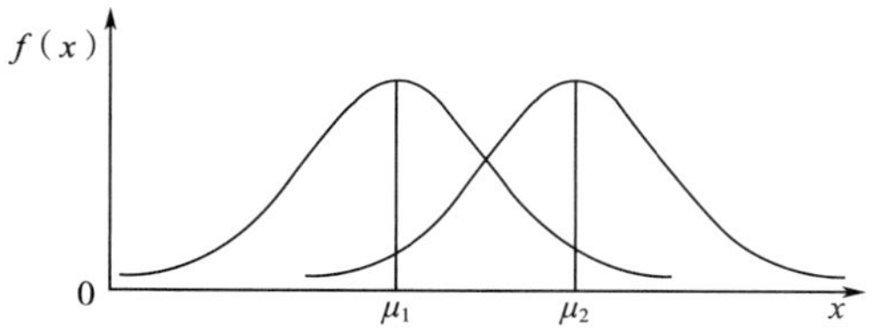

（a）不同μ的正态分布概率密度曲线

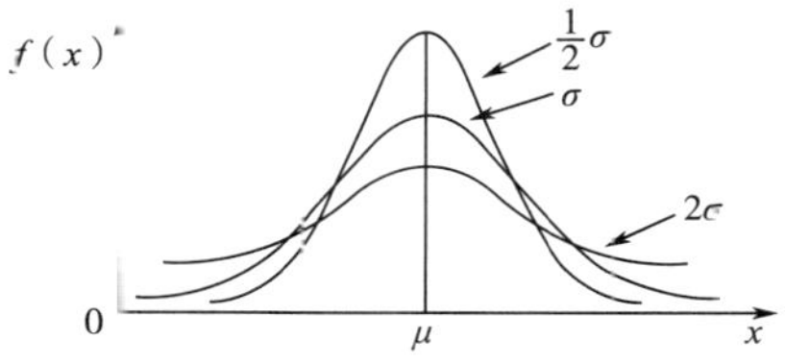

（b）不同σ的正态分布概率密度曲线

图 3.1　不同参数的正态分布概率密度曲线

从图 3.1（a）可以看出，均值 μ 决定了正态分布概率密度曲线的中心位置，即在方差相同的条件下，均值 μ 越大，正态分布概率密度曲线越向右；反之，则正态分布概率密度曲线越向左。

从图 3.1（b）可以看出，标准差 σ 决定了正态分布概率密度曲线的陡峭程度，即在均值相同条件下，标准差 σ 越小，正态分布概率密度曲线越陡峭，变量在均值附近的取值越密集；反之，则正态分布概率密度曲线越扁平，变量在均值附近的取值越分散。

特别是，当随机变量 X 所服从正态分布的参数 $\mu=0$、$\sigma^2=1$ 时，则此时的正态分布被称为标准正态分布，一般记作 $X\sim N(0,1)$。标准正态分布的概率密度函数一般用来 $\varphi(x)$ 表示，即为：

$$\varphi(x)=\frac{1}{\sqrt{2\pi}}e^{-\frac{1}{2}x^2},\quad -\infty<x<+\infty$$

容易证明，对于任一服从参数为 μ 、σ^2 的正态分布的随机变量 X 经过标准化转换，即通过减去均值并除以标准差的方式，可得到新的随机变量 $Z = (X - \mu)/\sigma$ ，该随机变量 Z 服从标准正态分布。

在统计学中有一个重要的概念，就是 α 分位数。它是这样定义的：假设随机变量 X 的分布函数为 $F(x)$ ，概率密度函数为 $f(x)$ ，对于给定的实数 $\alpha(0 < \alpha < 1)$ ，如果存在一实数 x_α ：若使得 $P\{X \geqslant x_\alpha\} = \alpha$ ，则称实数 x_α 为上侧 α 分位数；若使得 $P\{X \leqslant x_\alpha\} = \alpha$ ，则称实数 x_α 为下侧 α 分位数。显然，对于对称的连续型概率分布而言，上侧 α 分位数与下侧 α 分位数互为相反数。如图 3.2 所示。

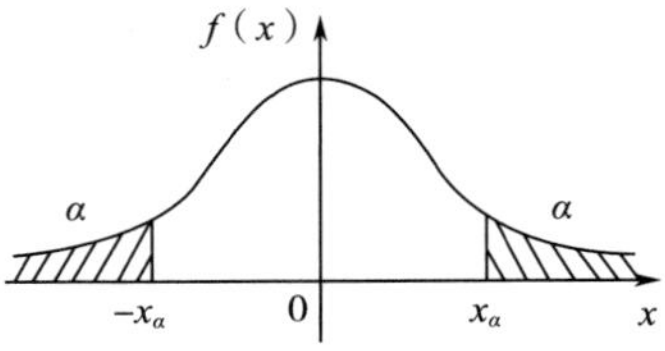

图 3.2　α 分位数

在图 3.2 中，$0 < \alpha < 1$，x_α 为一实数且 $x_\alpha > 0$，x_α 为上侧 α 分位数，因为 $P\{X \geqslant x_\alpha\} = \int_{x_\alpha}^{+\infty} f(x)\mathrm{d}x = \alpha$，$-x_\alpha$ 为下侧 α 分位数，因为 $P\{X \leqslant -x_\alpha\} = \int_{-\infty}^{-x_\alpha} f(x)\mathrm{d}x = \alpha$。

对于标准正态分布而言，假设随机变量 $Z \sim N(0, 1)$ ，其分布函数 $\Phi(z)$ 、概率密度函数 $\varphi(z)$ ，若存在一实数 z_α ，其满足：

$$\Phi(z_\alpha) = P\{Z \leqslant z_\alpha\} = \int_{-\infty}^{z_\alpha} \varphi(z)\mathrm{d}z = \alpha,\ 0 < \alpha < 1$$

则 z_α 为标准正态分布的下侧 α 分位数。根据标准正态分布的性质，我们可以得到：当 $z_\alpha = -\infty$ 时，$\Phi(z_\alpha) = \Phi(-\infty) = 0$；当 $z_\alpha = 0$ 时，$\Phi(z_\alpha) = \Phi(0) = 0.5$；当 $z_\alpha = +\infty$ 时，$\Phi(z_\alpha) = \Phi(+\infty) = 1$。更一般的情况是，当 $\Phi(z_\alpha) = \int_{-\infty}^{z_\alpha} \frac{1}{\sqrt{2\pi}} e^{-\frac{1}{2}z^2}\mathrm{d}z = \alpha$ 时，若已知 α，则可通过上式求得 z_α ，与之相反，若已知 z_α，则可通过上式求得 α 。据此，人们制作出了关于标准正态分布的分位数表。

我们可以使用标准正态分布分位数表来计算一个随机变量在标准正态分布中的位置概率。通常情况下，我们将需要计算的概率转化为一个标准正态分布的分位数，然后在表格中查找与之相对应的值。标准正态分布分位数表通常给出了标准正态分布的累积分布函数值，即概率密度函数的积分。这些值用于计算给定范围内的概率。例如，如果需要计算标准正态分布中的一个随机变量小于等于 1.96 的概率，则可以在分位数表中找到 1.96 对应的值，即 0.975，而这个值正是表示了标准正态分布中小于等于 1.96 的概率为 0.975。需要注意的是，标准正态分布分位数表中的值都是基于标准正态分布的。如果需要计算其他非标准的正态分布，就需要将其转化为标准正态分布，即通过标准化的方式进行转换。

在实际应用中，还有一个常见的准则，即正态分布的 3σ 准则，它是指当随机变量 $X \sim N(\mu, \sigma^2)$ 时，x 为其一个观测值，则有：

$$\begin{cases} P\{\mu - \sigma \leq x \leq \mu + \sigma\} \approx 68.26\% \\ P\{\mu - 2\sigma \leq x \leq \mu + 2\sigma\} \approx 95.44\% \\ P\{\mu - 3\sigma \leq x \leq \mu + 3\sigma\} \approx 99.73\% \end{cases}$$

也就是说，在正态分布的情况下，约有 68.26%的数据会落在平均值附近 1 个标准差的范围内，约有 95.44%的数据会落在平均值附近 2 个标准差的范围内，约有 99.73%的数据会落在平均值附近 3 个标准差的范围内。特别是，当 $X \sim N(0, 1)$ 时，可得到标准正态分布的 3σ 准则，即：

$$\begin{cases} P\{-\sigma \leq x \leq \sigma\} \approx 68.26\% \\ P\{-2\sigma \leq x \leq 2\sigma\} \approx 95.44\% \\ P\{-3\sigma \leq x \leq 3\sigma\} \approx 99.73\% \end{cases}$$

具体如图 3.3 所示。

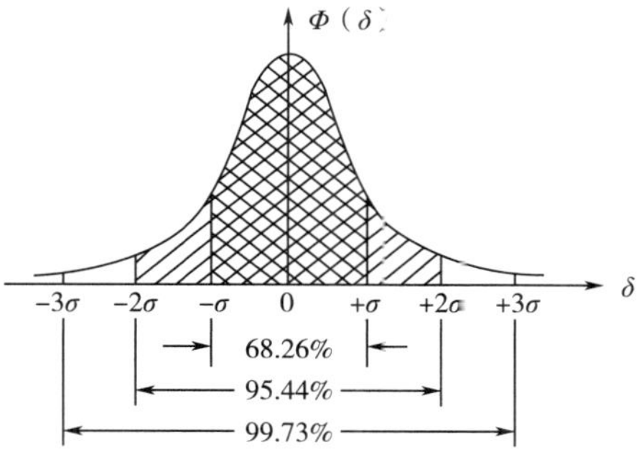

图 3.3 标准正态分布的 3σ 准则

通过正态分布的 3σ 准则，我们可以判断某一正态分布的数据组中是否存在异常值或者离群点。如果数据组中某个数据与该数据组均值的距离超过 3 倍的标准差，那么这个数据就可以被认为是异常值或者离群点。因此，在数据分析中，我们可以利用 3σ 准则初步排除异常值，从而使得数据更加准确可信。

上面介绍了正态分布及标准正态分布，下面将主要介绍由正态分布所推导出的三个重要的分布：χ^2 分布、学生 t 分布和 F 分布。这三个重要分布在统计推断中发挥着至关重要的作用。

2) χ^2 分布

第一，χ^2 分布的定义。

设随机变量 X_1，X_2，…，X_n 相互独立，且都服从标准正态分布 $N(0,1)$，则称随机变量

$$\chi^2 = \sum_{i=1}^{n} X_i^2 = X_1^2 + X_2^2 + \cdots + X_n^2$$

服从自由度为 n 的 χ^2 分布，一般记为 $\chi^2 \sim \chi^2(n)$。由于服从 χ^2 分布的随机变量是服从正态分布的随机变量的平方和，因此其变量值不可能为负。特别是，当 $n=1$ 时，$\chi^2 = X_1^2 \sim \chi^2(1)$，即对一个服从标准正态分布的随机变量进行平方运算所得到的新随机变量，服从于自由度为 1 的 χ^2 分布。

χ^2 分布的概率密度曲线形状由自由度 n 决定。当自由度 n 较小时，χ^2 分布通常为右偏分布；随着自由度 n 的增大，χ^2 分布逐渐趋于对称；当自由度 $n \to +\infty$ 时，χ^2 分布的极限分布为正态分布。具体如图 3.4 所示。

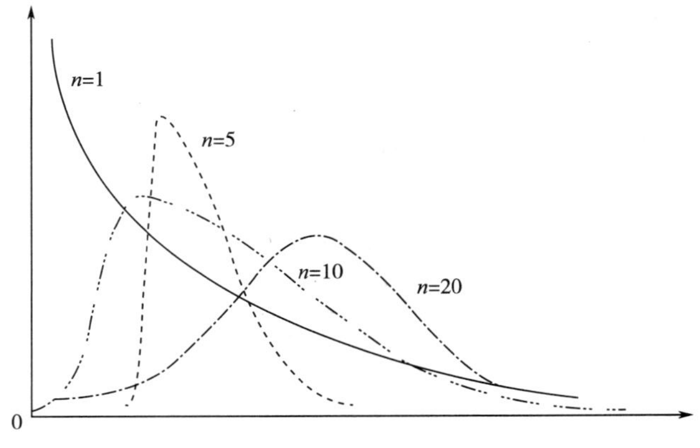

图 3.4　不同自由度的 χ^2 分布概率密度函数

对于服从自由度为 n 的 χ^2 分布的随机变量 χ^2，其期望值 $E(\chi^2)$ 与方差 $D(\chi^2)$ 分别为：

$$E(\chi^2) = n, \ D(\chi^2) = 2n$$

第二，χ^2 分布的性质。

（a）设随机变量 X_1，X_2，…，X_n 相互独立，且均服从正态分布 $N(\mu, \sigma^2)$，则有 $\chi^2 = \frac{1}{\sigma^2}\sum_{i=1}^{n}(X_i - \mu)^2 \sim \chi^2(n)$。

（b）设 $\chi_1^2 \sim \chi^2(n_1)$，$\chi_2^2 \sim \chi^2(n_2)$，且 χ_1^2 与 χ_2^2 相互独立，则 $\chi_1^2 + \chi_1^2 \sim \chi^2(n_1 + n_2)$。由此可推广到 m 个随机变量的情形：假设 $\chi_i^2 \sim \chi^2(n_i)$，$i = 1, 2, \cdots, m$，且 χ_i^2 之间相互独立，则 $\sum_{i=1}^{m}\chi_i^2 \sim \chi^2(\sum_{i=1}^{m} n_i)$。

（c）设随机变量 $\chi^2 \sim \chi^2(n)$，则当 n 充分大时，随机变量 χ^2 近似服从正态分布，随机变量 $(\chi^2 - n)/\sqrt{2n}$ 近似服从标准正态分布 $N(0, 1)$。

第三，χ^2 分布分位数。

设随机变量 $\chi^2 \sim \chi^2(n)$，若存在实数 $\chi_{\alpha_1}^2$ 和 $\chi_{\alpha_2}^2$，使得

$$P\{\chi^2 \leqslant \chi_{\alpha_1}^2\} = P\{\chi^2 \geqslant \chi_{\alpha_2}^2\} = \alpha,\ 0 < \alpha < 1$$

则 $\chi_{\alpha_1}^2$ 和 $\chi_{\alpha_2}^2$ 分别为 χ^2 分布的下侧 α 分位数和上侧 α 分位数。具体如图 3.5 所示。从图 3.5 中可以看出，χ^2 分布的上下两侧分位数均是大于 0 的。

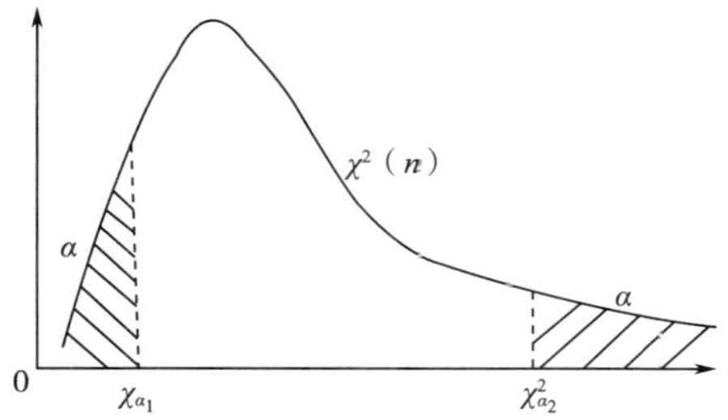

图 3.5　χ^2 分布的 α 分位数

3）学生 t 分布

第一，学生 t 分布的定义。

设随机变量 $Z \sim N(0, 1)$、$\chi^2 \sim \chi^2(n)$，且 Z 与 χ^2 相互独立，则称随机变量

$$T = \frac{Z}{\sqrt{\chi^2/n}}$$

服从自由度为 n 的学生 t 分布，一般记为 $T \sim t(n)$。

学生 t 分布可简称为 t 分布，是由英国统计学家威廉·戈塞于 1908 年首先推导

出来并应用于小样本的情况中。当时他还在都柏林的一家酿酒厂工作，由于该酿酒厂的规定不允许发表关于酿酒过程变化性的研究成果，因此戈塞不得不以“学生”这一笔名发表他的研究成果。之后英国统计与遗传学家罗纳德·费歇尔通过研究工作将 t 检验以及相关理论发扬光大，并将此分布称为学生 t 分布。

与标准正态分布相类似，t 分布的概率密度曲线也是关于纵轴对称的，但通常比标准正态分布的密度曲线更加扁平，尾部更厚、更长。t 分布概率密度曲线的具体形状由自由度 n 所决定，并且随着自由度 n 的增加，t 分布也逐渐接近标准正态分布；当自由度大于 30 后，二者的差异就很小了。具体如图 3.6 所示。

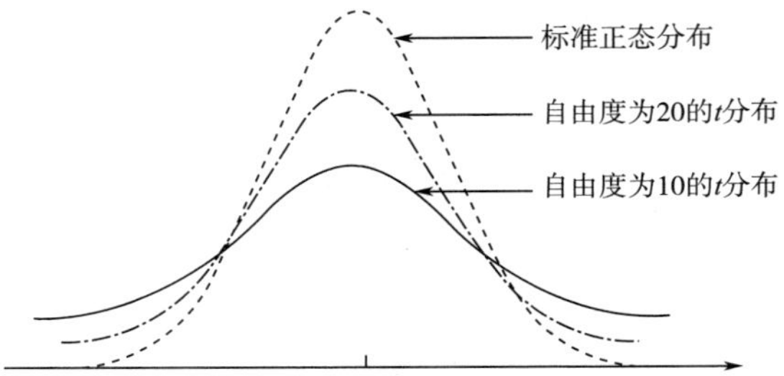

图 3.6　不同自由度的 t 分布概率密度函数

对于服从自由度为 n 的 t 分布的随机变量 T 而言，其期望值 $E(T)$ 与方差 $D(T)$ 分别为：

$$E(T) = 0,\ n > 1;\ D(T) = \frac{n}{n-2},\ n > 2$$

其中，当 t 分布的自由度为 1 时，其期望值不存在，因为此时计算期望值的积分是不可积的，当 t 分布的自由度为 1 和 2 时，其方差不存在，因为此时计算方差的积分是不可积的。

第二，t 分布的性质。

(a) t 分布的概率密度曲线是关于 $T=0$ 对称的；

(b) 设随机变量 $T \sim t(n)$，则当 n 充分大时，随机变量 T 近似服从标准正态分布 $N(0,\ 1)$。

第三，t 分布分位数。

设随机变量 $T \sim t(n)$，若存在实数 t_{α_1} 和 t_{α_2}，使得

$$P\{\chi^2 \leqslant t_{\alpha_1}\} = P\{\chi^2 \geqslant t_{\alpha_2}\} = \alpha,\ 0 < \alpha < 1$$

则 t_{α_1} 和 t_{α_2} 分别为 t 分布的下侧 α 分位数和上侧 α 分位数。具体如图 3.7 所示。因 t 分布的概率密度曲线是关于 $T=0$ 对称的，故 $t_{\alpha_1}=-t_{\alpha_2}$。

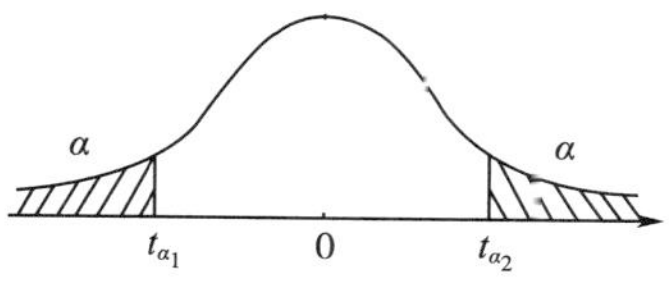

图 3.7　t 分布的 α 分位数

4）F 分布

第一，F 分布的定义。

设随机变量 $\chi_1^2 \sim \chi^2(n_1)$、$\chi_2^2 \sim \chi^2(n_2)$，且 χ_1^2 与 χ_2^2 则相互独立，则称随机变量

$$F=\frac{\chi_1^2/n_1}{\chi_2^2/n_2}$$

服从自由度为 n_1 和 n_2 的 F 分布，一般记为 $F \sim F(n_1, n_2)$。其中，n_1 为第一自由度或分子自由度，n_2 为第二自由度或分母自由度。

与 χ^2 分布相类似，F 分布通常也是呈不对称的右偏分布，并且由于服从 F 分布的随机变量是两个服从 χ^2 分布的随机变量之比，因此其变量值也不可能为负。F 分布的概率密度曲线形状由两个自由度 n_1 和 n_2 决定，且随着两个自由度的增加而渐近正态分布。具体如图 3.8 所示。

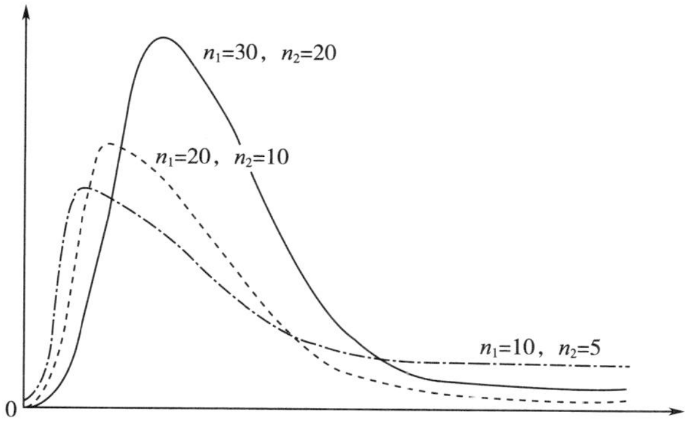

图 3.8　不同自由度的 F 分布概率密度函数

对于服从第一和第二自由度分别为 n_1 和 n_2 的 F 分布的随机变量 F，其期望值

$E(F)$ 与方差 $D(F)$ 分别为：

$$E(F)=\frac{n_2}{n_2-2},\ n_2>2;\ D(F)=\frac{2n_2^2(n_1+n_2-2)}{n_1(n_2-2)(n_2-4)},\ n_2>4$$

其中，当 F 分布的第二自由度为小于等于 2 时，其期望值不存在，因为此时计算期望值的积分是不可积的；当 F 分布的第二自由度为小于等于 4 时，其方差不存在，因为此时计算方差的积分是不可积的。

第二，F 分布的性质。

（a）设随机变量 $F\sim F(n_1,\ n_2)$，则 $\frac{1}{F}\sim F(n_2,\ n_1)$；

（b）设随机变量 $T\sim t(n)$，则随机变量 $T^2\sim F(1,\ n)$；

（c）设随机变量 $F\sim F(n_1,\ n_2)$，则当 n_1 和 n_2 充分大时，随机变量 F 近似服从正态分布。

第三，F 分布分位数。

设随机变量 $F\sim F(n_1,\ n_2)$，若存在实数 F_{α_1} 和 F_{α_2}，使得

$$P\{F\leqslant F_{\alpha_1}\}=P\{F\geqslant F_{\alpha_2}\}=\alpha,\ 0<\alpha<1$$

则 F_{α_1} 和 F_{α_2} 分别为 F 分布的下侧 α 分位数和上侧 α 分位数。具体如图 3.9 所示。从图 3.9 中可以看出，F 分布的上下两侧分位数均是大于 0 的。

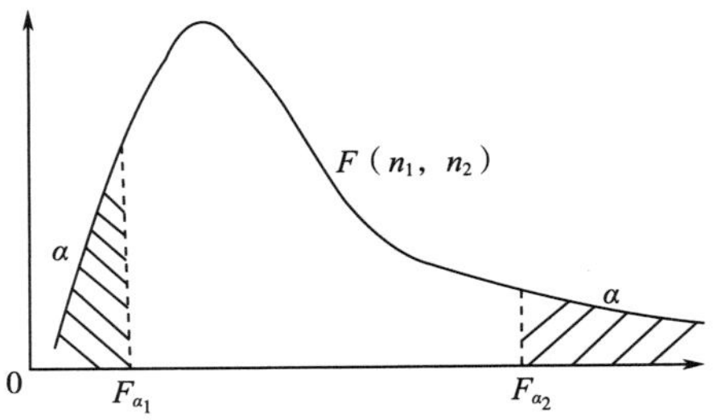

图 3.9　F 分布的 α 分位数

5）正态分布、标准正态分布、χ^2 分布、t 分布、F 分布的关系

（a）标准正态分布的平方即 χ^2 分布。

（b）标准正态分布与 χ^2 分布之比即 t 分布。

（c）t 分布的平方即 F 分布。

（d）两个 χ^2 分布之比即 F 分布。

(e) 随着自由度增大，χ^2 分布、t 分布、F 分布都会趋向正态分布。

(f) 对称分布：正态分布、标准正态分布、t 分布。

(g) 右偏分布：χ^2 分布、F 分布。

(h) 服从正态分布的统计量为 Z 统计量，服从 χ^2 分布的统计量为 χ^2 统计量，服从 t 分布的统计量为 T 统计量，服从 F 分布的统计量为 F 统计量。

3.2.3 样本统计量的抽样分布

我们已经知道，常用的样本统计量包括样本均值、样本方差和样本比例，下面就主要介绍关于这三个样本统计量的抽样分布。

1) 样本均值的抽样分布

我们先来看一个关于样本均值抽样分布的模拟试验。设总体 X 服从 $\mu=100$、$\sigma=6$ 的正态分布。现从该总体中随机抽取样本容量为 4 的 10 份独立样本，并计算这 10 份样本的均值。具体如表 3.1 所示。

表 3.1 关于样本均值抽样分布的模拟试验数据

样本编号	样本数据				样本均值
1	103.00	98.00	103.00	108.00	103.00
2	96.00	99.00	97.00	98.00	97.50
3	95.00	100.00	93.00	97.00	96.25
4	102.00	108.00	103.00	98.00	102.75
5	101.00	100.00	102.00	103.00	101.50
6	93.00	94.00	92.00	101.00	95.00
7	96.00	95.00	99.00	103.00	98.25
8	99.00	98.00	102.00	105.00	101.00
9	103.00	99.00	105.00	106.00	103.25
10	96.00	104.00	101.00	97.00	99.50

表 3.1 的最后一列是每一次抽样得到的样本均值的数据，由此可以计算得到关于样本均值这一统计量的均值与标准差，即样本均值的均值 $\bar{\bar{x}}$ 为：

$$\bar{\bar{x}}=\frac{1}{10}\sum_{i=1}^{10}\bar{x}_i=\frac{103.00+97.50+\cdots+99.50}{10}=99.8$$

样本均值的标准差 $s_{\bar{x}}$ 为：

$$s_{\bar{x}} = \sqrt{\frac{\sum_{i=1}^{10}(\bar{x}_i - \bar{\bar{x}})}{10-1}} = \sqrt{\frac{(103.00-99.8)^2+(97.50-99.8)^2+\cdots+(99.50-99.8)^2}{10-1}} \approx 2.96$$

从样本均值的均值和标准差的计算结果，我们可以看到：

$$\bar{\bar{x}} = 99.8 \approx \mu = 100, \ s_{\bar{x}} \approx 2.96 \approx \frac{\sigma}{\sqrt{n}} = \frac{6}{\sqrt{4}} = 3$$

由此可以推断，样本均值的均值等于总体均值，样本均值的标准差等于总体标准差除以 $\sqrt{n}$ 。为了验证这个想法，进一步增加抽样次数到充分多，并计算每一次抽样所对应的样本均值，然后画出样本均值的频数分布图。例如，从正态总体 $N(100, 6^2)$ 中随机抽样而得到的样本容量为 4 的 1 000 份独立样本的样本均数，其频数分布如图 3. 10 所示。从图 3. 10 中可以看出，样本均值的频数分布呈正态分布的形式。

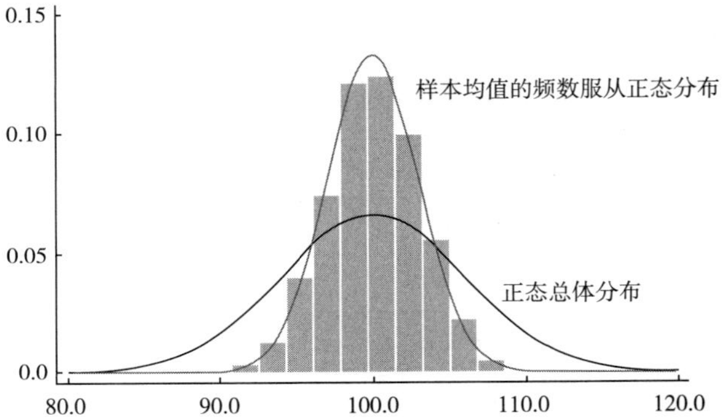

图 3. 10　样本均值的频数分布图

事实上，我们可以证明，如果总体服从正态分布，那么无论样本容量的大小如何，都可认为样本均值服从正态分布；如果总体不服从正态分布，那么当样本容量充分大时，样本均值仍近似服从正态分布，这就是著名的中心极限定理。

设 X_1，X_2，…，X_n 是来自正态总体 $N(\mu, \sigma^2)$ 的样本，$\bar{X}$ 为样本均值，则有：

$$\bar{X} \sim N\left(\mu, \frac{\sigma^2}{n}\right)$$

我们对随机变量 $\bar{X}$ 进行标准化，即可得到新的随机变量 Z ，则有：

$$Z = \frac{\bar{X}-\mu}{\sigma/\sqrt{n}} \sim N(0, 1)$$

这是总体为正态分布的情形。当然，这也是在总体标准差 σ 已知或者样本容量充分大时才成立，但在实际中，大部分的场合下总体标准差是未知的。如果在总体标准差未知且为小样本的情况下，可以用样本标准差 s 代替总体标准差 σ ，上面的 Z 统计量就转变为 T 统计量，则有：

$$T = \frac{\bar{X} - \mu}{s/\sqrt{n}} \sim t(n-1)$$

此时，根据样本均值得到的统计量服从自由度为 $n-1$ 的 t 分布。

设 X_1，X_2，…，X_n 是来自期望值为 μ 、方差为 σ^2 的任一非正态总体的样本，$\bar{X}$ 为样本均值，当 n 充分大时，则有：

$$\bar{X} \sim N\left(\mu, \frac{\sigma^2}{n}\right)$$

这是总体为非正态分布的情形，也是中心极限定理所描述的内容。

2）样本方差的抽样分布

样本方差是估计总体方差的统计量。理论上可以证明，对于来自正态总体的简单随机样本，样本方差与总体方差的比值是服从 χ^2 分布的。

设 X_1，X_2，…，X_n 是来自正态总体 $N(\mu, \sigma^2)$ 的样本，S^2 为样本方差，则有：

$$\frac{(n-1)S^2}{\sigma^2} \sim \chi^2(n-1)$$

3）样本比例的抽样分布

样本比例是估计总体比例的统计量。理论上可以证明，当样本充分大时，样本比例这个统计量近似服从正态分布。

设总体比例为 π ，从中随机抽取样本量为 n 的样本，样本比例为 P ，当 n 充分大时，则有：

$$P \sim N\left(\pi, \frac{\pi(1-\pi)}{n}\right)$$

这里的“n 充分大”，通常是要求 $np \geqslant 10$ 且 $n(1-p) \geqslant 10$，其中 p 为样本比例 P 的观测值。

3.3 抽样误差及其控制

3.3.1 抽样误差

1) 抽样误差的概念

我们先来看一个简单的关于抽样误差的案例。

假定某地区六岁男童身高的总体均值为 120 cm、总体标准差为 5 cm。但研究人员不清楚这些总体参数，因此为了估计该地区六岁男童的平均身高，研究人员从所有符合要求的六岁男童中随机抽取 100 人，共计抽取了三次，这三次样本数据如表 3.2 所示。

表 3.2　三次抽样的样本均值与样本标准差　　（单位：cm）

抽样序号	样本均值	样本标准差
1	119.21	4.85
2	120.19	4.96
3	118.96	5.05

从表 3.2 中可以看出，每一次抽样得到的样本均值与样本标准差的数据值均与总体的参数值不一致，这种不一致就是抽样误差，即样本统计量与总体参数间的差别。另外，我们也注意到，每一次抽样得到的各个统计量的数据值之间亦不一致，这其实也是抽样误差的一种表现形式，即同一样本统计量在同一总体的不同样本下的差别。

抽样误差是指随机抽样的偶然因素的存在，使得样本各单位的结构不足以代表总体各单位的结构，从而引起抽样指标和总体指标的绝对离差。简单来讲，抽样误差就是样本统计值与被推断的总体参数出现的偏差，如样本均值与总体均值之差 $|\bar{x}-\mu|$、样本比例与总体比例之差 $|p-\pi|$。抽样误差所针对的主要就是样本均值与样本比例这两个样本统计量。虽然随机抽样的误差不可避免，但可以运用大数定律的数学公式加以精确地计算，确定它具体的数量界限，并可通过抽样设计加以控制。

影响抽样误差的因素主要有以下一些。

（a）抽样的样本量：在其他条件不变的情况下，抽样的样本量越多，抽样误差越小，反之则抽样误差越大。

（b）总体数据的变异程度：在其他条件不变的情况下，总体数据的变异程度越小，抽样误差越小，反之则抽样误差越大。

（c）抽样方法的选择：对于重复抽样和不重复抽样而言，这两种抽样方法所对应的抽样误差的大小是不一样的，采用不重复抽样比采用重复抽样的抽样误差要小。

（d）抽样组织方式不同：采用不同的组织方式时会有不同的抽样误差。这是因为不同的抽样组织所抽中的样本，对于总体的代表性也不同。

2）样本统计量的标准误差

样本统计量的标准误差也称标准误，是指样本统计量分布的标准差。标准误差用于衡量样本统计量的离散程度，在参数估计中，它是衡量样本统计量与总体参数之间差距，即抽样误差的一个重要尺度。

对于样本均值 $\bar{X}$ 而言，我们知道，当样本容量 n 充分大时，它是服从正态分布的，即 $\bar{X} \sim N(\mu, \sigma^2/n)$，其中，$\mu$ 为总体均值，σ 为总体标准差，因而样本均值的标准误差（可用 SE 或者 $\sigma_{\bar{X}}$ 来表示）的计算公式为：

$$\sigma_{\bar{X}} = \frac{\sigma}{\sqrt{n}}$$

当总体标准差未知时，可用样本标准差 s 代替计算，即：

$$s_{\bar{X}} = \frac{s}{\sqrt{n}}$$

这时，计算的标准误差被称为估计标准误差。在实际应用中，由于总体标准差 σ 一般是未知的，故所计算的标准误差实际上都是估计标准误差，因此一般将估计标准误差简称为标准误差。

对于样本比例 P 而言，我们知道，当样本容量 n 充分大时，它也是服从正态分布的，即 $P \sim N(\pi, \pi(1-\pi)/n)$，其中 π 为总体比例，因而样本比例的标准误差（可用 σ_P 来表示）的计算公式为：

$$\sigma_P = \sqrt{\frac{\pi(1-\pi)}{n}}$$

当总体比例未知时，可用样本比例 p 代替计算，即：

$$s_p = \sqrt{\frac{p(1-p)}{n}}$$

样本统计量的标准误与随机变量的标准差是看上去相似，但本质完全不相同的两个概念。以样本均值的标准误和样本标准差做比较，其不同点如表3.3所示。

表3.3 样本均值的标准误和样本标准差的不同点

内容	样本均值的标准误	样本标准差
基本性质	表示抽样误差的大小	表示个体变异的大小
控制方法	可通过增加样本容量的方式进行控制	不可以用统计方法来控制
计算公式	$s_{\bar{x}} = s/\sqrt{n}$	$s = \sqrt{\sum_{i=1}^{n}(x_i - \bar{x})^2/(n-1)}$
主要用途	求参数的可信区间	求数据的参考范围
随 n 增大	趋向于0	趋于稳定

3）三种形式的抽样误差

抽样误差主要有三种类型：抽样实际误差、抽样平均误差和抽样极限误差。下面我们来简要介绍这三种形式的抽样误差。

第一，抽样实际误差。

抽样实际误差是指在一次具体的抽样调查中，由随机因素引起的样本指标值与总体指标值之间的离差，如样本均值与总体均值之间的离差、样本比例与总体比例之间的离差等。但是，在实际抽样中，由于总体指标数值往往是未知的，因此，对抽样实际误差是无法计算的。同时，抽样实际误差仅仅是一系列可能出现的误差数值之一，因此，抽样实际误差没有概括所有可能产生的抽样误差。所以，在实际应用中，我们一般不会使用抽样实际误差。

第二，抽样平均误差。

我们可能会从一个总体中抽取很多个样本，样本指标（如样本均值）也会随着不同的样本而有不同的取值，它们与总体指标（如总体均值）的差别有大有小。这表示抽样误差是个大小与方向都不恒定的随机变量，因此需要用一个指标量来反映抽样误差的一般水平。由于所有可能样本均值的均值等于总体均值，故不能使用简单算术平均的方法，而应使用标准差的方法来计算抽样平均误差。

抽样平均误差是反映抽样误差一般水平的指标，它的实质含义是指样本均值或样本比例的标准差，即样本统计量的标准误，它反映了抽样指标与总体指标的平均离差程度。样本均值的抽样平均误差一般记为 $\mu_{\bar{X}}$ 样本比例的抽样平均误差一般记为 μ_P 。

对于样本均值 $\bar{X}$ ，当抽样方式为重复抽样时，其抽样平均误差为：

$$\mu_{\bar{X}} = \frac{\sigma}{\sqrt{n}}$$

当抽样方式为不重复抽样时，其抽样平均误差为：

$$\mu_{\bar{X}} = \sqrt{\frac{\sigma^2}{n}\left(\frac{N-n}{N-1}\right)} \approx \sqrt{\frac{\sigma^2}{n}\left(1-\frac{n}{N}\right)}$$

其中，σ 为总体标准差，n 为样本容量，N 为总体容量。当总体标准差 σ 未知时，可用样本标准差 s 代替。

【例 3.1】从某地区 10 000 户居民中抽取 100 户进行调查后得知，这 100 户居民的月均收入为 2 500 元，标准差为 300 元，则在重复抽样和不重复抽样条件下，居民月平均收入的抽样平均误差分别如下。

重复抽样的平均误差 $\mu_{\bar{X}}^{(1)}$ 为：

$$\mu_{\bar{X}}^{(1)} = \frac{\sigma}{\sqrt{n}} \approx \frac{s}{\sqrt{n}} = \frac{300}{\sqrt{100}} = 30\ (元)$$

不重复抽样的平均误差 $\mu_{\bar{X}}^{(2)}$ 为：

$$\mu_{\bar{X}}^{(2)} = \sqrt{\frac{\sigma^2}{n}\left(\frac{N-n}{N-1}\right)} \approx \sqrt{\frac{s^2}{n}\left(\frac{N-n}{N-1}\right)} = \sqrt{\frac{300^2}{100} \times \left(\frac{10\ 000-100}{10\ 000-1}\right)} \approx 29.85\ (元)$$

从例 3.1 中可知，不重复抽样的平均误差要小于重复抽样的平均误差。

对于样本比例 P ，当抽样方式为重复抽样时，其抽样平均误差为：

$$\mu_P = \sqrt{\frac{\pi(1-\pi)}{n}}$$

当抽样方式为不重复抽样时，其抽样平均误差为：

$$\mu_P = \sqrt{\frac{\pi(1-\pi)}{n}\left(\frac{N-n}{N-1}\right)} \approx \sqrt{\frac{\pi(1-\pi)}{n}\left(1-\frac{n}{N}\right)}$$

其中，π 为总体比例，n 为样本容量，N 为总体容量。当总体比例 π 未知时，可用样本比例 p 代替。

【例 3.2】从某地区 10 000 户居民中抽取 100 户进行调查后得知，这 100 户居民中拥有一辆及以上电动汽车的占比为 20%，则在重复抽样和不重复抽样条件下，居民电动汽车占比的抽样平均误差分别如下。

重复抽样的平均误差 $\mu_P^{(1)}$ 为：

$$\mu_P^{(1)}=\sqrt{\frac{P(1-P)}{n}}\approx\sqrt{\frac{p(1-p)}{n}}=\sqrt{\frac{20\%\times(1-20\%)}{400}}=2\%$$

在不重复抽样条件下的平均误差 $\mu_P^{(2)}$ 为：

$$\mu_P^{(2)}=\sqrt{\frac{P(1-P)}{n}\left(\frac{N-n}{N-1}\right)}\approx\sqrt{\frac{p(1-p)}{n}\left(\frac{N-n}{N-1}\right)}=$$

$$\sqrt{\frac{20\%\times(1-20\%)}{400}\times\left(\frac{10\ 000-400}{10\ 000-1}\right)}\approx1.96\%$$

同样，从该例中可见，不重复抽样的平均误差要小于重复抽样的平均误差。

第三，抽样极限误差。

抽样极限误差是指在一定的可靠度下，保证样本指标与总体指标之间的抽样误差不超过某一给定的最大可能范围，一般记为 Δ 。其中，样本均值的抽样极限误差一般记为 $\Delta_{\bar{X}}$ 、样本比例的抽样极限误差一般记为 Δ_P 。

根据定义可知，对于某一个样本统计量 Y——样本均值 $\bar{X}$ 或样本比例 P ，若其总体参数为 θ ，则有：

$$|Y-\theta|\leqslant\Delta_Y$$

同时，根据中心极限定理，当样本容量充分大时，样本统计量 Y 服从正态分布，即 $Y\sim N(\theta,\ \mu_Y^2)$ 。其中，μ_Y 为样本统计量 Y 的标准误，也即抽样平均误差。由此有：

$$\frac{Y-\theta}{\mu_Y}\sim N(0,\ 1)$$

根据正态分布理论，则有：

$$P\left\{\left|\frac{Y-\theta}{\mu_Y}\right|\leqslant t\right\}=P\{|Y-\theta|\leqslant t\cdot\mu_Y\}=\frac{1}{\sqrt{2\pi}}\int_0^t e^{-\frac{x^2}{2}}dx$$

由上面两个等式可知，$\Delta_Y=t\cdot\mu_Y$ ，且 $|y-\theta|\leqslant\Delta_Y$ 这个不等式的可靠程度的概率值为：

$$P\{|Y-\theta|\leqslant\Delta_Y\}=\frac{1}{\sqrt{2\pi}}\int_0^t e^{-\frac{x^2}{2}}dx$$

由此，我们可以得到，对于样本均值 $\bar{X}$ ，其抽样极限误差为：

$$\Delta_{\bar{X}}=t\cdot\mu_{\bar{X}}$$

对于样本均值 P ，其抽样极限误差为：

$$\Delta_p = t \cdot \mu_p$$

当然，对于不同的抽样方式（重复抽样或不重复抽样）样本统计量的抽样平均误差的计算是不一样。

可靠程度的概率值 $P\{|Y-\theta| \leq t \cdot \mu_Y\}$ 描述的是样本统计量和总体参数的误差不超过一定范围的概率保证程度，它其实是一个关于 t 的函数，不同的 t 值会有不同的可靠程度概率值。我们把这个 t 称为抽样误差概率度（或简称概率度），其反映的是极限误差的相对程度，在数值上等于极限误差除以平均误差所得到的倍数，它也是度量误差范围可靠程度的一个参数。从概率分布的角度来看，这里的 t 其实就是正态分布的分位数，因此，如果给定了 t 值，就可以通过标准差正态分布函数的概率分布表，查到相应的概率 $F(t)$ 。常见的概率度 t 及其对应的概率 $F(t)$ 如表 3.4 所示。

表 3.4　常见的概率度 t 及其对应的概率 $F(t)$

概率度 t	0.5	1.0	1.5	1.64	1.96	2.0	2.5	3.0
概率 $F(t)$	0.382 9	0.682 7	0.866 4	0.899	0.95	0.954 5	0.987 6	0.997 3

从表 3.4 可以看出：概率度越大，表明抽样误差范围越大，则概率保证程度越大；反之，概率度越小，表明抽样误差范围越小，则概率保证程度越小。

【例 3.3】根据某市公共电话网 100 次通话情形抽样调查，得知每次通话平均持续时间 $\bar{x}=4$ 分钟，标准差 $s=2$ 分钟。取可靠程度的概率值 $F(t)$ 为 95.45%，此时对应的概率度 $t=2.0$。因样本均值的抽样平均误差 $\mu_{\bar{X}}=s/\sqrt{n}=2/\sqrt{100}=0.2$ 分钟，故可得出：在概率为 95.45%时，每次通话平均持续时间的极限抽样误差为 $\Delta_{\bar{X}}=t \cdot \mu_{\bar{X}}=2\times 0.2=0.4$ 分钟。

3.3.2　抽样误差的控制

在前面，我们已经介绍了影响抽样误差的主要因素，包括抽样的样本量、总体数据的变异程度、抽样方法、抽样组织方式等。除总体数据的变异程度这个因素外，我们还可以通过确定合理的样本容量、选择合适的抽样方法和抽样组织等方式，达到控制抽样误差的目的。在这里，我们主要介绍的是如何确定一个适当的样本量，以满足事先给定的一个最大误差量。

对于某一个样本统计量 Y——样本均值 $\bar{X}$ 或样本比例 P，其抽样极限误差 $\Delta_Y = t \cdot \mu_Y$。其中，μ_Y 为样本统计量 Y 的标准误，而 μ_Y 又是一个包含样本量 n 的函数，由此可以计算出为满足最大的抽样极限误差所需要的样本量 n。

对于样本均值 $\bar{X}$，当抽样方式为重复抽样时，其抽样极限误差为：

$$\Delta_{\bar{X}} = t \cdot \mu_{\bar{X}} = t \cdot \frac{\sigma}{\sqrt{n}}$$

由此可以推导出，在重复抽样下满足误差要求的样本容量的计算公式为：

$$n = \frac{t^2\sigma^2}{\Delta_{\bar{X}}^2}$$

当抽样方式为不重复抽样时，其抽样极限误差为：

$$\Delta_{\bar{X}} = t \cdot \mu_{\bar{X}} = t \cdot \sqrt{\frac{\sigma^2}{n}\left(\frac{N-n}{N-1}\right)}$$

由此可以推导出，在不重复抽样下，满足误差要求的样本容量的计算公式为：

$$n = \frac{N \cdot t^2 \cdot \sigma^2}{(N-1) \cdot \Delta_{\bar{X}}^2 + t^2 \cdot \sigma^2}$$

当总体标准差 σ 未知时，可以用样本标准差 s 代替。

【例 3.4】 假定拥有经济学学士学位的大学毕业生年薪的标准差 σ =2 000 元，现随机抽取该类大学毕业生样本进行年薪分析，要求可靠程度的概率值为 95%，即概率度 t =1.96，同时希望允许最大误差为 400 元，则应抽取的样本容量 n 为：

$$n = \frac{(1.96)^2 \times 2\,000^2}{400^2} = 96.04 \approx 97$$

即应抽取 97 名大学生作为样本。

对于样本均值 P 而言，当抽样方式为重复抽样时，其抽样极限误差为：

$$\Delta_P = t \times \mu_P = t \times \sqrt{\frac{P(1-P)}{n}}$$

由此可以推导出，在重复抽样下，满足误差要求的样本容量的计算公式为：

$$n = \frac{t^2 \times \pi \times (1-\pi)}{\Delta_P^2}$$

当抽样方式为不重复抽样时，其抽样极限误差为：

$$\Delta_P = t \times \mu_{\bar{X}} = t \times \sqrt{\frac{P(1-P)}{n}\left(\frac{N-n}{N-1}\right)}$$

由此可以推导出，在不重复抽样下，满足误差要求的样本容量的计算公式为：

$$n=\frac{N\times t^2\times\pi\times(1-\pi)}{(N-1)\times\Delta_p^2+t^2\times\pi\times(1-\pi)}$$

当总体比例 π 未知时，可以用样本比例 p 代替。

【例 3.5】假定某地区 11 岁至 19 岁的青少年中眼睛近视的比例为 60%。现随机抽取该地区青少年样本进行近似比例分析，要求可靠程度的概率值为 95%，即概率度 $t=1.96$，同时希望允许最大误差为 5%，则应抽取的样本容量 n 为：

$$n=\frac{(1.96)^2\times60\%\times(1-60\%)}{(5\%)^2}=368.79\approx369$$

即应抽取 369 位青少年作为样本。

【思考与练习】

1. 请比较并说明概率抽样和非概率抽样的特点。

2. 请简要说明抽样误差的概念、类型与控制因素。

3. 某钢铁厂生产某种钢管。现以重复抽样和不重复抽样两种方式，从该厂某月生产的 500 根产品中抽取一个容量为 100 根的样本。已知一级品率为 60%。求：在重复抽样和不重复抽样这两种条件下样本一级品率的抽样平均误差。

4. 为估计某地区 10 000 名适龄儿童的入学率，用不重复抽样从该地区抽取 400 名儿童，有 320 名儿童入学。求：概率为 95.45% 时的极限抽样误差为多少？

5. 根据以往的生产统计，某种产品的合格率约为 90%，现要求允许误差为 5%。求：在 95% 的置信区间时应抽取多少个产品作为样本？

4 参数估计

人们常常需要根据手中的已知数据来分析或推断反映事物或现象本质的规律，即根据样本数据来估计总体特征。参数估计是指在抽样及抽样分布的基础上，根据样本统计量来推断所关心的总体参数。参数估计是推断统计中的一个重要的组成部分，它可以帮助我们更好地了解总体的特征，从而做出更准确的预测和决策。

本章主要介绍参数估计的基本原理以及关于总体均值、总体比例、总体方差的参数估计等内容。

4.1 参数估计基本原理

4.1.1 参数估计、估计量与估计值

参数估计是利用样本统计量来估计未知的总体参数的一种统计推断方法。例如，一般来讲，我们可以用样本均值 $\bar{X}$ 来估计总体均值 μ ，用样本比例 P 来估计总体比例 π ，用样本方差 S^2 来估计总体方差 σ^2。当然，可用于估计同一个总体参数的估计量并不唯一。例如，我们既可以用样本均值来估计总体均值，也可以用样本中位数来估计总体均值，其重点在于选择的标准是什么。

在参数估计中，那些用来估计总体参数的样本统计量称为估计量，总体参数一般用 θ 表示，估计量一般用 $\widehat{\theta}$ 表示。根据一次抽样得到的具体的样本观测或计算得到的估计量的数据值被称为估计值。例如，从某班级（共有 50 名同学）中随机抽取 20 名同学，用这 20 名同学某学期某课程的期末考试成绩的平均值（我们假定为 80 分）来估计全班成绩的平均值。在这里，全班 50 名同学的期末考试成绩的平均值就是我们要估计的总体参数 θ ，随机抽取 20 名同学的期末考试成绩的平均值就是

用于估计总体参数的一个估计量 $\hat{\theta}$，而这 20 名同学这一次的平均成绩 80 分这个估计量的具体数据值就是估计量的一个估计值。

4.1.2 点估计

点估计，是指直接将基于某个特定样本计算出来的估计量的取值作为总体参数的估计值的方法。比如，用样本均值的某个取值 $\bar{x}$ 直接作为总体均值 μ 的估计值，用样本比例的某个取值 p 直接作为总体比例 P 的估计值，用样本标准差的某个取值 s 直接作为总体标准差 σ 的估计值。例如，在某个地区随机调查一些大学的在校学生，计算出他们的月平均生活费支出为 2 000 元，就可以直接将 2 000 元作为被调查地区所有大学生月平均生活费支出的估计值，这就是一个典型的点估计。

我们知道，对于同一参数，用不同的估计方法求出的估计量可能不尽相同。例如，用求平均数和中位数两种方法所得到的样本均值与样本中位数这两个估计量，都可以作为总体均值的估计量。原则上，任何统计量都可以作为未知参数的估计量。这时我们自然会问：采用哪一个估计量为好呢？这就涉及用什么样的标准来评价估计量的问题。在统计学中，评价估计量好坏的标准主要为无偏性、有效性和一致性。

1） 无偏性

无偏性是指估计量的抽样分布的期望值等于被估计的总体参数。也就是说，虽然根据每一个样本计算出来的估计量的具体取值不会恰好等于总体参数的真实值，但是如果估计量的分布的平均值，也就是期望值，能够等于被估计的总体参数的真实值，那么我们就可以说这样的估计量是无偏估计量。

设总体参数为 θ，所选择的估计量为 $\hat{\theta}$，如果 $E(\hat{\theta})=\theta$，则称 $\hat{\theta}$ 为 θ 的无偏估计量；反之，如果 $E(\hat{\theta}) \neq \theta$，则称 $\hat{\theta}$ 为 θ 的有偏估计量。可以证明：样本均值 $\bar{X}$、样本标准差 S 和样本比例 P 分别是总体均值 μ、总体标准差 σ 和总体比例 P 的无偏估计量。

2） 有效性

有效性是指在用于评估同一个总体参数的多个无偏估计量中，更小的标准差所对应的估计量更有效。对于同一个总体参数而言，满足无偏性的估计量可能不是唯一的。同时，一个无偏估计量也仅能保证其分布的均值等于总体参数，而每次根据样本数据计算出来的点估计值在总体参数附近的波动程度，则需要利用估计量的方差或标准差来度量。显然，在同一个总体参数的多个无偏估计量中，我们更倾向于选择方差更小的估计量，因为这样能够使每次抽样计算出来的估计值在总体参数附近尽可能地集中。这样我们也就有理由相信，由此根据一个特定样本计算出来的点估计值不会离总体参数的真实值太远。

设总体参数为 θ 有两个无偏估计量，分别为 $\widehat{\theta_1}$ 和 $\widehat{\theta_2}$，如果 $D(\widehat{\theta_1}) < D(\widehat{\theta_2})$，则 $\widehat{\theta_1}$ 是比 $\widehat{\theta_2}$ 更有效的估计量。更一般的情况是，如果总体参数为 θ 有 n 个无偏估计量，即 $\widehat{\theta_i}$，$i = 1, 2, \cdots, n$，则我们会选择方差为 $\min(D(\widehat{\theta_i}))$ 所对应的那个估计量。

3）一致性

一致性是指随着样本容量的增大，点估计量的值应当越来越接近被估计的总体参数。也就是说，如果一个估计量在大样本的情况下计算出来的点估计值比在小样本情况下计算出来的点估计值更趋近于总体参数，那么该估计量就是一个一致估计量。

设总体参数为 θ 的一个估计量为 $\widehat{\theta}$，当样本容量 n 充分大时，$\widehat{\theta}$ 收敛于 θ，即 $\lim\limits_{n\to+\infty}\widehat{\theta} = \theta$，则称 $\widehat{\theta}$ 为一致统计量。可以证明：样本均值 $\bar{X}$、样本标准差 S 和样本比例 P 分别是总体均值 μ、总体标准差 σ 和总体比例 P 的一致估计量。

以上就是评价点估计量的三个标准。从理论上而言，根据一个特定样本计算出来的点估计值恰好等于总体参数的真实值的概率是很小的，并且即使能够重复多次抽样，每次抽样计算出来的点估计值也可能都是不一样的。这是由抽样的随机性所决定的。因此，用点估计量来估计总体参数时，应当给出点估计的可靠性，也就是点估计值与总体参数的真实值的接近程度。但是，点估计量本身不含有可靠性的信息，而是由其抽样的标准误来度量的。因此，我们以点估计值为中心，以抽样标准误为波动范围，构造一个估计总体参数的区间，这就是区间估计。

4.1.3 区间估计

在前述有关“抽样极限误差”的内容中我们了解到，对于某一个样本统计量 Y——样本均值 $\bar{X}$ 或样本比例 P，若其总体参数为 θ，抽样极限误差为 Δ_Y，则有 $|Y-\theta| \leqslant \Delta_Y$，由此可得 $Y-\Delta_Y \leqslant \theta \leqslant Y+\Delta_Y$，这其实就是在估计总体参数的区间。如果样本统计量 Y 的一次观测值为 y，则可以得到一个具体的估计总体参数的区间：$[y-\Delta_Y, y+\Delta_Y]$。

如前所示，区间估计是指是在点估计的基础上，给出总体参数估计的一个区间范围，该区间通常由点估计值加减估计误差（也称为边际误差）所得到，这里的边际误差一般就是抽样极限误差。同时，与点估计不同，进行区间估计时，可以根据点估计量的抽样分布而对区间估计量包含总体参数的程度给出一个概率度量，这个概率度量与抽样误差概率度在本质上是一致的。

在区间估计理论中，由点估计量和边际误差所构成的区间被称为置信区间。该区间的最小值被称为置信下限，最大值被称为置信上限，置信上限与置信下限的差值为置信区间的宽度；概率保证程度被称为置信水平或置信度，一般用 $1-\alpha$ ①表示，用来度量所构造置信区间的可靠性。因此，区间估计须同时具备三个要素：即点估计值、边际误差和置信水平。具体如图 4.1 所示。

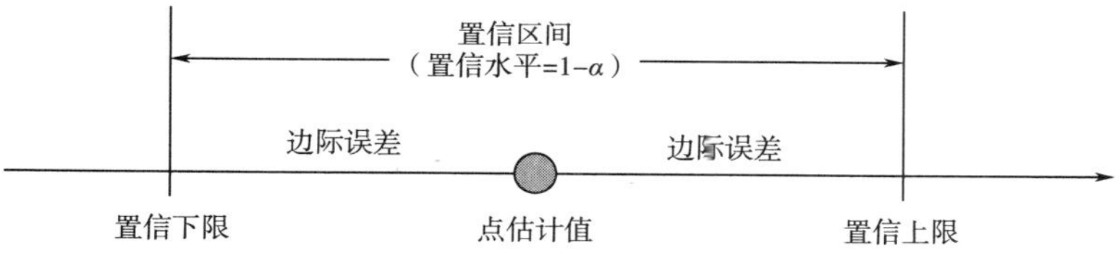

图 4.1　区间估计理论中的置信区间

例如，对于一个总体的均值 μ 来说，其点估计量为样本均值 $\bar{X}$，在样本容量 n 充分大且总体标准差 σ 已知的情况下，样本均值的极限误差为 $t\sigma/\sqrt{n}$。其中，t 为概率度，也是标准正态的分位数，其取值与置信水平 $1-\alpha$ 有关，即 $t=z_{\alpha/2}$，$z_{\alpha/2}$ 为标准正态分布的上侧 $\alpha/2$ 分位数。由此可以得到关于一个总体均值 μ 的置信水平为 $1-\alpha$ 的置信区间：$(\bar{X}-z_{\alpha/2}\cdot\sigma/\sqrt{n},\ \bar{X}+z_{\alpha/2}\cdot\sigma/\sqrt{n})$。如果样本均值 $\bar{X}$ 的一次观测值为 $\bar{x}$，则可以得到关于总体均值 μ 的一个置信水平为 $1-\alpha$ 的置信区间：$(\bar{x}-z_{\alpha/2}\cdot\sigma/\sqrt{n},\ \bar{x}+z_{\alpha/2}\cdot\sigma/\sqrt{n})$。

边际误差的大小反映的是区间估计的精确性，而置信水平反映的是区间估计的可靠性，两者密切联系，同时又是一对矛盾，所以，对估计的精确度和可靠性的要求应慎重考虑。

值得说明的是，人们总是习惯于将置信水平通俗地理解为所构造的置信区间包

① 这里的 α 是假设检验中犯第一类错误的概率，具体请见本书“5 假设检验”的相关内容。

含总体参数真实值的概率，但这种理解是不完全正确的。当使用总体参数的估计量构造置信区间时，此时的置信区间因含有随机变量，为一个随机区间，其依概率 $1-\alpha$ 包含总体参数真实值。当使用总体参数的一个具体估计值构造置信区间时，我们知道，总体参数的真实值尽管未知，但却是固定的，并且根据一个具体样本最终计算出来的置信区间也是固定的而不是随机的。因此，这个计算出来的置信区间要么包含总体参数的真实值，要么不包含，而不会存在既包含又不包含这种“薛定谔的包含”，所以说此时的置信水平并不是某一个置信区间包含总体参数真实值的概率。实际上，该置信水平也是一个针对大量重复抽样的渐近概念。如果重复多次抽样，根据每次抽样结果计算出来的具体的置信区间尽管不尽相同，但当抽样的次数充分大时，在大量的置信区间中将有 $(1-\alpha)\times 100\%$ 的区间包含总体参数的真实值，其他 $\alpha\times 100\%$ 的区间不包含总体参数的真实值。也就是说，该置信水平表示的是在重复抽样的情况下按特定方法构造的大量置信区间中包含总体参数真实值的区间个数占构造的所有区间的比例。在实际应用中，一般情况下只会抽取一个样本，如果我们所构造置信区间的置信水平越高，就越有理由相信根据该样本计算出来的置信区间应当属于包含总体参数真实值的大量区间中的一个。当然，从理论上而言，由于抽样的随机性，它也可能是少数不包含总体参数真实值的区间之一。

本章主要讨论在估计量服从正态分布或者服从非正态分布但大样本的情况下，一个总体的均值、比例、方差以及两个总体的均值之差、比例之差、方差之比的区间估计问题。

4.2 总体均值的区间估计

4.2.1 一个总体均值的区间估计

在对一个总体的均值 μ 进行区间估计时，需要考虑的是该总体是否服从正态分布、总体的方差是否已知、用于估计的样本是大样本（样本容量 $n \geqslant 30$）还是小样本（样本容量 $n < 30$）等几种不同情况。但无论是哪种情况，所选择的点估计值通常都是一次抽样得到的样本均值 $\bar{x}$。在此基础上，根据抽样分布计算指定置信水平下的边际误差，再由样本均值加减边际误差得到相应的置信区间。由于在上述任意一种情况下，样本均值 $\bar{X}$ 的抽样分布都是左右对称的，因此一个总体均值 μ 的置信

水平 $1-\alpha$ 的置信区间的一般表达式为：

$$\left(\bar{X} \mp \text{上侧}\frac{\alpha}{2}\text{分位数} \times \bar{X}\text{的标准误差}\right)$$

本节仅讨论样本均值估计量服从正态分布情况下的区间估计问题，并从总体标准差 σ 的已知和未知这两种情况进行说明。

1）总体标准差 σ 已知的情况

给定置信水平 $1-\alpha$，并设有一总体 X，总体均值 μ 为未知且需要通过样本进行估计，总体标准差为 σ 且已知，X_1，X_2，…，X_n 是来自 X 的容量为 n 的样本，其样本均值 $\bar{X}$ 为总体均值的估计量，$\bar{X}$ 的一次观测值 $\bar{x}$ 为估计值，当总体 X 服从正态分布或者总体 X 虽不服从正态分布但其样本容量 n 充分大时，有：

$$\bar{X} \sim N\left(\mu, \frac{\sigma^2}{n}\right)$$

对 $\bar{X}$ 进行标准化，有：

$$\frac{\bar{X}-\mu}{\sigma/\sqrt{n}} \sim N(0, 1)$$

标准正态分布 $N(0, 1)$ 概率密度及其分位数如图 4.2 所示。

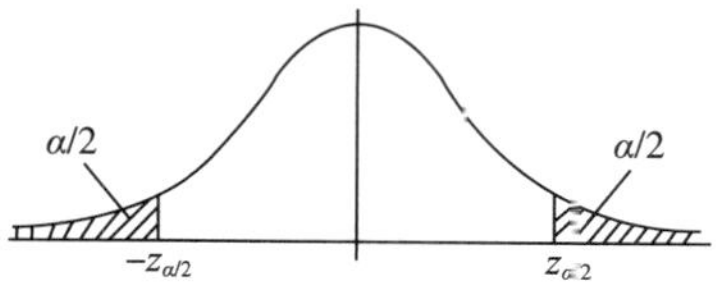

图 4.2 标准正态分布概率密度及其分位数

从图 4.2 可以看出，由 $-z_{\alpha/2}$ 和 $z_{\alpha/2}$ 所构成的非阴影部分的面积为 $1-\alpha$，此即为置信水平，其中 $z_{\alpha/2}$ 为上侧 $\alpha/2$ 分位数，由此有：

$$P\left\{\left|\frac{\bar{X}-\mu}{\sigma/\sqrt{n}}\right| < z_{\frac{\alpha}{2}}\right\} = 1-\alpha$$

也即：

$$P\left\{\bar{X} - z_{\frac{\alpha}{2}} \cdot \frac{\sigma}{\sqrt{n}} < \mu < \bar{X} + z_{\frac{\alpha}{2}} \cdot \frac{\sigma}{\sqrt{n}}\right\} = 1-\alpha$$

这样，就得到了关于一个总体均值 μ 的置信水平为 $1-\alpha$ 的置信区间：

$$\left(\bar{X} - z_{\frac{\alpha}{2}} \cdot \frac{\sigma}{\sqrt{n}}, \bar{X} + z_{\frac{\alpha}{2}} \cdot \frac{\sigma}{\sqrt{n}}\right)$$

因样本均值 $\bar{X}$ 的一次观测值为 $\bar{x}$ ，即可得到关于一个总体均值 μ 的置信水平为 $1-\alpha$ 的置信区间：

$$\left(\bar{x}-z_{\frac{\alpha}{2}}\cdot\frac{\sigma}{\sqrt{n}},\ \bar{x}+z_{\frac{\alpha}{2}}\cdot\frac{\sigma}{\sqrt{n}}\right)$$

根据上式，我们可以看到，置信区间的精度（由置信区间的宽度所确定）与样本容量 n 成反向关系。但是，置信区间变窄的速度并不像样本量增加的速度那么快，置信区间宽度的缩减并不是和样本容量 n 成反比，而是和 $\sqrt{n}$ 成反比。

【例 4.1】 有一批零件产品，现从中随机抽取 16 个，称得重量（单位：克）如下：506，508，499，503，504，510，497，512，514，505，493，496，506，502，509，496。由此则有 $\bar{x}=503.75$，设零件重量服从正态分布，且总体标准差 $\sigma=6$ 克。若置信水平 $1-\alpha$ 为 95%，则有 $z_{\alpha/2}=z_{0.025}=1.96$，由此可得这批零件产品总体均值 μ 的一个置信水平为 95%的置信区间为：

$$\left(\bar{x}\mp z_{\frac{\alpha}{2}}\cdot\frac{\sigma}{\sqrt{n}}\right)=\left(503.75\mp 1.96\times\frac{6}{\sqrt{16}}\right)=(500.81,\ 506.69)$$

对这个结果的解释是：根据这 16 个零件产品所构成的样本来这估计这一批零件产品的平均重量在 500.81 克至 506.69 克之间，这样估计的可靠性程度为 95%；或者我们有 95%的把握，估计这一批零件产品的重量在 500.81 克至 506.69 克之间。

2）总体标准差 σ 未知的情况

给定置信水平 $1-\alpha$ ，并设有一总体 X ，总体均值为 μ 且未知，需要通过样本进行估计，总体标准差为 σ 但未知，X_1，X_2，…，X_n 是来自 X 的容量为 n 的样本，其样本均值 $\bar{X}$ 为总体均值的估计量，$\bar{X}$ 的一次观测值 $\bar{x}$ 为估计值，其样本标准差 S 为总体标准差的估计量，S 的一次观测值 s 为估计值，当总体 X 服从正态分布或者总体 X 虽不服从正态分布但其样本容量 n 充分大时，有：

$$\frac{\bar{X}-\mu}{s/\sqrt{n}}\sim t(n-1)$$

自由度 $n-1$ 的 t 分布的概率密度及其分位数如图 4.3 所示。

从图 4.3 可以看出，由 $-t_{\alpha/2}(n-1)$ 和 $t_{\alpha/2}(n-1)$ 所构成的非阴影部分的面积为 $1-\alpha$ ，此即为置信水平，其中 $t_{\alpha/2}(n-1)$ 为上侧 $\alpha/2$ 分位数，由此有：

$$P\left\{\left|\frac{\bar{X}-\mu}{s/\sqrt{n}}\right|<t_{\frac{\alpha}{2}}(n-1)\right\}=1-\alpha$$

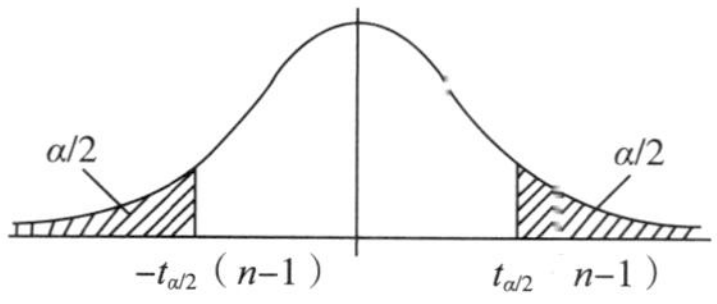

图 4.3 自由度 $n-1$ 的 t 分布概率密度及其分位数

也即：

$$P\left\{\bar{X}-t_{\frac{\alpha}{2}}(n-1)\cdot\frac{s}{\sqrt{n}}<\mu<\bar{X}+t_{\frac{\alpha}{2}}(n-1)\cdot\frac{s}{\sqrt{n}}\right\}=1-\alpha$$

这样，就得到了一个总体均值 μ 的置信水平为 $1-\alpha$ 的置信区间：

$$\left(\bar{X}-t_{\frac{\alpha}{2}}(n-1)\cdot\frac{s}{\sqrt{n}},\ \bar{X}+t_{\frac{\alpha}{2}}(n-1)\cdot\frac{s}{\sqrt{n}}\right)$$

因样本均值 $\bar{X}$ 的一次抽样的估计值为 $\bar{x}$，即可得到一个总体均值 μ 的置信水平为 $1-\alpha$ 的置信区间：

$$\left(\bar{x}-t_{\frac{\alpha}{2}}(n-1)\cdot\frac{s}{\sqrt{n}},\ \bar{x}+t_{\frac{\alpha}{2}}(n-1)\cdot\frac{s}{\sqrt{n}}\right)$$

【例 4.2】有一批零件产品，现从中随机抽取 16 个，称得重量（单位：克）如下：506，508，499，503，504，510，497，512，514，505，493，496，506，502，509，496。由此则有 $\bar{x}=503.75$，$s=6.2022$，设零件重量服从正态分布，但总体标准差未知。若置信水平 $1-\alpha$ 为 95%，则有 $t_{\alpha/2}(n-1)=t_{0.025}(15)=2.1315$，由此可得这一批零件产品总体均值 μ 的一个置信水平为 95%的置信区间为：

$$\left(\bar{x}\mp t_{\frac{\alpha}{2}}(n-1)\cdot\frac{s}{\sqrt{n}}\right)=\left(503.75\mp 2.1315\times\frac{6.2022}{\sqrt{16}}\right)=(500.445,\ 507.055)$$

即我们有 95%的把握，估计这一批零件产品的平均重量在 500.445 克至 507.055 克之间。

我们知道，当样本容量 n 充分大时，t 分布的极限分布为标准正态分布，这时 t 分布的分位数就接近于正态分布的分位数，即 $t_{\alpha/2}(n-1)\approx z_{\alpha/2}$，故可用 $z_{\alpha/2}$ 来代替 $t_{\alpha/2}(n-1)$。因此，在总体标准差未知，但样本容量充分大的情形下，关于总体均值 μ 的一个置信水平为 $1-\alpha$ 的置信区间就可以改写为：

$$\left(\bar{x}-z_{\frac{\alpha}{2}}\cdot\frac{s}{\sqrt{n}},\ \bar{x}+z_{\frac{\alpha}{2}}\cdot\frac{s}{\sqrt{n}}\right)$$

在了解了一个总体均值区间估计的求解过程后，我们就可以归纳出寻求未知参数的置信区间的一般做法：

（a）寻求一个样本 X_1，X_2，…，X_n 的函数：

$$F = f(X_1, X_2, \cdots, X_n; \theta)$$

该函数包含待估参数 θ，而不含其他未知参数，同时 F 的分布已知且不依赖于任何未知参数，这里未知参数也包括待估参数 θ；另外，函数 $f(X_1, X_2, \cdots, X_n; \theta)$ 的构造，通常可以从 θ 的点估计着手考虑。

（b）对于给定的置信水平 $1-\alpha$，设计出两个常数 a 和 b，从而使得 $P\{a < f(X_1, X_2, \cdots, X_n; \theta) < b\} \geqslant 1-\alpha$。

（c）如果能从 $a < f(X_1, X_2, \cdots, X_n; \theta) < b$ 得到等价的不等式 $\theta_{\min} < \theta < \theta_{\max}$，其中 $\theta_{\min} = \theta_{\min}(X_1, X_2, \cdots, X_n)$、$\theta_{\max} = \theta_{\max}(X_1, X_2, \cdots, X_n)$ 都是统计量，那么（$\theta_{\min}$，$\theta_{\max}$）就是一个置信水平为 $1-\alpha$ 的置信区间。

4.2.2 两个总体均值之差的区间估计

在对两个总体的均值之差进行区间估计时，需要先考虑的是对这两个总体抽样是否相互独立，即从这两个总体抽样得到的两个样本是独立样本还是匹配样本。所谓独立样本，是指两个样本是从两个总体中独立抽取的，即一个样本中的元素与另一个样本中的元素相互独立的样本。例如，同一个班级中男生考试成绩数据与女生考试成绩数据。独立样本的样本容量是可以不一样的。所谓匹配样本，是指一个样本中的数据与另一个样本中的数据相对应。例如，一个班级中的女生第一学期考试成绩数据和第二学期考试成绩数据。匹配样本的样本容量应当是一样的。除了两个总体抽样的独立性外，对两个总体均值之差进行区间估计时，还需要考虑两个总体分布的正态性、两个总体方差的已知性、两个总体方差未知时的相等性、两个总体抽样的样本容量的大小性等问题。

同样，本节仅讨论样本均值估计量服从正态分布情况下的区间估计问题，并就两个样本为独立样本还是匹配样本这两种情况来进行说明。

1）独立样本的情况

给定置信水平 $1-\alpha$，并设有两个总体 X、Y，其总体均值分别为 μ_X、μ_Y 且未知，总体标准差分别为 σ_X、σ_Y。X_1，X_2，…，X_{n_X} 是来自总体 X 的容量为 n_X 的样本，其样本均值 $\bar{X}$ 为总体均值的估计量，$\bar{X}$ 的一次观测值 $\bar{x}$ 为估计值，其样本标准差

S_X 为总体标准差的估计量，S_X 的一次观测值 s_X 为估计值。Y_1，Y_2，…，Y_{n_Y} 是来自总体 Y 的容量为 n_Y 的样本，其样本均值 $\bar{Y}$ 为总体均值的估计量，$\bar{Y}$ 的一次观测值 $\bar{y}$ 为估计值，其样本标准差 S_Y 为总体标准差的估计量，S_Y 的一次观测值 s_Y 为估计值。同时，设两个总体 X 和 Y 均服从正态分布，或者两个总体 X 和 Y 虽不服从正态分布但其样本容量 n_X 和 n_Y 充分大。这时，我们将按照两个总体标准为 σ_X、σ_Y 的已知性和相等性分别进行讨论。

（1）两个总体 X、Y 均服从正态分布

第一，σ_X、σ_Y 均为已知的情形。

因 $\bar{X}$、$\bar{Y}$ 分别为 μ_X、μ_Y 的无偏估计，故 $\bar{X}-\bar{Y}$ 是 $\mu_X-\mu_Y$ 的无偏估计，由 $\bar{X}$、$\bar{Y}$ 的独立性以及 $\bar{X} \sim N(\mu_X,\ \sigma_X^2/n_X)$、$\bar{Y} \sim N(\mu_Y,\ \sigma_Y^2/n_Y)$，有：

$$\bar{X}-\bar{Y} \sim N\left(\mu_X-\mu_Y,\ \frac{\sigma_X^2}{n_X}+\frac{\sigma_Y^2}{n_Y}\right)$$

对 $\bar{X}-\bar{Y}$ 进行标准化，有：

$$\frac{(\bar{X}-\bar{Y})-(\mu_X-\mu_Y)}{\sqrt{\dfrac{\sigma_X^2}{n_X}+\dfrac{\sigma_Y^2}{n_Y}}} \sim N(0,\ 1)$$

按照标准正态分布分位数的定义，有：

$$P\left\{\left|\frac{\bar{X}-\bar{Y}-(\mu_X-\mu_Y)}{\sqrt{\sigma_X^2/n_X+\sigma_Y^2/n_Y}}\right| < z_{\frac{\alpha}{2}}\right\} = 1-\alpha$$

其中，$z_{\alpha/2}$ 为标准正态分布的上侧 $\alpha/2$ 分位数。这样就得到关于两个总体均值之差 $\mu_X-\mu_Y$ 的置信水平为 $1-\alpha$ 的置信区间为：

$$\left(\bar{X}-\bar{Y}-z_{\frac{\alpha}{2}}\cdot\sqrt{\frac{\sigma_X^2}{n_X}+\frac{\sigma_Y^2}{n_Y}},\ \bar{X}-\bar{Y}+z_{\frac{\alpha}{2}}\cdot\sqrt{\frac{\sigma_X^2}{n_X}+\frac{\sigma_Y^2}{n_Y}}\right)$$

因样本均值统计量 $\bar{X}$ 的一次观测估计值为 $\bar{x}$，样本均值统计量 $\bar{Y}$ 的一次观测估计值为 $\bar{y}$，即可得到关于两个总体均值之差 $\mu_X-\mu_Y$ 的一个置信水平为 $1-\alpha$ 的置信区间为：

$$\left(\bar{x}-\bar{y}-z_{\frac{\alpha}{2}}\cdot\sqrt{\frac{\sigma_X^2}{n_X}+\frac{\sigma_Y^2}{n_Y}},\ \bar{x}-\bar{y}+z_{\frac{\alpha}{2}}\cdot\sqrt{\frac{\sigma_X^2}{n_X}+\frac{\sigma_Y^2}{n_Y}}\right)$$

第二，σ_X^2、σ_Y^2 虽未知但 $\sigma_X^2=\sigma_Y^2=\sigma^2$ 的情形。

当两个总体未知但相等时，需要将两个样本数据合并，并以此得到 σ^2 的合并估

计值 s_w^2，其计算公式为：

$$s_w^2 = \frac{(n_X - 1)s_X^2 + (n_Y - 1)s_Y^2}{n_X + n_Y - 2}$$

这时，两个样本均值之差经过标准化后服从自由度为 $n_X + n_Y - 2$ 的 t 分布，即：

$$\frac{(\bar{X} - \bar{Y}) - (\mu_X - \mu_Y)}{\sqrt{\frac{s_w^2}{n_X} + \frac{s_w^2}{n_Y}}} \sim t(n_X + n_Y - 2)$$

按照 t 分布分位数的定义，有：

$$P\left\{\left|\frac{\bar{X} - \bar{Y} - (\mu_X - \mu_Y)}{\sqrt{\frac{s_w^2}{n_X} + \frac{s_w^2}{n_Y}}}\right| < t_{\frac{\alpha}{2}}(n_X + n_Y - 2)\right\} = 1 - \alpha$$

也即：

$$P\left\{\bar{X} - \bar{Y} - t_{\frac{\alpha}{2}}(n_X + n_Y - 2) \cdot \sqrt{\frac{s_w^2}{n_X} + \frac{s_w^2}{n_Y}} < \mu_X - \mu_Y < \bar{X} - \bar{Y} + t_{\frac{\alpha}{2}}(n_X + n_Y - 2) \cdot \sqrt{\frac{s_w^2}{n_X} + \frac{s_w^2}{n_Y}}\right\} = 1 - \alpha$$

其中，$t_{\alpha/2}(n_X + n_Y - 2)$ 为自由度 $n_X + n_Y - 2$ 的 t 分布的上侧 $\alpha/2$ 分位数。这样就得到关于两个总体均值之差 $\mu_X - \mu_Y$ 的置信水平为 $1 - \alpha$ 的置信区间为：

$$\left(\bar{X} - \bar{Y} - t_{\frac{\alpha}{2}}(n_X + n_Y - 2) \cdot \sqrt{\frac{s_w^2}{n_X} + \frac{s_w^2}{n_Y}},\ \bar{X} - \bar{Y} + t_{\frac{\alpha}{2}}(n_X + n_Y - 2) \cdot \sqrt{\frac{s_w^2}{n_X} + \frac{s_w^2}{n_Y}}\right)$$

因样本均值 $\bar{X}$ 的一次观测估计值为 $\bar{x}$，样本均值 $\bar{Y}$ 的一次观测估计值为 $\bar{y}$，即可得到关于两个总体均值之差 $\mu_X - \mu_Y$ 的一个置信水平为 $1 - \alpha$ 的置信区间为：

$$\left(\bar{x} - \bar{y} - t_{\frac{\alpha}{2}}(n_X + n_Y - 2) \cdot \sqrt{\frac{s_w^2}{n_X} + \frac{s_w^2}{n_Y}},\ \bar{x} - \bar{y} + t_{\frac{\alpha}{2}}(n_X + n_Y - 2) \cdot \sqrt{\frac{s_w^2}{n_X} + \frac{s_w^2}{n_Y}}\right)$$

第三，σ_X^2、σ_Y^2 未知且 $\sigma_X^2 \neq \sigma_Y^2$ 的情形。

当两个总体未知且不相等时，两个样本均值之差经过标准化后近似服从自由度为 ν 的 t 分布，即：

$$\frac{(\bar{X} - \bar{Y}) - (\mu_X - \mu_Y)}{\sqrt{\frac{s_X^2}{n_X} + \frac{s_Y^2}{n_Y}}} \sim t(\nu)$$

其中，$\nu = \dfrac{\left(\dfrac{S_X^2}{n_X} + \dfrac{S_Y^2}{n_Y}\right)^2}{\dfrac{(S_X^2/n_X)^2}{n_X - 1} + \dfrac{(S_Y^2/n_Y)^2}{n_Y - 1}}$。按照 t 分布分位数的定义，有：

$$P\left\{\left|\frac{\bar{X}-\bar{Y}-(\mu_X-\mu_Y)}{\sqrt{s_X^2/n_X+s_Y^2/n_Y}}\right|<t_{\frac{\alpha}{2}}(\nu)\right\}=1-\alpha$$

也即：

$$P\left\{\bar{X}-\bar{Y}-t_{\frac{\alpha}{2}}(\nu)\cdot\sqrt{\frac{s_X^2}{n_X}+\frac{s_Y^2}{n_Y}}<\mu_X-\mu_Y<\bar{X}-\bar{Y}+t_{\frac{\alpha}{2}}(\nu)\cdot\sqrt{\frac{s_X^2}{n_X}+\frac{s_Y^2}{n_Y}}\right\}=1-\alpha$$

这样，就得到关于两个总体均值之差 $\mu_X-\mu_Y$ 的置信水平为 $1-\alpha$ 的置信区间为：

$$\left(\bar{X}-\bar{Y}-t_{\frac{\alpha}{2}}(\nu)\cdot\sqrt{\frac{s_X^2}{n_X}+\frac{s_Y^2}{n_Y}},\ \bar{X}-\bar{Y}+t_{\frac{\alpha}{2}}(\nu)\cdot\sqrt{\frac{s_X^2}{n_X}+\frac{s_Y^2}{n_Y}}\right)$$

因样本均值 $\bar{X}$ 的一次观测估计值为 $\bar{x}$，样本均值 $\bar{Y}$ 的一次观测估计值为 $\bar{y}$，即可得到关于两个总体均值之差 $\mu_X-\mu_Y$ 的一个置信水平为 $1-\alpha$ 的置信区间为：

$$\left(\bar{x}-\bar{y}-t_{\frac{\alpha}{2}}(\nu)\cdot\sqrt{\frac{s_X^2}{n_X}+\frac{s_Y^2}{n_Y}},\ \bar{x}-\bar{y}+t_{\frac{\alpha}{2}}(\nu)\cdot\sqrt{\frac{s_X^2}{n_X}+\frac{s_Y^2}{n_Y}}\right)$$

我们知道，当样本容量充分大时，t 分布的极限分布为标准正态分布，这时 t 分布的分位数就接近于正态分布的分位数。因此，在 σ_1^2、σ_2^2 为未知但样本量充分大时，可用标准正态分布代替 t 分布分位数，即可得到：

$$\left(\bar{x}-\bar{y}-z_{\frac{\alpha}{2}}\cdot\sqrt{\frac{s_X^2}{n_X}+\frac{s_Y^2}{n_Y}},\ \bar{x}-\bar{y}+z_{\frac{\alpha}{2}}\cdot\sqrt{\frac{s_X^2}{n_X}-\frac{s_Y^2}{n_Y}}\right)$$

（2）两个总体 X、Y 服从非正态分布且样本容量 n_X、n_Y 充分大

第一，σ_X^2、σ_Y^2 均为已知的情形。

根据中心极限定理可得：

$$\bar{X}-\bar{Y}\sim N\left(\mu_X-\mu_Y,\ \frac{\sigma_X^2}{n_X}+\frac{\sigma_Y^2}{n_Y}\right)$$

即：

$$\frac{(\bar{X}-\bar{Y})-(\mu_X-\mu_Y)}{\sqrt{\frac{\sigma_X^2}{n_X}+\frac{\sigma_Y^2}{n_Y}}}\sim N(0,\ 1)$$

这样，就得到关于两个总体均值之差 $\mu_X-\mu_Y$ 的置信水平为 $1-\alpha$ 的置信区间为：

$$\left(\bar{X}-\bar{Y}-z_{\frac{\alpha}{2}}\cdot\sqrt{\frac{\sigma_X^2}{n_X}+\frac{\sigma_Y^2}{n_Y}},\ \bar{X}-\bar{Y}+z_{\frac{\alpha}{2}}\cdot\sqrt{\frac{\sigma_X^2}{n_X}+\frac{\sigma_Y^2}{n_Y}}\right)$$

因样本均值 $\bar{X}$ 的一次观测估计值为 $\bar{x}$，样本均值 $\bar{Y}$ 的一次观测估计值为 $\bar{y}$，即可得到关于两个总体均值之差 $\mu_X-\mu_Y$ 的一个置信水平为 $1-\alpha$ 的置信区间为：

$$\left(\bar{x}-\bar{y}-z_{\frac{\alpha}{2}}\cdot\sqrt{\frac{\sigma_X^2}{n_X}+\frac{\sigma_Y^2}{n_Y}},\ \bar{x}-\bar{y}+z_{\frac{\alpha}{2}}\cdot\sqrt{\frac{\sigma_X^2}{n_X}+\frac{\sigma_Y^2}{n_Y}}\right)$$

第二，σ_X^2、σ_Y^2 均为未知的情形。

因样本容量 n_X、n_Y 充分大，可用样本方差的估计值代替 s_X^2 和 s_Y^2 上式中的总体方差 σ_X^2 和 σ_Y^2，即可得到关于两个总体均值之差 $\mu_X-\mu_Y$ 的一个置信水平为 $1-\alpha$ 的置信区间为：

$$\left(\bar{x}-\bar{y}-z_{\frac{\alpha}{2}}\cdot\sqrt{\frac{s_X^2}{n_X}+\frac{s_Y^2}{n_Y}},\ \bar{x}-\bar{y}+z_{\frac{\alpha}{2}}\cdot\sqrt{\frac{s_X^2}{n_X}+\frac{s_Y^2}{n_Y}}\right)$$

【例 4.3】 为估计城市 1 和城市 2 的职工平均月收入之差，研究人员分别在城市 1 和城市 2 中随机抽取 $n_1=400$ 名、$n_2=500$ 名职工进行调查。经计算，城市 1 职工的平均月收入与标准差分别为 $\bar{x}_1=1\,650$ 元、$s_1=230$ 元，城市 2 职工的平均月收入与标准差分别为 $\bar{x}_2=2\,485$ 元、$s_2=482$ 元；同时，给定置信水平 $1-\alpha=99\%$。因为两个总体及其方差均未知，但其样本容量均属于大样本，故可选用两总体均值之差的置信区间公式为：

$$\left(\bar{x}_1-\bar{x}_2-z_{\frac{\alpha}{2}}\cdot\sqrt{\frac{s_1^2}{n_1}+\frac{s_2^2}{n_2}},\ \bar{x}_1-\bar{x}_2+z_{\frac{\alpha}{2}}\cdot\sqrt{\frac{s_1^2}{n_1}+\frac{s_2^2}{n_2}}\right)$$

查标准正态分布分位数表可得 $z_{0.005}=2.575\,8$，并将相关数据代入并计算，可得：

$$\left(1\,650-2\,485-2.575\,8\times\sqrt{\frac{230^2}{400}+\frac{482^2}{500}},\ 1\,650-2\,485+2.575\,8\times\sqrt{\frac{230^2}{400}+\frac{482^2}{500}}\right)\approx$$

$$(-897.79,\ -772.21)$$

即我们有 99%的把握，估计这两座城市职工平均月收入相差 772.21 元至 897.79 元。

2）匹配样本的情况

为了排除其他因素对所观察的变量可能产生的干扰，提高两个总体均值的可比性，有时候会将试验对象按照某些重要特征相近的原则进行配对设计，或者直接对同一组试验对象先后进行两次不同的试验，再获取相应的样本数据，这就是配对样本。例如，在临床试验中，根据病人的年龄、性别、体重等可能影响治疗效果的因素进行配对设计，即一个样本的病人（试验组）服用受试药物，另一个样本的病人（对照组）服用安慰试剂，并记录两组疗效指标数据。

一般用 d_i 表示两两配对数据的差值，用 $\bar{d}$ 表示各差值的均值，用 σ_d 表示两个总体配对差值的标准差，用 s_d 表示两个样本配对差值的标准差。

在配对样本中，两个样本的数据是一一对应的，即两个样本的样本容量是相等的，因而我们也可以认为配对总体的总体容量也是相等的。对此，可以用 D 表示两个配对总体匹配数据的差值，如果我们把这个差值 D 看作是一个总体，那么对配对总体均值之差的区间估计问题就可以转变为对差值 D 这一个总体均值的区间估计问题。也就是说，有一个总体 D（配对总体匹配数据的差值），其总体均值 μ_d（配对总体匹配数据的差值的均值）为且未知、需要通过样本进行估计，总体标准差为 σ_d（配对总体匹配数据的差值的标准差）。D_1，D_2，…，D_n 是来自 D 的容量为 n 的样本（配对样本匹配数据的差值），其样本均值 $\bar{D}$ 为总体均值的估计量，$\bar{D}$ 的一次观测值 $\bar{d}$ 为估计值；其样本标准差 S_d 为总体标准差的估计量，S_d 的一次观测值 s_d 为估计值。给定置信水平 $1-\alpha$，当总体 D 服从正态分布或者总体 D 虽不服从正态分布但其样本容量 n 充分大时，与一个总均值的区间估计一样，还须根据总体标准差 σ_d 的已知和未知这两种情况分类讨论。

（a）当总体标准差 σ_d 为已知时，有：

$$\frac{\bar{D}-\mu_d}{\sigma_d/\sqrt{n}} \sim N(0,\ 1)$$

按照标准正态分布分位数的定义，有：

$$P\left\{\left|\frac{\bar{D}-\mu_d}{\sigma_d/\sqrt{n}}\right|<z_{\frac{\alpha}{2}}\right\}=1-\alpha$$

也即：

$$P\left\{\bar{D}-z_{\frac{\alpha}{2}}\cdot\frac{\sigma_d}{\sqrt{n}}<\mu_d<\bar{D}+z_{\frac{\alpha}{2}}\cdot\frac{\sigma_d}{\sqrt{n}}\right\}=1-\alpha$$

其中，$z_{\alpha/2}$ 为标准正态分布的上侧 $\alpha/2$ 分位数。这样就得到关于总体均值 μ_d 的置信水平为 $1-\alpha$ 的置信区间为：

$$\left(\bar{D}-z_{\frac{\alpha}{2}}\cdot\frac{\sigma_d}{\sqrt{n}},\ \bar{D}+z_{\frac{\alpha}{2}}\cdot\frac{\sigma_d}{\sqrt{n}}\right)$$

因样本均值 $\bar{D}$ 的一次观测估计值为 $\bar{d}$，即可得到关于总体均值 μ_d 的一个置信水平为 $1-\alpha$ 的置信区间为：

$$\left(\bar{d}-z_{\frac{\alpha}{2}}\cdot\frac{\sigma_d}{\sqrt{n}},\ \bar{d}+z_{\frac{\alpha}{2}}\cdot\frac{\sigma_d}{\sqrt{n}}\right)$$

（b）当总体标准差 σ_d 为未知时，有：

$$\frac{\bar{D}-\mu_d}{s_d/\sqrt{n}} \sim t(n-1)$$

按照 t 分布分位数的定义，有：

$$P\left\{\left|\frac{\bar{D}-\mu_d}{s_d/\sqrt{n}}\right| < t_{\frac{\alpha}{2}}(n-1)\right\} = 1-\alpha$$

也即：

$$P\left\{\bar{D}-t_{\frac{\alpha}{2}}(n-1)\cdot\frac{s_d}{\sqrt{n}} < \mu_d < \bar{D}+t_{\frac{\alpha}{2}}(n-1)\cdot\frac{s_d}{\sqrt{n}}\right\} = 1-\alpha$$

其中，$t_{\alpha/2}(n-1)$ 为自由度 $n-1$ 的 t 分布的上侧 $\alpha/2$ 分位数。这样就得到关于总体均值 μ_d 的置信水平为 $1-\alpha$ 的置信区间为：

$$\left(\bar{D}-t_{\frac{\alpha}{2}}(n-1)\cdot\frac{s_d}{\sqrt{n}},\ \bar{D}+t_{\frac{\alpha}{2}}(n-1)\cdot\frac{s_d}{\sqrt{n}}\right)$$

因样本均值 $\bar{D}$ 的一次观测估计值为 $\bar{d}$，即可得到关于总体均值 μ_d 的一个置信水平为 $1-\alpha$ 的置信区间为：

$$\left(\bar{d}-t_{\frac{\alpha}{2}}(n-1)\cdot\frac{s_d}{\sqrt{n}},\ \bar{d}+t_{\frac{\alpha}{2}}(n-1)\cdot\frac{s_d}{\sqrt{n}}\right)$$

【例 4.4】为研究某课程新出考试用 A 卷与 B 卷的难易度的差距，从已学习该课程并考试通过的学生中随机抽取 10 位学生，分别采用 A、B 两套试卷进行测试，结果如下：

A 卷得分：78，63，72，89，91，49，68，76，85，55。

B 卷得分：71，44，61，84，74，51，55，60，77，39。

两套试卷的得分之差为：7，19，11，5，17，−2，13，16，8，16，得分之差的均值 $\bar{d}=11$，$s_d=6.532$；给定置信水平 $1-\alpha=95\%$，因为是小样本，故查 t 分布分位数可得 $t_{0.025}(9)=2.2622$；假定两套试卷得分数据均服从正态分布，可得：

$$\left(11-2.2622\times\frac{6.532}{\sqrt{10}},\ 11+2.2622\times\frac{6.532}{\sqrt{10}}\right)\approx(6.33,\ 15.67)$$

即我们有 95%的把握，估计这两套试卷的得分相差 6.33 分至 15.67 分。

4.3 总体比例的区间估计

4.3.1 一个总体比例的区间估计

从总体中随机抽取容量为 n 的样本，通过样本数据来估计总体中具有某一类特征的个体所占的比例 π，其实相当于做了 n 次伯努利试验，每次试验的结果只有两种可能，要么具有该类特征——一般记为“1”，要么不具有该类特征——一般记为“0”。根据中心极限定理，在大样本情况下，所抽取的样本中具有指定特征的个体所占的比例，即作为总体比例估计量的样本比例 P 会近似服从正态分布，也即 $P \sim N(\pi, \pi(1-\pi)/n)$，由此可得：

$$\frac{P-\pi}{\sqrt{\pi(1-\pi)/n}} \sim N(0, 1)$$

与一个总体均值区间估计类似，一个总体比例的区间估计在一个总体比例估计量 P 的基础上减去和加上边际误差，即：

$$\left(P - z_{\frac{\alpha}{2}} \cdot \sqrt{\frac{\pi(1-\pi)}{n}},\ P + z_{\frac{\alpha}{2}} \cdot \sqrt{\frac{\pi(1-\pi)}{n}}\right)$$

如果样本比例 P 的一次观测估计值为 p，即可得到关于一个总体比例为 π、置信水平为 $1-\alpha$ 的置信区间：

$$\left(p - z_{\frac{\alpha}{2}} \cdot \sqrt{\frac{\pi(1-\pi)}{n}},\ p + z_{\frac{\alpha}{2}} \cdot \sqrt{\frac{\pi(1-\pi)}{n}}\right)$$

当总体比例 π 未知时，可用样本比例的估计值 p 代替，即：

$$\left(p - z_{\frac{\alpha}{2}} \cdot \sqrt{\frac{p(1-p)}{n}},\ p + z_{\frac{\alpha}{2}} \cdot \sqrt{\frac{p(1-p)}{n}}\right)$$

【例 4.5】为估计某一节目观众中的女性所占比例，现随机调查了 $n=100$ 名观众，其中有 $p=65\%$ 为女性观众。因 $np=65>10$ 且 $n(1-p)=35>10$，故可认为是大样本；给定置信水平 $1-\alpha=95\%$，查表有 $z_{0.025}=1.96$。由此可得所求比例的一个置信水平为 95%的置信区间为：

$$\left(65\% - 1.96 \times \sqrt{\frac{65\% \times (1-65\%)}{100}},\ 65\% + 1.96 \times \sqrt{\frac{65\% \times (1-65\%)}{100}}\right) \approx$$

$$(55.65\%, 74.35\%)$$

即我们有 95%的把握，估计该节目观众中女性所占比例为 55.65%至 74.35%。

4.3.2 两个总体比例之差的估计

与一个总体比例的区间估计类似，要构造两个总体比例之差 $\pi_1-\pi_2$ 的置信区间，通常选择两个样本比例之差 P_1-P_2 作为其估计量。在独立大样本条件下，P_1-P_2 近似服从正态分布，经标准化后服从标准正态分布，即：

$$\frac{(P_1-P_2)-(\pi_1-\pi_2)}{\sqrt{\dfrac{\pi_1(1-\pi_1)}{n_1}+\dfrac{\pi_2(1-\pi_2)}{n_2}}} \sim N(0,\ 1)$$

其中，n_1、n_2 分别为两个样本的容量。由此可得，两个总体比例之差 $\pi_1-\pi_2$ 的区间估计为：

$$\left((P_1-P_2)-z_{\frac{\alpha}{2}}\cdot\sqrt{\frac{\pi_1(1-\pi_1)}{n_1}+\frac{\pi_2(1-\pi_2)}{n_2}},\ (P_1-P_2)+z_{\frac{\alpha}{2}}\cdot\sqrt{\frac{\pi_1(1-\pi_1)}{n_1}+\frac{\pi_2(1-\pi_2)}{n_2}}\right)$$

如果样本比例 P_1 和 P_2 的一次观测估计值分别为 p_1 和 p_2，即可得到关于两个总体比例之差 $\pi_1-\pi_2$ 的置信水平为 $1-\alpha$ 的置信区间为：

$$\left((p_1-p_2)-z_{\frac{\alpha}{2}}\cdot\sqrt{\frac{\pi_1(1-\pi_1)}{n_1}+\frac{\pi_2(1-\pi_2)}{n_2}},\ (p_1-p_2)+z_{\frac{\alpha}{2}}\cdot\sqrt{\frac{\pi_1(1-\pi_1)}{n_1}+\frac{\pi_2(1-\pi_2)}{n_2}}\right)$$

当两个总体比例 π_1 和 π_2 未知时，可用样本比例估计值 p_1 和 p_2 代替。由此可得，两个总体比例之差 $\pi_1-\pi_2$ 的一个置信水平为 $1-\alpha$ 的置信区间为：

$$\left((p_1-p_2)-z_{\frac{\alpha}{2}}\cdot\sqrt{\frac{p_1(1-p_1)}{n_1}+\frac{p_2(1-p_2)}{n_2}},\ (p_1-p_2)+z_{\frac{\alpha}{2}}\cdot\sqrt{\frac{p_1(1-p_1)}{n_1}+\frac{p_2(1-p_2)}{n_2}}\right)$$

【例 4.6】为估计某档电视节目在城市 1 和城市 2 的收视率之差，从城市 1 中随机调查了 $n_1=500$ 人，其中有 $p_1=45\%$ 的人收看了该节目，从城市 2 中随机调查了 $n_2=400$ 人，其中有 $p_2=32\%$ 的人收看了该节目。给定置信水平 $1-\alpha=95\%$，查表有 $z_{0.025}=1.96$。由此可得所求比例的一个置信水平为 95%的置信区间为：

$$\left((45\%-32\%)\mp 1.96\times\sqrt{\frac{45\%\times(1-45\%)}{500}+\frac{32\%\times(1-32\%)}{400}}\right)\approx(6.68\%,\ 19.32\%)$$

即我们有 95%的把握，估计该档节目在城市 1 和城市 2 的收视率之差为 6.68%至 19.32%。

4.4 总体方差的区间估计

4.4.1 一个总体方差的估计

估计一个总体方差 σ^2 的置信区间，可以使用容量为 n 的样本的方差 S^2 作为估计量。在总体服从正态分布的假定下，可以证明：

$$\frac{(n-1)S^2}{\sigma^2} \sim \chi^2(n-1)$$

自由度 $n-1$ 的 χ^2 分布的概率密度及其分位数如图 4.4 所示。

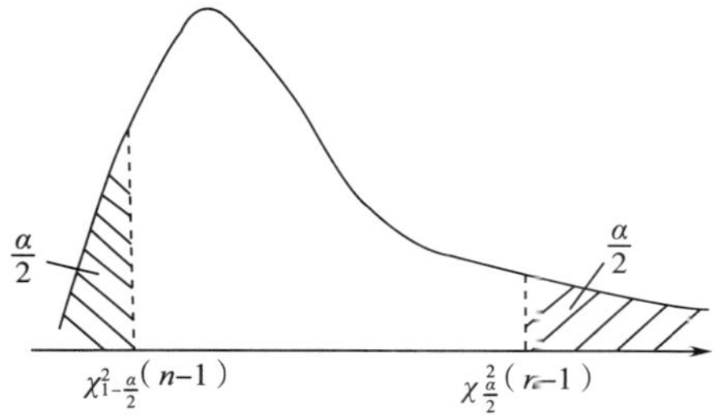

图 4.4 自由度 $n-1$ 的 χ^2 分布的概率密度及其分位数

因为 χ^2 分布为非对称的右偏分布，所以与一个总体均值和一个总体比例的区间估计不同，一个总体方差的置信区间是无法按照点估计值减去和加上边际误差这样的一般形式来构造。从图 4.4 可以看出，由 $\chi^2_{1-\alpha/2}(n-1)$ 和 $\chi^2_{\alpha/2}(n-1)$ 所构成的非阴影部分的面积为 $1-\alpha$，此即为置信水平。其中，$\chi^2_{1-\alpha/2}(n-1)$ 为上侧 $1-\alpha/2$ 分位数，$\chi^2_{\alpha/2}(n-1)$ 为上侧 $\alpha/2$ 分位数，由此有：

$$P\left\{\chi^2_{1-\frac{\alpha}{2}}(n-1) < \frac{(n-1)S^2}{\sigma^2} < \chi^2_{\frac{\alpha}{2}}(n-1)\right\} = 1-\alpha$$

即：

$$P\left\{\frac{(n-1)S^2}{\chi^2_{\frac{\alpha}{2}}(n-1)} < \sigma^2 < \frac{(n-1)S^2}{\chi^2_{1-\frac{\alpha}{2}}(n-1)}\right\} = 1-\alpha$$

这样，就得到关于总体方差 σ^2 的置信水平为 $1-\alpha$ 的置信区间为：

$$\left(\frac{(n-1)S^2}{\chi^2_{\frac{\alpha}{2}}(n-1)}, \frac{(n-1)S^2}{\chi^2_{1-\frac{\alpha}{2}}(n-1)}\right)$$

如果样本方差 S^2 的一次观测估计值为 s^2，即可得到关于一个总体方差 σ^2 的一个置信水平为 $1-\alpha$ 的置信区间是：

$$\left(\frac{(n-1)s^2}{\chi^2_{\frac{\alpha}{2}}(n-1)},\ \frac{(n-1)s^2}{\chi^2_{1-\frac{\alpha}{2}}(n-1)}\right)$$

【例 4.7】 有一批零件产品，现从中随机抽取 16 个，称得重量（单位：克）如下：506、508、499、503、504、510、497、512、514、505、493、496、506、502、509、496。由此则有 $s^2=38.4673$，设零件产品重量服从正态分布。若置信水平 $1-\alpha$ 为 95%，则有 $\chi^2_{0.025}(15)=27.4884$、$\chi^2_{0.975}(15)=6.2621$，由此可得方差 σ^2 的一个置信水平为 95%的置信区间为：

$$\left(\frac{15\times 38.4673}{27.4884},\ \frac{15\times 38.4673}{6.2621}\right)\approx(20.9907,\ 92.1411)$$

即我们有 95%的把握，估计这一批零件产品的重量的方差为 20.990 7 至 92.141 1。

4.4.2 两个总体方差之比的估计

估计两个总体方差之比的置信区间，可以使用容量分别为 n_1 和 n_2 的样本方差之比 S_1^2/S_2^2 作为估计量。当两个总体均服从正态分布时，可以证明：

$$\frac{S_1^2/S_2^2}{\sigma_1^2/\sigma_2^2}\sim F(n_1-1,\ n_2-1)$$

自由度 n_1-1 和 n_2-1 的 F 分布的概率密度及其分位数如图 4.5 所示。

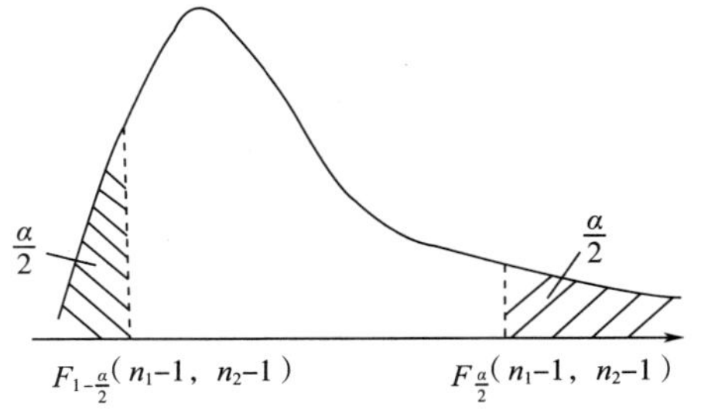

图 4.5 自由度 n_1 和 n_2 的 F 分布的概率密度及其分位数

与 χ^2 分布一样，F 分布也为非对称的右偏分布，因此，两个总体方差之比的置信区间同样也无法按照点估计值减去和加上边际误差这样的一般形式来构造。从图 4.5 可以看出，由 $F_{1-\alpha/2}$ 和 $F_{\alpha/2}$ 所构成的非阴影部分的面积为 $1-\alpha$，此即为置信水平。其中，$F_{1-\alpha/2}$ 为上侧 $1-\alpha/2$ 分位数，$F_{\alpha/2}$ 为上侧 $\alpha/2$ 分位数，由此有：

$$P\left\{F_{1-\frac{\alpha}{2}}(n_1-1,\ n_2-1) < \frac{S_1^2/S_2^2}{\sigma_1^2/\sigma_2^2} < F_{\frac{\alpha}{2}}(n_1-1,\ n_2-1)\right\} = 1-\alpha$$

即：

$$P\left\{\frac{S_1^2/S_2^2}{F_{\frac{\alpha}{2}}(n_1-1,\ n_2-1)} < \frac{\sigma_1^2}{\sigma_2^2} < \frac{S_1^2/S_2^2}{F_{1-\frac{\alpha}{2}}(n_1-1,\ n_2-1)}\right\} = 1-\alpha$$

这样，就得到关于两个总体方差之比 σ_1^2/σ_2^2 的置信水平为 $1-\alpha$ 的置信区间为：

$$\left(\frac{S_1^2/S_2^2}{F_{\frac{\alpha}{2}}(n_1-1,\ n_2-1)},\ \frac{S_1^2/S_2^2}{F_{1-\frac{\alpha}{2}}(n_1-1,\ n_2-1)}\right)$$

如果样本方差 S_1^2 和 S_2^2 的一次观测估计值分别为 s_1^2 和 s_2^2，即可得到关于两个总体方差之比 σ_1^2/σ_2^2 的一个置信水平为 $1-\alpha$ 的置信区间为：

$$\left(\frac{s_1^2/s_2^2}{F_{\frac{\alpha}{2}}(n_1-1,\ n_2-1)},\ \frac{s_1^2/s_2^2}{F_{1-\frac{\alpha}{2}}(n_1-1,\ n_2-1)}\right)$$

【例 4.8】 在研究某高校男生和女生生活费用支出（单位：元）的差异问题时，得到以下数据：

男生：

$$n_1 = 25、\bar{x}_1 = 520、s_1^2 = 260$$

女生：

$$n_2 = 25、\bar{x}_2 = 480、s_1^2 = 280$$

给定置信水平 $1-\alpha = 90\%$，则有 $F_{0.05}(24,\ 24)=1.98$、$F_{0.95}(24,\ 24)=0.505$，由此可得方差之比 σ_1^2/σ_2^2 的一个置信水平为 95%的置信区间为：

$$\left(\frac{260/280}{1.98},\ \frac{260/280}{0.505}\right) \approx (0.47,\ 1.84)$$

即我们有 95%的把握，估计该高校男生和女生生活费用支出数据的方差之比为 0.47 至 1.84。

【思考与练习】

1. 请简要说明参数估计、估计量与估计值的含义。

2. 请解释 95%的置信区间。

3. 一家研究机构想估计在网络公司工作的员工每周加班的平均时间，为此随机抽取了 9 名员工，得到他们每周加班的时间数据（单位：小时）：6，21，17，20，7，8，16，29，3。假定员工每周加班的时间服从正态分布，则网络公司员工平均每周加班时间的 95%的置信区间为多少？

4. 某城市想要估计下岗职工中女性所占比例，随机抽取了 100 名下岗职工，其中 65 人为女职工。试以 95%的置信水平估计该城市下岗职工中女性比例的置信区间。

5. 设有两个总体 X_1 和 X_2，其中 $X_1 \sim N(\mu_1, \sigma^2)$，$X_2 \sim N(\mu_2, \sigma^2)$。现随机从两个总体中独立抽取样本以构造该两总体均值之差的估计区间。两个样本信息如下：$n_1 = 10$，$\bar{x}_1 = 500$，$s_1 = 1.1$；$n_2 = 20$，$\bar{x}_2 = 496$，$s_2 = 1.2$。试求总体均值差 $\mu_1 - \mu_2$ 的一个置信水平为 95%的置信区间。

5 假设检验

与参数估计一样，假设检验也是推断统计中的一个重要的组成部分，它们都利用样本对总体进行某种推断，但推断的角度不同。参数估计中讨论的是用样本统计量估计总体参数的方法，总体参数在估计前是未知的。在假设检验中，则是先对总体参数提出一个假设，然后利用样本信息去检验这个假设是否成立。

本章主要介绍假设检验的基本原理以及关于总体均值、总体比例、总体方差的假设检验等内容。

5.1 假设检验基本原理

5.1.1 假设与假设检验

所谓假设，是指对总体特征所作的一种陈述或一种看法。例如，某研究人员想要弄清楚某地区中小学的学生的近视率是不是达到了75%，这时，“某地区中小学的学生的近视率达75%”就是研究人员所提出的一个假设。再如，某制药公司声称其新开发的一款药物对某疾病治愈率达到90%，这时，“某制药公司新开发的一款抗癌药物的治愈率达90%”就是市场监管机构或者消费者提出的一个假设。提出假设后，我们需要通过已知的信息来检验所做假设是否属实。这种“先假设、后检验”就是假设检验。所谓假设检验，就是事先对总体参数或分布形式做出某种假设，然后利用样本信息来判断所做假设是否成立的一种统计推断方法。

显然，由于时间、成本等因素的限制，我们无法对总体进行全面调查。例如，我们无法所有的中小学学生进行视力检查，也无法让所有疾病患者去服用新开发药物。在实际应用中，我们只能通过随机抽样的方法获取样本并得到样本信息，进而判断所做假设是否成立。正因为无法获得总体所有的信息，所以想要证明某个假设成立的目的往往难以实现。即使所抽取的样本数据与总体的某个假设相吻合，也必须考虑这种吻合是否由于抽样的随机性所致；如果再重新抽取一个样本，结果就有可能完全不一样了。也就是说，利用样本信息是无法绝对证明某个总体假设成立的。但是，我们可以换一种思路，即如果随机抽取一个样本，所得到的结果与总体的某个假设存在着显著差异，并且这种显著差异发生的概率很小，那么我们就有充足的理由怀疑所做假设的正确性。假设检验正是基于这样的反证法与小概率原理的思想。

我们举一个形象的例子来说明假设检验的基本思想，如图 5.1 所示。假设随机变量 X 服从正态总体 $N(50,\ 5^2)$，即其总体均值 $\mu=50$、总体标准差 $\sigma=5$，根据正态分布的 3σ 准则，有：$P\{\mu-3\sigma\leqslant x\leqslant\mu+3\sigma\}=P\{50-3\times5\leqslant x\leqslant50+3\times5\}=P\{35\leqslant x\leqslant65\}\approx99.73\%$，即数据落在［35，65］这个区间之外的概率只有 0.27%，可以说这是一个小概率事件。当从该总体中随机抽取一个样本，如该样本均值为 20，因“在总体服从均值为 50、标准差为 5 的正态分布前提假设下，随机抽取所得到一个样本的样本均值为 20”这一事件是一个小概率事件，而这个小概率事件如果在一次抽样中就发生了，那么我们就有理由怀疑总体均值是否为 50，也就是应当拒绝“总体服从均值为 50、标准差为 5 的正态分布”这一假设。这就是进行假设检验的基本思想，即通过“单次小概率事件实际不可能发生”的原理来拒绝或不拒绝假设。

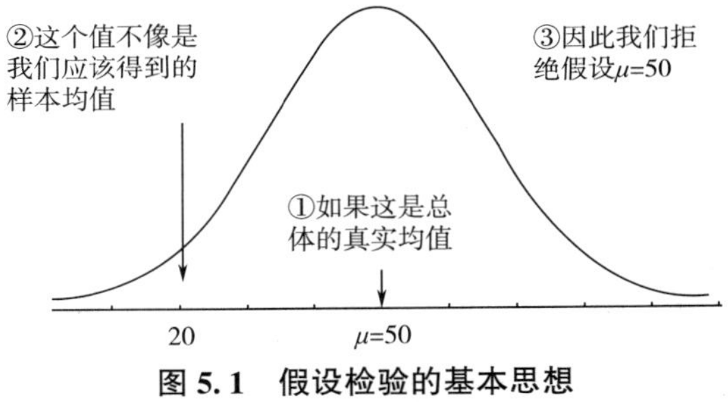

图 5.1　假设检验的基本思想

5.1.2　两种假设：原假设与对立假设

在进行假设检验时，我们需要先做的是提出假设。在假设检验理论里，有两种类型的假设，即原假设与对立假设。

原假设又称零假设，是待检验的假设，一般用 H_0 来表示，其通常是研究人员希望收集证据予以拒绝的假设。对立假设又称备择假设，是与原假设对立的假设，一

般用 H_1 来表示，其通常是研究人员希望通过收集予以支持的假设。原假设与对立假设应当是完备且互斥的事件组，不能有重复或者未包含的部分。

按照反证法的思想，在多数情况下，假设检验是以推翻原假设为目标的，因为拒绝原假设的证据是充分的。我们设立原假设的初衷，就是利用一次抽样所得样本信息中找出与反映总体特征的假设之间的显著差异，从而拒绝原假设。如果拒绝不了，只能说明本次抽样得到的证据还不充分，但还不能说明原假设就是正确的。此外，如果一次抽样所得样本信息足以拒绝原假设，则相当于间接承认了对立假设。因此，当有理由拒绝原假设，则意味着假设通过了检验或可称检验结果是显著的，因而假设检验也被称为显著性检验。

5.1.3 两种检验：双侧检验与单侧检验

在所提出的假设中，我们还需要根据检验的不同方向，提出不同的假设，一般可分为双侧检验和单侧检验，其中单侧检验又可分为左侧检验和右侧检验。

双侧检验又称双尾检验，是指当要检验总体参数与某个特定值是否存在显著差异而不问差异的方向是否是正差还是负差时所采用的一种统计检验方法。这时，在原假设里应包含“=”符号，而对立假设里应包含“≠”符号。单侧检验，又称单尾检验，是指当要检验总体参数值大于、等于或小于等于某个特定值时所采用的一种单方面的统计检验方法。这时，如果原假设里包含“≥”符号，则对立假设里应包含“<”符号；如果原假设里包含“≤”符号，则对立假设里应包含“>”符号。需要注意的是，无论是双侧检验还是单侧检验，“=”符号都当包含在原假设里，这是因为假设检验是以原假设的等号成立为前提的。在单侧检验中，如果对立假设中包含有“<”符号，则此时的单侧检验称为左侧检验；反之，如果对立假设包含有符号“>”符号，则此时的单侧检验称为右侧检验。以一个总体均值 μ 与某个特定值 μ_0 的比较为例，其两类检验的形式如表 5.1 所示。

表 5.1 一个总体均值的假设检验形式

假设	双侧检验	单侧检验	
		左侧检验	右侧检验
H_0	$\mu=\mu_0$	$\mu\geq\mu_0$	$\mu\leq\mu_0$
H_1	$\mu\neq\mu_0$	$\mu<\mu_0$	$\mu>\mu_0$

在单侧检验中，其实还存在假设的方向性问题，即对同一个单侧检验问题而言应当提出的是左侧检验还是右侧检验。方向不一样，得出的检验推断也不一样。假定要比较某一个总体均值 μ 与某个特定值 μ_0，现从该总体中随机抽取一个样本并计算得到该样本的均值 $\bar{x}$，设有一个充分小的实数 Δ：如果我们建立了左侧检验，即 H_0：$\mu \geqslant \mu_0 \leftrightarrow H_1$：$\mu < \mu_0$，当 $|\bar{x}-\mu_0| < \Delta$ 时，不能拒绝 H_0；反之，如果我们建立了右侧检验，即 H_0：$\mu \leqslant \mu_0 \leftrightarrow H_1$：$\mu > \mu_0$，当 $|\bar{x}-\mu_0| < \Delta$ 时，不能拒绝 H_0。由此可知，对于不同方向的假设，尽管数据相同，但是结论相反。

那么，如何在单侧检验中建立合理的假设呢？可将假设问题分成两种情形：一种是假设的内容仍处于试验和确认之中，这属于“研究性”的假设；另一种是假设的内容已被一方确认而向另一方声明，这属于“声明性”的假设。对于检验“研究性”的假设，一般是将所研究的内容，或者说是把想要证明的内容作为对立假设 H_1，而将认为研究结果是无效的说法或理论作为原假设 H_0。例如，某研究机构认为某地区青少年的近视比例高于75%，为了检验这个数据，就需要构建一个假设检验问题，这是一个典型的“研究性”的假设，因而可建立假设：H_0：$p \leqslant 75\% \leftrightarrow H_1$：$p > 75\%$。

对于检验“声明性”的假设，一般是将所作出的声明或说明作为原假设 H_0，而对该声明或说明的质疑作为备择假设 H_1。例如，某电灯产品制造商声称，其所生产的灯泡的平均使用寿命在1 000小时以上，除非随机抽样样本能提供证据表明使用寿命在1 000小时以下，否则就应当认为该厂商的声称是正确的，因而可建立假设：H_0：$\mu \geqslant 1\,000 \leftrightarrow H_1$：$\mu < 1\,000$。

5.1.4 两种错误：α 错误与 β 错误

作为两个方向完全相反的假设，原假设和对立假设是不可能同时成立，最终所得到的结论是：要么拒绝原假设、要么不拒绝原假设。理想的情况是，当原假设是错误的，所做检验正好拒绝了它；而当原假设是正确的，所做检验正好没有拒绝它。然而，由于假设检验的最终结论是基于一次抽样所得样本的信息给出的，而抽样样本必然具有一定的随机性，因此，无论最终得到什么样的结论，都有误判的可能，即存在错误的可能。

在进行假设检验时，我们可能会犯两种错误。一种错误是，当原假设是正确的但被拒绝，这时所犯的是第一类错误或弃真错误，犯第一类错误的概率一般记为

α，因而也被称为 α 错误。另一种错误是，当原假设是错误的但没有被拒绝，这时所犯的是第二类错误或纳伪错误，犯第二类错误的概率一般记为 β，因而也被称为 β 错误。

在假设检验中，只要做出拒绝原假设的决策，就有可能犯第一类错误；只要做出不拒绝原假设的决策，就有可能犯第二类错误。我们希望犯这两类错误的概率都越小越好。然而，在样本容量固定的情况下，犯第一类错误的概率与犯第二类错误的概率是不能同时降低的：降低犯第一类错误的概率就会增加犯第二类错误的概率，降低犯第二类错误的概率则会增加犯第一类错误的概率。我们以关于一个总体均值 μ 的假设检验为例，来说明这两类错误不能同时减小的原因，如图 5.2 所示。由图 5.2 可知：当原假设 H_0 成立时，其抽样统计量的分布为左边曲线部分，此时犯第一类错误（拒绝原假设 H_0）的概率为该图中的 α；当原假设 H_0 不成立而对立假设 H_1 成立时，其抽样统计量的分布为右边曲线部分，此时犯第二类错误（不拒绝原假设 H_0）的概率为该图中的 β。由此可知，要想降低 α，可以向右移动直线 l，但会同时增大 β；反之，要想降低 β，可以向左移动直线 l，但又会同时增大 α。从图 5.2 中也可以看出：$\alpha + \beta \neq 1$。

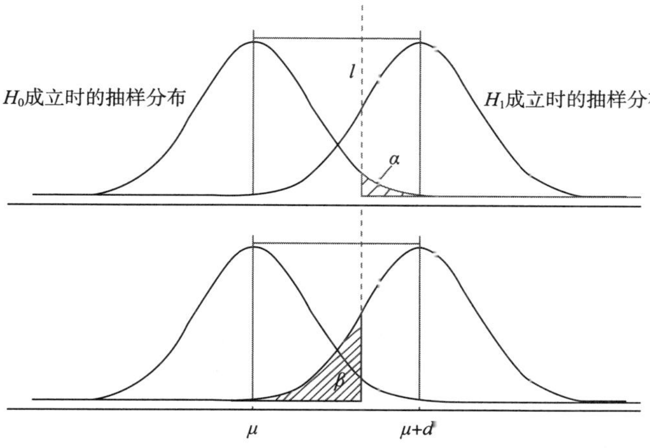

图 5.2　α 错误与 β 错误

所以说，犯这两类错误的概率，就如同跷跷板的两端，此消就会引发彼长。要想两者同时减小的唯一办法就是增加样本容量。然而，在实践中，因受时间、成本等多方面因素的限制，样本容量不可能无限制地增加。这时，我们就只能在这两种错误的发生概率之间进行平衡，使得 α 与 β 都能控制在可接受的范围内。那么在检验时应当先控制哪种错误呢？原则上来讲，对于一个固定的样本，发生哪一种错误的后果更为严重，就应当先控制哪一种错误的发生概率。如果犯第一类错误的代价更高，就应当将 α 定得低一些；如果犯第二类错误的代价更高，就应当将 β 定得低一些。在实践中，相对于犯第一类错误的概率而言，犯第二类错误的概率更加难以计算，所以在假设检验中往往会选择先控制犯第一类错误的概率。

在假设检验中，事先指定的犯第一类错误概率的最大允许值被称为显著性水平，一般也用 α 来表示。如果所设定的 α 越小，则意味着犯第一类错误的概率被控制得越低，因而也就越难以拒绝原假设。在实际应用中，需要根据研究问题的背景来选择一个大小合适的 α 。英国著名统计学家费歇尔在他的研究过程中通常把 α 定为 0.05，因而 0.05 也就成为今天大多数应用场合以及统计软件中最常参考的显著性水平。当然，我们也可以选择其他一些取值，包括 0.1、0.01，甚至更小的 0.005、0.001 等。值得注意的是，α 的设定并不是越小越好，α 太小可能导致很难拒绝原假设，从而犯第二类错误的概率也会相应增加。

在“4　参数估计”部分，我们了解了置信水平 $1-\alpha$ 的概念，它表示的是应用样本估计值重复构造置信区间中包含总体参数真实值的比例；而在本章中，我们又了解了显著性水平 α 的概念，它表示的是原假设成立，但被拒绝的概率。这两个概念同时使用了 α 这个符号，正如我们所想象的一样，置信水平与显著性水平是既有联系又有区别的两个概念。具体如图 5.3 所示。

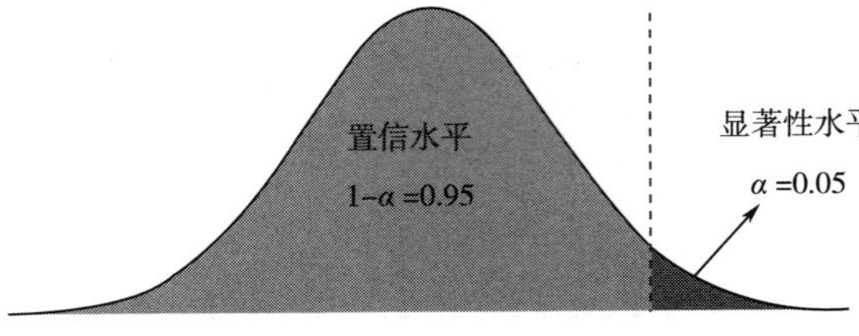

图 5.3　置信水平与显著性水平

从图 5.3 中可以看到，一个总体模型可以分为置信水平和显著性水平两个部分。由此，我们可以认为置信水平区域所代表的是一个群体，也就是原假设 H_0；而显著性水平区域所代表的又是另一个群体，也就是对立假设 H_1。当样本数据落在了置信水平区域，就可以认为这个样本应当属于置信水平的总体，也就是 H_0 成立时的模型；当样本数据落在了显著性水平区域，那么就可以认为这个样本与 H_0 模型是有显著性差异的。因此，在统计学里的假设检验，可以根据一次抽样得到的统计量的数值，来判断是拒绝原假设还是不拒绝原假设：如果统计量的数值落在显著性水平的区域内，就应当拒绝原假设；如果统计量的数值落在置信水平的区域内，则不拒绝原假设。

5.1.5 两种决策：用检验统计量决策与用 p 值决策

在建立了原假设与对立假设并设定了显著性水平之后，就需要根据样本信息进行拒绝还是不拒绝原假设的决策。我们进行决策的依据是抽样事实与总体假设之间是否存在显著的差异，而就如何判断这种显著差异而言，在假设检验中有两种决策思路：用统计量决策与用 p 值决策。

1）用检验统计量决策

与参数估计类似，针对具体要检验的参数，我们自然会想到根据随机抽样得到的样本来计算相应的样本统计量的值，然后把计算得到的该样本统计量的值与要检验的假定值进行比较。例如，要检验总体均值、总体比例或总体方差是否等于某一假定值，就可以分别计算样本均值、样本比例或样本方差进行比较判断。这些假设检验中用于决策的统计量称为检验统计量，或简称为统计量。

由于抽样的随机性，根据一个具体的样本计算出来的检验统计量的值不一定与原假设中的假定值完全一致。在这种不一致的情况下，假定原假设成立，根据样本计算出来的检验统计量的值是一个正常范围内，或者说计算所得到的这个检验统计量的值是一个大概率事件，就可以认为检验统计量的值与假定值之间的差异不是显著的，也就没有足够的理由怀疑原假设。反之，如果在原假设成立的前提下，根据样本计算出来的检验统计量的值是一个异常值（明显超出了正常范围），或者说计算所得到的这个检验统计量的值是一个小概率事件，这时就可以认为检验统计量的值与假定值之间的差异是显著的，可以考虑拒绝原假设。计算检验统计量的取值概率，是根据检验统计量的抽样分布而定。

因此，使用检验统计量进行假设检验思路是：先默认原假设成立，然后选择合适的检验统计量，并根据检验统计量的抽样分布和事先设定的显著性水平 α 找到小概率事件发生的临界值，再基于临界值构造一个检验统计量的小概率取值区域，即拒绝域。如果根据样本数据计算得到的检验统计量的值落入了拒绝域，则意味着在原假设成立的前提下，抽取得到这样一个样本结果是一个小概率事件，此时应当做出拒绝原假设的决策。当然，我们已经知道，只要做出拒绝原假设的决策，就有可能犯第一类错误，只不过此时犯第一类错误的概率不会超过显著性水平 α 。

某些情况下，如对总体均值和总体比例的检验，在原假设成立的前提下，根据检验统计量的抽样分布可以得到标准化检验统计量：

$$\text{标准化检验统计量} = \frac{\text{估计量} - \text{总体参数的假定值}}{\text{估计量的标准误}}$$

标准化以后的检验统计量往往服从以 0 为均值的对称分布，如标准正态分布或 t 分布。然后，我们就可根据指定的显著性水平 α ，找到该分布的相应分位数即为临界值。图 5.4 给出了各种假设检验形式下拒绝域的示意图。

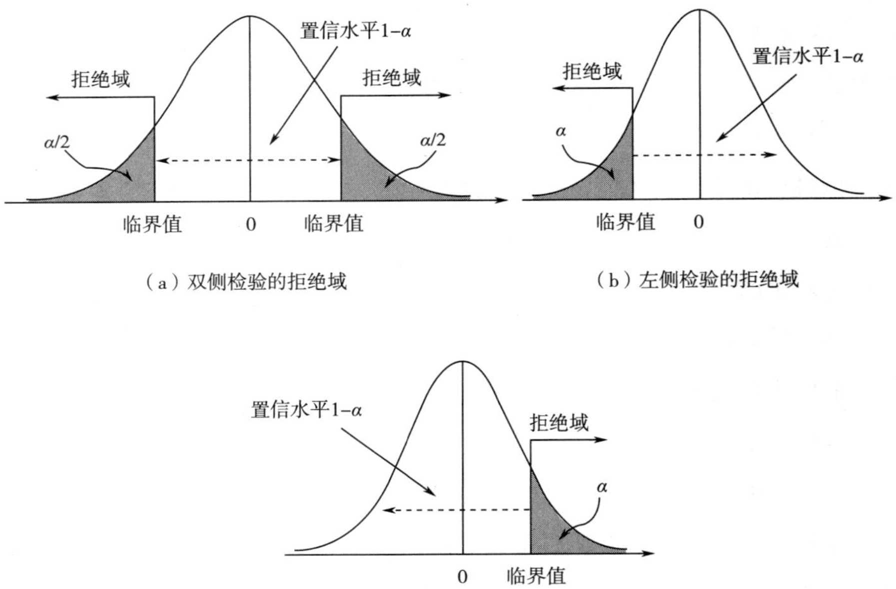

（a）双侧检验的拒绝域

（b）左侧检验的拒绝域

（c）右侧检验的拒绝域

图 5.4　各种假设检验形式下的拒绝域

从图 5.4 中可以很直观地看出，临界值的位置是由抽样分布与显著性水平 α 确定的。拒绝域即为原假设成立时，检验统计量取值概率为 α 的区间，临界值其实就是相应的 α 分位数；与拒绝域相对应的，则是原假设成立时，检验统计量取值概率为 $1-\alpha$ 的区间，这其实就是参数估计中构造的置信水平为 $1-\alpha$ 的置信区间。另外，在双侧检验中，检验统计量的值过大或过小都不利于原假设，所以拒绝域位于抽样分布的两个尾部，如图 5.4（a）所示；左侧检验中，检验统计量的值越小越不利于原假设，所以拒绝域位于抽样分布的左侧尾部，如图 5.4（b）所示；反之，右侧检验中，拒绝域则位于抽样分布的右侧尾部，如图 5.4（c）所示。显然，拒绝域的方向与对立假设是一致的。

从图 5.4 中也可以得到利用统计量做检验时的决策准则：

（a）双侧检验：| 检验统计量的值 | >临界值，拒绝原假设；

（b）左侧检验：检验统计量的值<临界值，拒绝原假设；

（c）右侧检验：检验统计量的值>临界值，拒绝原假设。

根据假设检验的不同内容和进行检验的不同条件，需要采用不同的检验统计量。在本书中用到的检验统计量主要有四种：Z 检验统计量、T 检验统计量、χ^2 检验统计量和 F 检验统计量，分别简称为 Z 统计量、T 统计量、χ^2 统计量和 F 统计量。其中：Z 统计量和 T 统计量对应的统计量分布分别为标准正态分布和 t 分布，主要用于均值和比例的检验；χ^2 统计量和 F 统计量对应的统计量分布分别为 χ^2 分布和 F 分布，主要用于方差的检验。在假设检验中，使用了 Z 统计量的检验被称为 Z 检验，使用了 T 统计量的检验被称为 T 检验，使用了 χ^2 统计量的检验被称为 χ^2 检验，使用了 F 统计量的检验被称为 F 检验。

2）用 p 值决策

用统计量决策时，无论统计量的值大小如何，只要其落在拒绝域内，就可以做出拒绝原假设的决策。此时我们知道，犯第一类错误的概率不会超过事先指定的显著性水平 α，但犯第一类错误的概率具体值是多少其实并不清楚。此外，如果用统计量进行决策，一旦对显著性水平 α 进行了调整，就要根据新的显著性水平 α 值来重新确定相应的临界值和拒绝域。事实上，统计量的值落在拒绝域内的位置不同，其相应犯第一类错误的概率也是不一样的。如果我们能够根据统计量的值落在拒绝域内的位置计算得到相应犯第一类错误的实际概率值，就可以将其与设定的显著性水平 α 值作比较，从而进行拒绝原假设与否的决策。这个犯第一类错误的实际概率值就是 p 值。

所谓 p 值，是指在原假设成立的条件下，出现偏离原假设值的观测值以及比观测值更为极端的值的概率值。这里的“更为极端的值”指的是在更不利于原假设的方向（也就是与对立假设相同方向）上的取值。

对于不同类型的检验，无论是双侧检验还是单侧检验，利用 p 值进行决策的规则是统一的：p 值$<\alpha$，拒绝原假设；p 值$>\alpha$，不拒绝原假设。具体如图 5.5 所示。

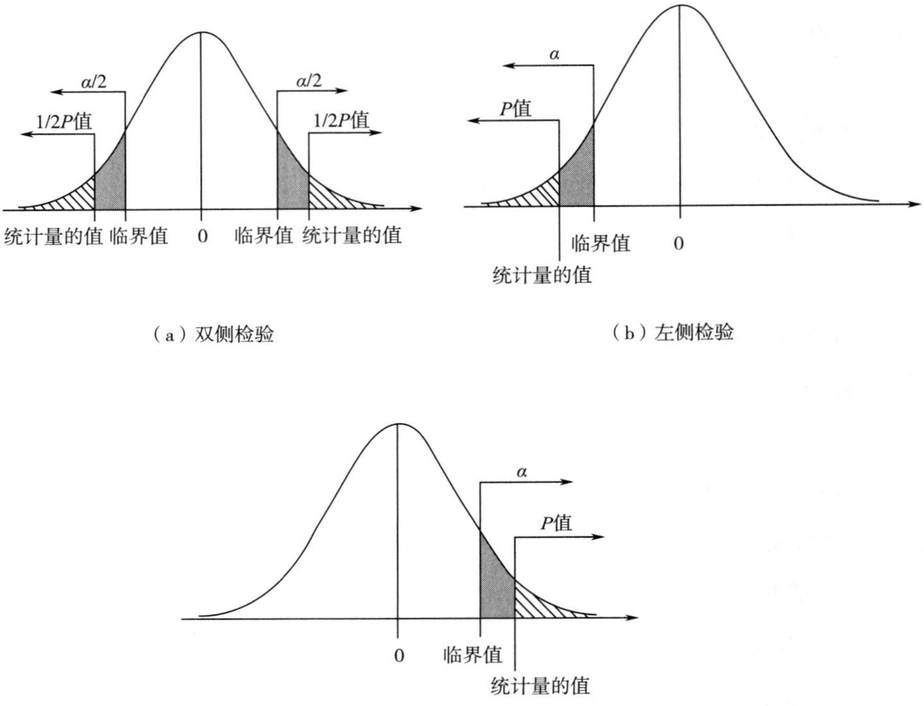

（a）双侧检验

（b）左侧检验

（c）右侧检验

图 5.5　各种假设检验形式下的 p 值

显然，p 值越小，拒绝原假设的理由就越充分。另外，与用统计量决策不同的是，p 值的计算是与显著性水平 α 无关的，只要基于样本数据和总体参数的假定值将 p 值计算出来，就可以将它与任意能够接受的 α 值进行比较，从而做出决策。

当然，利用 p 值和统计量决策本质上是一致的，其得到的结论也应当是相同的。

5.1.6　检验结果的表述

在假设检验中，当拒绝原假设 H_0 时称分析结果在“统计意义上是显著的”，不拒绝原假设 H_0 时则称结果在“统计意义上是不显著的”。

当 $p<\alpha$、拒绝原假设 H_0 时，表示有充分的证据表明原假设 H_0 是不正确的；而

当 $p > \alpha$ 时，我们通常会说“不拒绝原假设 H_0”，而不是“接受原假设 H_0”，因为“接受原假设 H_0”的表述隐含着证明了原假设 H_0 是正确的。实际上，p 值仅能作为推翻原假设的证据，而不能作为证明原假设正确的证据，这是因为 p 值是根据一次抽样得到的样本数据计算出来的，由于抽样的随机性，并不能保证在下一次的抽样中得到的 p 值依然大于显著性水平 α。所以说，没有充分的证据拒绝原假设并不等于就证明了原假设是真的。当然，不拒绝原假设也不意味着原假设成立的概率就很高，而只是意味着拒绝原假设需要更多的证据，或者说需要更多次数的抽样。

此外，采取“不拒绝原假设 H_0”而不是“接受原假设 H_0”的表述方法，也避免了第二类错误发生的风险。因为“接受原假设 H_0”这个结论的可靠程度是由犯第二类错误的概率 β 来度量的，但 β 的控制相对复杂，甚至有时候根本无法知道 β 的值，所以，除非能确切知道 β 的值，否则就不宜表述成“接受”。

5.2 总体均值的假设检验

5.2.1 一个总体均值的假设检验

在对一个总体的均值 μ 进行假设检验时，需要考虑的是：该总体是否服从正态分布、该总体的方差是否已知、用于估计的样本是大样本还是小样本等几种不同情况。但无论哪种情况，通常选择 Z 统计量或 T 统计量这两种检验统计量值进行决策，即在样本均值统计量 $\bar{X}$ 的基础上，以总体均值 μ 等于某一个假定值 μ_0 为前提，确定 $\bar{X}$ 抽样分布，从而得到在给定的显著性水平下的临界值；或者根据 $\bar{X}$ 的一次观测值 $\bar{x}$ 直接计算出对应的 p 值，从而做出拒绝还是不拒绝原假设的统计决策。

具体而言，为了检验一个总体均值 μ 是否等于某个假定值 μ_0，可以建立如下假设：

$$\begin{cases}\text{双侧检验：} H_0: \mu = \mu_0 \leftrightarrow H_1: \mu \neq \mu_0 \\ \text{左侧检验：} H_0: \mu \geqslant \mu_0 \leftrightarrow H_1: \mu < \mu_0 \\ \text{右侧检验：} H_0: \mu \leqslant \mu_0 \leftrightarrow H_1: \mu > \mu_0\end{cases}$$

然后，根据样本均值统计量 $\bar{X}$ 的一次观测值 $\bar{x}$，计算在原假设成立条件下的检验统计量的具体取值，并将其与根据检验统计量所服从分布而确定的临界值进行比较，以判断是否落入拒绝域并做出决策。当然，也可以利用计算机直接计算 p 值，通过比较 p 值与显著性水平 α 之间的大小而做出决策。

本节仅讨论样本均值估计量服从正态分布情况下的假设检验问题，并从总体标准差 σ 的已知和未知这两种情况进行说明。

1）总体标准差 σ 已知的情况

给定显著性水平 α，并设有一总体 X，总体均值 μ 为未知但假定其等于 μ_0，总体标准差为 σ 且已知，X_1，X_2，…，X_n 是来自 X 的一个样本，其样本均值 $\bar{X}$ 为估计量、$\bar{x}$ 为相应估计值，当总体 X 服从正态分布，或者总体 X 虽不服从正态分布但其样本容量 n 充分大时，有：

$$\bar{X} \sim N\left(\mu, \frac{\sigma^2}{n}\right)$$

对 $\bar{X}$ 进行标准化，有：

$$Z = \frac{\bar{X} - \mu}{\sigma / \sqrt{n}} \sim N(0, 1)$$

此即为 Z 检验统计量。在原假设成立的条件下，根据一次抽样得到的样本均值估计值 $\bar{x}$，可计算检验统计量 Z 的具体取值 z：

$$z = \frac{\bar{x} - \mu_0}{\sigma / \sqrt{n}}$$

查询标准正态分布分位数表，可得到临界值：①对于双侧检验而言，临界值为标准正态分布的上侧 $\alpha/2$ 分位数和下侧 $\alpha/2$ 分位数；②对于左侧检验而言，临界值为标准正态分布的下侧 α 分位数；③对于右侧检验而言，临界值为标准正态分布的上侧 α 分位数。然后，根据样本数据计算出检验统计量的实际取值 z 并与临界值进行比较，以判断是否落入拒绝域并做出决策。

【例 5.1】某研究机构发布报告称：我国公民平均每天上网时长 $\mu_0=3.5$ 小时。为验证该说法是否准确，相关部门随机调查了 20 位受访者，并记录其上网时长，如表 5.2 所示。

表 5.2　20 位受访者每天上网时长数据

序号	上网时长	序号	上网时长	序号	上网时长
1	0.5	2	0.8	3	1.2

续表

序号	上网时长	序号	上网时长	序号	上网时长
4	1.3	10	3.9	16	4.6
5	2.6	11	3.9	17	5.0
6	2.8	12	4.0	18	5.0
7	2.9	13	4.4	19	5.1
8	3.0	14	4.5	20	5.2
9	3.9	15	4.6		

由此可得，这20个数据的均值 $\bar{x}=3.46$ 小时、标准差 $s\approx1.508$ 小时。假定我国公民每天上网时长数据服从正态分布 $N(\mu,\ \sigma^2)$，且总体标准差 $\sigma=1.5$ 小时。则，先建立假设：

$$H_0:\ \mu=3.5 \leftrightarrow H_1:\ \mu\neq3.5$$

因总体服从正态分布且总体标准差为已知，故选择 Z 统计量，其具体取值为：

$$z=\frac{\bar{x}-\mu_0}{\sigma/\sqrt{n}}=\frac{3.46-3.5}{1.5/\sqrt{20}}\approx-0.1193$$

取显著性水平 $\alpha=0.05$，故上侧 $\alpha/2$ 分位数 $z_{0.025}=1.96$，因而有拒绝域为 $|Z|>z_{0.025}=1.96$。由于所选择 Z 统计量的具体取值没有落在拒绝域内，因此，不能拒绝原假设，即没有充分证据表明“我国公民平均每天上网时长3.5小时”的说法是错误的。

2）总体标准差 σ 未知的情况

给定显著性水平 α 并设有一总体 X，总体均值 μ 为未知但假定其等于 μ_0，总体标准差为 σ 但未知，X_1，X_2，…，X_n 是来自 X 的一个样本，其样本均值 $\bar{X}$ 为估计量、$\bar{x}$ 为相应估计值，样本标准差的估计值为 s，当总体 X 服从正态分布或者总体 X 虽不服从正态分布但其样本容量 n 充分大时，有：

$$T=\frac{\bar{X}-\mu}{s/\sqrt{n}}\sim t(n-1)$$

此即为 T 检验统计量。在原假设成立的条件下，根据一次抽样得到的样本均值估计值 $\bar{x}$，可计算检验统计量 T 的具体取值 t：

$$t=\frac{\bar{x}-\mu_0}{s/\sqrt{n}}$$

然后查询 t 分布分位数表，得到临界值：①对于双侧检验而言，临界值为 t 分布的上侧 $\alpha/2$ 分位数和下侧 $\alpha/2$ 分位数；②对于左侧检验而言，临界值为 t 分布的下

侧 α 分位数；③对于右侧检验而言，临界值为 t 分布的上侧 α 分位数。然后根据样本数据计算出检验统计量的实际取值 t，与临界值进行比较，以判断是否落入拒绝域并做出决策。

【例 5.2】 数据接上例，但此时总体标准差 σ 未知。则先建立假设：

$$H_0: \mu = 3.5 \leftrightarrow H_1: \mu \neq 3.5$$

因总体服从正态分布，但总体标准差为未知且为小样本，故选择 T 统计量，其具体取值为：

$$t = \frac{\bar{x} - \mu_0}{s/\sqrt{n}} = \frac{3.46 - 3.5}{1.508/\sqrt{20}} \approx -0.1186$$

取显著性水平 $\alpha = 0.05$，故上侧 $\alpha/2$ 分位数 $t_{0.025}(19) = 2.093$，因而有拒绝域 $|T| > t_{0.025}(19) = 2.039$。由于所选择 T 统计量的具体取值没有落在拒绝域内，因此，不能拒绝原假设，即没有充分证据表明"我国公民平均每天上网时长 3.5 小时"的说法是错误的。

5.2.2 两个总体均值之差的假设检验

在对两个总体的均值之差进行假设检验时，需要先考虑的是对这两个总体抽样是否是相互独立的，即从这两个总体抽样得到的两个样本是独立样本还是匹配样本，然后需要考虑两个总体分布的正态性、两个总体方差的已知性、两个总体方差未知时的相等性、两个总体抽样的样本容量的大小性等问题。

本节仅讨论样本均值估计量服从正态分布情况下的假设检验问题，并从两个样本为独立样本还是匹配样本这两种情况进行说明。

1) 独立样本的情况

给定显著性水平 α 并设有两个总体 X、Y，其总体均值分别为 μ_X、μ_Y 且未知，总体标准差分别为 σ_X、σ_Y，$X_1, X_2, \cdots, X_{n_X}$ 是来自总体 X 的一个容量为 n_X 的样本，其样本均值 $\bar{X}$ 为估计量、$\bar{x}$ 为相应估计值，样本标准差 S_X 为估计量、s_X 为相应估计值，$Y_1, Y_2, \cdots, Y_{n_Y}$ 是来自总体 Y 的一个容量为 n_Y 的样本，其样本均值 $\bar{Y}$ 为估计量、$\bar{y}$ 为相应估计值，样本标准差 S_Y 为估计量、s_Y 为相应估计值；为了检验两个总体均值之差 $\mu_X - \mu_Y$ 是否等于假定值 μ_0，可以建立假设：

$$\begin{cases} \text{双侧检验：} H_0: \mu_X - \mu_Y = \mu_0 \leftrightarrow H_1: \mu_X - \mu_Y \neq \mu_0 \\ \text{左侧检验：} H_0: \mu_X - \mu_Y \geqslant \mu_0 \leftrightarrow H_1: \mu_X - \mu_Y < \mu_0 \\ \text{右侧检验：} H_0: \mu_X - \mu_Y \leqslant \mu_0 \leftrightarrow H_1: \mu_X - \mu_Y > \mu_0 \end{cases}$$

特别是，当假定值$\mu_0=0$，即检验两个总体均值之间是否存在显著差异时，所建立的假设可变为：

$$\begin{cases}\text{双侧检验：}H_0: \mu_X=\mu_Y \leftrightarrow H_1: \mu_X \neq \mu_Y \\ \text{左侧检验：}H_0: \mu_X \geqslant \mu_Y \leftrightarrow H_1: \mu_X < \mu_Y \\ \text{右侧检验：}H_0: \mu_X \leqslant \mu_Y \leftrightarrow H_1: \mu_X > \mu_Y\end{cases}$$

然后，根据样本均值统计量$\bar{X}$和$\bar{Y}$的一次观测值$\bar{x}$和$\bar{y}$，计算在原假设成立条件下的检验统计量的具体取值，并将其与根据检验统计量所服从分布而确定的临界值进行比较，以判断是否落入拒绝域并做出决策。当然，也可以利用计算机直接计算p值，通过比较p值与显著性水平α之间的大小而做出决策。

同时，我们假设两个总体X、Y均服从正态分布或者两个总体X、Y虽不服从正态分布但其样本容量n_X、n_Y充分大，这时将按照两个总体标准为σ_X、σ_Y的已知性和相等性分别进行讨论。

第一，σ_X、σ_Y均为已知的情形。

因$\bar{X}$、$\bar{Y}$分别为μ_1、μ_2的无偏估计，故$\bar{X}-\bar{Y}$是$\mu_1-\mu_2$的无偏估计，由$\bar{X}$、$\bar{Y}$的独立性以及$\bar{X}\sim N(\mu_X, \sigma_X^2/n_X)$、$\bar{Y}\sim N(\mu_Y, \sigma_Y^2/n_Y)$，则有：

$$\bar{X}-\bar{Y}\sim N\left(\mu_X-\mu_Y, \frac{\sigma_X^2}{n_X}+\frac{\sigma_Y^2}{n_Y}\right)$$

对$\bar{X}-\bar{Y}$进行标准化，有：

$$Z=\frac{(\bar{X}-\bar{Y})-(\mu_X-\mu_Y)}{\sqrt{\dfrac{\sigma_X^2}{n_X}+\dfrac{\sigma_Y^2}{n_Y}}}\sim N(0, 1)$$

此即为Z检验统计量。在原假设成立的条件下，根据一次抽样得到的样本均值估计值$\bar{x}$和$\bar{y}$，可计算检验统计量Z的具体取值z：

$$z=\frac{(\bar{x}-\bar{y})-\mu_0}{\sqrt{\dfrac{\sigma_X^2}{n_X}+\dfrac{\sigma_Y^2}{n_Y}}}$$

然后，查询标准正态分布分位数表并得到临界值：①对于双侧检验而言，临界值为标准正态分布的上侧$\alpha/2$分位数和下侧$\alpha/2$分位数；②对于左侧检验而言，临界值为标准正态分布的下侧α分位数；③对于右侧检验而言，临界值为标准正态分布的上侧α分位数。再然后，根据样本数据计算出检验统计量的实际取值z并与临界值进行比较，以判断是否落入拒绝域并做出决策。当然，也可以利用计算机直接计算 p 值，通过比较 p 值与显著性水平 α 之间的大小而做出决策。

第二，σ_X^2 、σ_Y^2 虽未知但 $\sigma_X^2 = \sigma_Y^2 = \sigma^2$ 的情形。

当两个总体未知但相等时，需要将两个样本数据合并，并以此得到 σ^2 的合并估计值 s_W^2 ，其计算公式为：

$$s_W^2 = \frac{(n_X - 1)s_X^2 + (n_Y - 1)s_Y^2}{n_X + n_Y - 2}$$

这时，两个样本均值之差经过标准化后服从自由度为 $n_X + n_Y - 2$ 的 t 分布，即

$$T = \frac{(\bar{X} - \bar{Y}) - (\mu_X - \mu_Y)}{\sqrt{\frac{s_w^2}{n_X} + \frac{s_w^2}{n_Y}}} \sim t(n_X + n_Y - 2)$$

此即为 T 检验统计量。在原假设成立的条件下，根据一次抽样得到的样本均值估计值 $\bar{x}$ 和 $\bar{y}$ ，可计算检验统计量 T 的值 t ：

$$t = \frac{(\bar{x} - \bar{y}) - \mu_0}{\sqrt{\frac{s_w^2}{n_X} + \frac{s_w^2}{n_Y}}}$$

然后查询 t 分布分位数表，得到临界值：①对于双侧检验而言，临界值为 t 分布的上侧 $\alpha/2$ 分位数和下侧 $\alpha/2$ 分位数；②对于左侧检验而言，临界值为 t 分布的下侧 α 分位数；③对于右侧检验而言，临界值为 t 分布的上侧 α 分位数。然后，根据样本数据计算出检验统计量的实际取值 t 并与临界值进行比较，以判断是否落入拒绝域并做出决策。

第三，σ_X^2 、σ_Y^2 未知且 $\sigma_X^2 \neq \sigma_Y^2$ 的情形。

这时，两个样本均值之差经过标准化后近似服从自由度为 ν 的 t 分布，即

$$T = \frac{(\bar{X} - \bar{Y}) - (\mu_X - \mu_Y)}{\sqrt{\frac{s_X^2}{n_X} + \frac{s_Y^2}{n_Y}}} \sim t(\nu)$$

其中，$\nu = \dfrac{\left(\dfrac{S_X^2}{n_X} + \dfrac{S_Y^2}{n_Y}\right)^2}{\dfrac{(S_X^2/n_X)^2}{n_X - 1} + \dfrac{(S_Y^2/n_Y)^2}{n_Y - 1}}$ ，此即为 T 检验统计量。在原假设成立的条件下，根据一次抽样得到的样本均值估计值 $\bar{x}$ 和 $\bar{y}$ ，可计算检验统计量 T 的具体取值 t ：

$$t = \frac{(\bar{x} - \bar{y}) - \mu_0}{\sqrt{\frac{s_X^2}{n_X} + \frac{s_Y^2}{n_Y}}}$$

查询 t 分布分位数表，得到临界值：①对于双侧检验而言，临界值为 t 分布的上侧 $\alpha/2$ 分位数和下侧 $\alpha/2$ 分位数；②对于左侧检验而言，临界值为 t 分布的下侧 α 分位数；③对于右侧检验而言，临界值为 t 分布的上侧 α 分位数。然后，根据样本数据计算出检验统计量的实际取值 t 并与临界值进行比较，以判断是否落入拒绝域并做出决策。

我们知道，当样本容量充分大时，t 分布的极限分布为标准正态分布。因此，在 σ_1^2、σ_2^2 为未知但样本量充分大时，可用标准正态分布代替 t 分布，即可得到：

$$Z = T = \frac{(\bar{X} - \bar{Y}) - (\mu_X - \mu_Y)}{\sqrt{\frac{s_X^2}{n_X} + \frac{s_Y^2}{n_Y}}} \sim N(0,\ 1)$$

此时，Z 代替了 T 作为检验统计量。在原假设成立的条件下，根据一次抽样得到的样本均值估计值 $\bar{x}$ 和 $\bar{y}$，可计算检验统计量 Z 的具体取值 z：

$$z = \frac{(\bar{x} - \bar{y}) - \mu_0}{\sqrt{\frac{s_X^2}{n_X} + \frac{s_Y^2}{n_Y}}}$$

查询标准正态分布分位数表，可得到临界值：①对于双侧检验而言，临界值为标准正态分布的上侧 $\alpha/2$ 分位数和下侧 $\alpha/2$ 分位数；②对于左侧检验而言，临界值为标准正态分布的下侧 α 分位数；③对于右侧检验而言，临界值为标准正态分布的上侧 α 分位数。然后，根据样本数据计算出检验统计量的实际取值 z 并与临界值进行比较，以判断是否落入拒绝域并做出决策。

【例 5.3】 为检验城市 1 和城市 2 的职工平均月收入 μ_1 与 μ_2 之间是否存在显著性差异，研究人员分别在城市 1 和城市 2 中随机抽取 $n_1 = 400$ 名、$n_2 = 500$ 名职工进行调查。经计算，城市 1 职工的平均月收入与标准差分别为 $\bar{x}_1 = 1\ 650$ 元、$s_1 = 230$ 元，城市 2 职工的平均月收入与标准差分别为 $\bar{x}_2 = 2\ 485$ 元、$s_2 = 482$ 元；由此建立假设：

$$H_0: \mu_1 = \mu_2 \leftrightarrow H_1: \mu_1 \neq \mu_2$$

因为两个样本容量均属于大样本，故选择 Z 统计量，其具体取值为：

$$z = \frac{\bar{x}_1 - \bar{x}_2}{\sqrt{\frac{s_1^2}{n_1} + \frac{s_2^2}{n_2}}} \approx -34.1772$$

取显著性水平 $\alpha=0.05$，故上侧 $\alpha/2$ 分位数 $z_{0.025}=1.96$，因而有拒绝域为 $|z|>z_{0.025}=1.96$。由于所选择 Z 统计量的具体取值落在拒绝域内，因此，拒绝原假设，即有充分证据表明这两城市的职工平均月收入之间存在显著性差异。

2）匹配样本的情况

我们用 D 表示两个配对总体匹配数据的差值，如果我们把这个差值 D 看作是一个总体，那么对配对总体均值之差的假设检验问题就可以转变为对差值 D 这一个总体均值的假设检验问题。也就是说：有一个总体 D（配对总体匹配数据的差值 $\mu_X - \mu_Y$），其总体均值 μ_d（配对总体匹配数据的差值的均值）为未知、但假定其值为 μ_0，总体标准差为 σ_d（配对总体的差值的标准差），D_1，D_2，…，D_n 是来自 D 的一个样本（配对样本匹配数据的差值），其样本均值 $\bar{D}$ 为估计量、$\bar{D}$ 为相应估计值，样本标准差的估计值为 s_d；为了检验两个配对总体差值 $\mu_X-\mu_Y$ 的均值 μ_d 是否等于某个假定值 μ_0，可以建立如下假设：

$$\begin{cases} \text{双侧检验：} H_0: \mu_d = \mu_0 \leftrightarrow H_1: \mu_d \neq \mu_0 \\ \text{左侧检验：} H_0: \mu_d \geqslant \mu_0 \leftrightarrow H_1: \mu_d < \mu_0 \\ \text{右侧检验：} H_0: \mu_d \leqslant \mu_0 \leftrightarrow H_1: \mu_d > \mu_0 \end{cases}$$

然后根据样本均值统计量 $\bar{D}$ 的一次观测估计值 $\bar{d}$，计算在原假设成立条件下的检验统计量的具体取值，并将其与根据检验统计量所服从分布而确定的临界值进行比较，以判断是否落入拒绝域并做出决策。当然，也可以利用计算机直接计算 p 值，通过比较 p 值与显著性水平 α 之间的大小而做出决策。

给定显著性水平 α，当总体 D 服从正态分布或者总体 D 虽不服从正态分布但其样本容量 n 充分大时，与一个总均值的假设检验一样，还需要根据总体标准差 σ_d 的已知和未知这两种情况分类讨论。

第一，总体标准差 σ_d 已知。

$$Z = \frac{\bar{D} - \mu_0}{\sigma_d / \sqrt{n}} \sim N(0, 1)$$

此即为 Z 检验统计量。在原假设成立的条件下，根据一次抽样得到的样本均值估计

值 $\bar{d}$，可计算检验统计量 Z 的具体取值 z：

$$z=\frac{\bar{d}-\mu_0}{\sigma_d/\sqrt{n}}$$

查询标准正态分布分位数表，可得到临界值：①对于双侧检验而言，临界值为标准正态分布的上侧 $\alpha/2$ 分位数和下侧 $\alpha/2$ 分位数；②对于左侧检验而言，临界值为标准正态分布的下侧 α 分位数；③对于右侧检验而言，临界值为标准正态分布的上侧 α 分位数。然后，根据样本数据计算出检验统计量的实际取值 z 并与临界值进行比较，以判断是否落入拒绝域并做出决策。

第二，总体标准差 σ_d 未知。

$$T=\frac{\bar{D}-\mu_d}{s_d/\sqrt{n}}\sim t(n-1)$$

此即为 T 检验统计量。在原假设成立的条件下，根据一次抽样得到的样本均值的观测估计值 $\bar{d}$，可计算检验统计量 T 的值 t：

$$t=\frac{\bar{d}-\mu_0}{s_d/\sqrt{n}}$$

查询 t 分布分位数表，得到临界值：①对于双侧检验而言，临界值为 t 分布的上侧 $\alpha/2$ 分位数和下侧 $\alpha/2$ 分位数；②对于左侧检验而言，临界值为 t 分布的下侧 α 分位数；③对于右侧检验而言，临界值为 t 分布的上侧 α 分位数。然后，根据样本数据计算出检验统计量的实际取值 t 并与临界值进行比较，以判断是否落入拒绝域并做出决策。

【例 5.4】 为研究某课程新出考试用 A 卷与 B 卷的难易度的差距，从已学习该课程并考试通过的学生中随机抽取 10 位学生，分别采用 A、B 两套试卷进行测试，结果如下：

A 卷得分：78，63，72，89，91，49，68，76，85，55。

B 卷得分：71，44，61，84，74，51，55，60，77，39。

则两套试卷的得分之差分别为：7，19，11，5，17，-2，13，16，8，16。得分之差的均值 $\bar{d}=11$，$s_d=6.532$。假定两套试卷得分数据均服从正态分布。为了检验两套试卷的难易程度是否存在显著性差异，即检验得分之差的均值 μ_d 是否等于假定值 $\mu_0=0$，先建立假设：

$$H_0: \mu_d=0 \leftrightarrow H_1: \mu_d\neq 0$$

因总体服从正态分布、总体标准差未知且为小样本，故选择 T 统计量，其具体取值为：

$$t = \frac{\bar{d} - \mu_0}{s_d / \sqrt{n}} = \frac{11 - 0}{6.532 / \sqrt{10}} \approx 5.325\ 3$$

取显著性水平 $\alpha = 0.05$，故上侧 $\alpha/2$ 分位数 $t_{0.025}(9) = 2.262\ 2$，因而有拒绝域 $|T| > t_{0.025}(9) = 2.262\ 2$。由于所选择 T 统计量的具体取值落在拒绝域内，因此拒绝原假设，即有充分证据表明这两套试卷的难易程度存在着显著性差异。

5.3 总体比例的假设检验

5.3.1 一个总体比例的假设检验

为了检验一个总体比例 π 是否等于某个假定值 π_0，可以建立如下假设：

$$\begin{cases} \text{双侧检验：} H_0: \pi = \pi_0 \leftrightarrow H_1: \pi \neq \pi_0 \\ \text{左侧检验：} H_0: \pi \geqslant \pi_0 \leftrightarrow H_1: \pi < \pi_0 \\ \text{右侧检验：} H_0: \pi \leqslant \pi_0 \leftrightarrow H_1: \pi > \pi_0 \end{cases}$$

与一个总体均值的假设检验类似，在大样本情况下①，抽取的容量为 n 的样本数据中具有指定特征的个体所占的比例 P 近似服从正态分布，即 $P \sim N(\pi, \pi(1-\pi)/n)$，由此可得：

$$Z = \frac{P - \pi}{\sqrt{\pi(1-\pi)/n}} \sim N(0, 1)$$

此即为 Z 检验统计量。在原假设成立的条件下，根据一次抽样得到的样本比例估计值 p，可计算检验统计量 Z 的具体取值 z：

$$z = \frac{p - \pi_0}{\sqrt{\pi_0(1-\pi_0)/n}}$$

查询标准正态分布分位数表，可得到临界值：①对于双侧检验而言，临界值为标准正态分布的上侧 $\alpha/2$ 分位数和下侧 $\alpha/2$ 分位数；②对于左侧检验而言，临界值为标准正态分布的下侧 α 分位数；③对于右侧检验而言，临界值为标准正态分布的上侧 α 分位数。然后，根据样本数据计算出检验统计量的实际取值 z 并与临界值进行比

① 在这里，判定大样本的标准一般为 $np > 10$ 且 $n(1-p) > 10$。

较，以判断是否落入拒绝域并做出决策。

【例 5.5】 某电视频道旗下某档节目的收视率预估超过 $\pi_0 = 3\%$。为了验证该节目收视率情况，在播出期间，随机电话调查了 $n = 1\,000$ 名观众，其中有 $p = 3.5\%$ 的观众表示正在观看该节目。因这是一个“研究性”假设，故建立假设：

$$H_0: \pi \leqslant 3\% \leftrightarrow H_1: \pi > 3\%$$

因为属大样本，故选择 Z 统计量，其具体取值为：

$$z = \frac{p - \pi_0}{\sqrt{\pi_0(1 - \pi_0)/n}} = \frac{3.5\% - 3\%}{\sqrt{3\%(1 - 3\%)/1\,000}} \approx 0.926\,9$$

取显著性水平 $\alpha = 0.05$，故上侧 α 分位数 $z_{0.05} = 1.64$，因而有 $z < z_{0.05}$。由于所选择 Z 统计量的值没有落在拒绝域内，因此不能拒绝原假设，即没有充分证据表明节目的收视率超过 3%。

5.3.2 两个总体比例之差的假设检验

为了检验两个总体比例之差 $\pi_1 - \pi_2$ 是否等于某个假定值 π_0，可以建立如下假设：

$$\begin{cases} \text{双侧检验：} H_0: \pi_1 - \pi_2 = \pi_0 \leftrightarrow H_1: \pi_1 - \pi_2 \neq \pi_0 \\ \text{左侧检验：} H_0: \pi_1 - \pi_2 \geqslant \pi_0 \leftrightarrow H_1: \pi_1 - \pi_2 < \pi_0 \\ \text{右侧检验：} H_0: \pi_1 - \pi_2 \leqslant \pi_0 \leftrightarrow H_1: \pi_1 - \pi_2 > \pi_0 \end{cases}$$

特别是，当假定值 $\pi_0 = 0$，即检验两个总体比例之间是否存在显著差异时，所建立的假设可变为：

$$\begin{cases} \text{双侧检验：} H_0: \pi_1 = \pi_2 \leftrightarrow H_1: \pi_1 \neq \pi_2 \\ \text{左侧检验：} H_0: \pi_1 \geqslant \pi_2 \leftrightarrow H_1: \pi_1 < \pi_2 \\ \text{右侧检验：} H_0: \pi_1 \leqslant \pi_2 \leftrightarrow H_1: \pi_1 > \pi_2 \end{cases}$$

与两个总体均值之差的假设检验类似，在独立大样本条件下，从两个总体抽取的样本数据中具有指定特征的个体所占的比例之差 $P_1 - P_2$ 近似服从正态分布，经标准化后可得：

$$\frac{(P_1 - P_2) - (\pi_1 - \pi_2)}{\sqrt{\dfrac{\pi_1(1 - \pi_1)}{n_1} + \dfrac{\pi_2(1 - \pi_2)}{n_2}}} \sim N(0,\ 1)$$

如果两个总体比例 π_1 和 π_2 未知，可用样本比例的估计值 p_1 和 p_2 代替上式分母中的

π_1 和 π_2 ①，可得：

$$Z=\frac{(P_1-P_2)-(\pi_1-\pi_2)}{\sqrt{\frac{p_1(1-p_1)}{n_1}+\frac{p_2(1-p_2)}{n_2}}}\sim N(0,\ 1)$$

此即为 Z 检验统计量。在原假设成立的条件下，根据样本比例的估计值 p_1 和 p_2，可计算检验统计量 Z 的具体取值 z：

$$z=\frac{(p_1-p_2)-(\pi_1-\pi_2)}{\sqrt{\frac{p_1(1-p_1)}{n_1}+\frac{p_2(1-p_2)}{n_2}}}$$

查询标准正态分布分位数表，可得到临界值：①对于双侧检验而言，临界值为标准正态分布的上侧 $\alpha/2$ 分位数和下侧 $\alpha/2$ 分位数；②对于左侧检验而言，临界值为标准正态分布的下侧 α 分位数；③对于右侧检验而言，临界值为标准正态分布的上侧 α 分位数。然后，根据样本数据计算出检验统计量的实际取值 z 并与临界值进行比较，以判断是否落入拒绝域并做出决策。

【例 5.6】 某政府部门拟推出一项政策。为了解公民对该政策的支持程度，随机调查了 2 000 名男性公民和 2 000 名女性公民，其支持的比例分别为 $p_1=75\%$ 和 $p_2=70\%$ 。为检验该项政策在男性公民中的支持率 π_1 和女性公民中的支持率 π_2 是否存在显著差异，建立以下假设：

$$H_0:\ \pi_1=\pi_2 \leftrightarrow H_1:\ \pi_1\neq\pi_2$$

因为属大样本，故选择 Z 统计量，其具体取值为：

$$z=\frac{(p_1-p_2)-(\pi_1-\pi_2)}{\sqrt{\frac{p_1(1-p_1)}{n_1}+\frac{p_2(1-p_2)}{n_2}}}=\frac{(75\%-70\%)-0}{\sqrt{\frac{75\%\times(1-75\%)}{2\ 000}+\frac{70\%\times(1-70\%)}{2\ 000}}}\approx 3.546\ 6$$

取显著性水平 $\alpha=0.05$，故上侧 $\alpha/2$ 分位数 $z_{0.025}=1.96$，因而有 $|z|>z_{0.025}$。由于所选择 Z 统计量的值落在拒绝域内，因此拒绝原假设，即有充分证据表明该项政策在男性公民和女性公民中的支持率存在着显著差异。

① 对于两个总体比例是否相等的假设检验，应当将两个样本数据合并后来计算合并的样本比例，以代替两个总体比例。但在大样本情形下，合并与否的处理方式在计算结果方面差异不大，故不再分别讨论。

5.4 总体方差的假设检验

5.4.1 一个总体方差的假设检验

为检验一个总体方差 σ^2 是否等于某个假定值 σ_0^2，可以建立如下假设：

$$\begin{cases} \text{双侧检验：} H_0: \sigma^2 = \sigma_0^2 \leftrightarrow H_1: \sigma^2 \neq \sigma_0^2 \\ \text{左侧检验：} H_0: \sigma^2 \geq \sigma_0^2 \leftrightarrow H_1: \sigma^2 < \sigma_0^2 \\ \text{右侧检验：} H_0: \sigma^2 \leq \sigma_0^2 \leftrightarrow H_1: \sigma^2 > \sigma_0^2 \end{cases}$$

对一个总体方差 σ^2 进行假设检验，可以使用容量为 n 的样本的方差 S^2 作为统计量。在总体服从正态分布的假定下，有：

$$\chi^2 = \frac{(n-1)S^2}{\sigma^2} \sim \chi^2(n-1)$$

此即为 χ^2 检验统计量。在原假设成立的条件下，根据一次抽样得到的样本方差估计值 s^2，可计算检验统计量 χ^2 的具体取值：

$$\chi^2 = \frac{(n-1)s^2}{\sigma_0^2}$$

查询 χ^2 分布分位数表，可得到临界值：①对于双侧检验而言，临界值为 χ^2 分布的上侧 $\alpha/2$ 分位数和下侧 $\alpha/2$ 分位数；②对于左侧检验而言，临界值为 χ^2 分布的下侧 α 分位数；③对于右侧检验而言，临界值为 χ^2 分布的上侧 α 分位数。然后，根据样本数据计算出检验统计量的实际取值并与临界值进行比较，以判断是否落入拒绝域并做出决策。

【例 5.7】有一正态总体，其方差的期望值 $\sigma_0^2 = 0.0025$。现从该总体中随机抽取容量 $n = 20$ 的样本，测得样本方差为 $s^2 = 0.0042$。为检验该总体方差与其期望值之间是否存在显著差异，建立假设：

$$H_0: \sigma^2 = 0.0025 \leftrightarrow H_1: \sigma^2 \neq 0.0025$$

因总体服从正态分布，故选择 χ^2 统计量，其具体取值为：

$$\chi^2 = \frac{(n-1)s^2}{\sigma_0^2} = \frac{(20-1)\times 0.0042}{0.0025} \approx 31.92$$

取显著性水平 $\alpha = 0.05$，故上侧 $\alpha/2$ 分位数 $\chi^2_{\alpha/2}(19) = \chi^2_{0.025}(19) = 32.8523$、下侧 $\alpha/2$

分位数$\chi^2_{1-\alpha/2}(19)=\chi^2_{0.975}(19)=8.9065$，因而有拒绝域$\chi^2>\chi^2_{0.975}(19)=32.8523$或者$\chi^2<\chi^2_{0.025}(19)=8.9065$。由于所选择$\chi^2$统计量的具体取值没有落在拒绝域内，因此不能拒绝原假设，即没有充分证据表明该总体方差与其期望值之间有显著差异。

5.4.2 两个总体方差之比的假设检验

为检验两个总体方差之比 σ_1^2/σ_2^2 是否等于某个假定值 a ，可以建立如下假设：

$$\begin{cases}\text{双侧检验：} H_0: \sigma_1^2/\sigma_2^2 = a \leftrightarrow H_1: \sigma_1^2/\sigma_2^2 \neq a \\ \text{左侧检验：} H_0: \sigma_1^2/\sigma_2^2 \geqslant a \leftrightarrow H_1: \sigma_1^2/\sigma_2^2 < a \\ \text{右侧检验：} H_0: \sigma_1^2/\sigma_2^2 \leqslant a \leftrightarrow H_1: \sigma_1^2/\sigma_2^2 > a\end{cases}$$

特别是，当假定值 $a=1$，即检验两个总体方差之间是否存在显著差异（也就是做方差齐性检验）时，所建立的假设可变为：

$$\begin{cases}\text{双侧检验：} H_0: \sigma_1^2 = \sigma_2^2 \leftrightarrow H_1: \sigma_1^2 \neq \sigma_2^2 \\ \text{左侧检验：} H_0: \sigma_1^2 \geqslant \sigma_2^2 \leftrightarrow H_1: \sigma_1^2 < \sigma_2^2 \\ \text{右侧检验：} H_0: \sigma_1^2 \leqslant \sigma_2^2 \leftrightarrow H_1: \sigma_1^2 > \sigma_2^2\end{cases}$$

对两个总体方差之比进行假设检验，可以使用容量分别为 n_1 和 n_2 的样本方差之比 S_1^2/S_2^2 为统计量。当两个总体均服从正态分布时，有：

$$F = \frac{S_1^2/S_2^2}{\sigma_1^2/\sigma_2^2} \sim F(n_1-1, n_2-1)$$

此即为 F 检验统计量。在原假设成立的条件下，根据一次抽样得到的样本方差估计值 s_1^2 和 s_2^2，可计算检验统计量 F 的具体取值 f：

$$f = \frac{s_1^2/s_2^2}{\sigma_1^2/\sigma_2^2}$$

特别是，当进行方差齐性检验时，因原假设 H_0：$\sigma_1^2=\sigma_2^2$，故可得此时的检验统计量 F 的值 f：

$$f = s_1^2/s_2^2$$

查询 F 分布分位数表，可得到临界值：①对于双侧检验而言，临界值为 F 分布的上侧 $\alpha/2$ 分位数和下侧 $\alpha/2$ 分位数；②对于左侧检验而言，临界值为 F 分布的下侧 α 分位数；③对于右侧检验而言，临界值为 F 分布的上侧 α 分位数。然后，根据样本数据计算出检验统计量的实际取值 f 并与临界值进行比较，以判断是否落入拒绝域并做出决策。

【例 5.8】有两个正态总体，其总体方差分别为 σ_1^2 与 σ_2^2。现从该两个总体中各随机且独立的抽取容量 $n=20$ 的样本，测得样本方差分别为 $s_1^2=0.004\ 2$、$s_2^2=0.005\ 3$。为检验该两个总体方差，即 σ_1^2 与 σ_2^2 之间是否存在显著差异，建立假设：

$$H_0:\ \sigma_1^2=\sigma_2^2 \leftrightarrow H_1:\ \sigma_1^2\neq\sigma_2^2$$

因总体服从正态分布，故选择 F 统计量，其具体取值为：

$$f=\frac{s_1^2}{s_2^2}=\frac{0.004\ 2}{0.005\ 3}\approx 0.792\ 5$$

取显著性水平 $\alpha=0.05$，故上侧 $\alpha/2$ 分位数 $F_{\alpha/2}(19,\ 19)=F_{0.025}(19,\ 19)=2.526\ 5$、下侧 $\alpha/2$ 分位数 $F_{1-\alpha/2}(19,\ 19)=F_{0.975}(19,\ 19)=0.395\ 8$，因而有拒绝域 $F<F_{0.975}(19,\ 19)=0.395\ 8$ 或者 $F>F_{0.025}(19,\ 19)=2.526\ 5$。由于所选择 F 统计量的具体取值没有落在拒绝域内，因此不能拒绝原假设，即没有充分证据表明这两个总体方差之间的波动程度存在着显著差异。

【思考与练习】

1. 请简要说明假设检验的含义及其基本思想。

2. 请简要说明 α 错误与 β 错误的含义及其关系。

3. 某厂采用自动包装机分装产品，假定每包产品的重量服从正态分布，每包标准重量为 1 000 克。某日随机抽查 9 包，测得样本平均重量为 986 克，样本标准差为 24 克。能否认为这天自动包装机工作正常？（$\alpha=0.05$）

4. 某研究者估计本市居民家庭的电脑拥有率为 30%。现随机抽查了 200 个家庭，其中 68 个家庭拥有电脑。研究者的估计是否可信？（$\alpha=0.05$）

5. 有两种方法可用于制造某种以抗拉强度为重要特征的产品。根据以往的资料得知，第一种方法生产出的产品，其抗拉强度的标准差为 8 千克；第二种方法的标准差为 10 千克。从两种方法生产的产品中各抽取一个随机样本，样本容量分别为 $n_1=32$、$n_2=40$，测得 $\bar{x}_1=50$ 千克、$\bar{x}_2=44$ 千克。这两种方法生产的产品平均抗拉强度是否有显著差别？（$\alpha=0.05$）

6 方差分析

我们已经知道，运用 Z 检验、T 检验，可以有效判断两个总体均值之间差异的显著性。但是，如果在判断两个以上的总体均值之间差异的显著性时还是运用 Z 检验、T 检验，那就需要对总体均值进行两两比较，而这会导致计算的时间成本以及犯第一类错误的整体概率显著上升。这时，就需要运用方差分析的方法来处理和检验多个总体均值之间差异的显著性。

本章主要介绍关于方差分析的基本原理以及单因素方差分析、双因素方差分析等内容。

6.1 方差分析基本原理

6.1.1 方差分析的概念

方差分析又称变异数分析，是用于研究分类型自变量与数值型因变量之间关系的一种分析方法。它通过检验多个总体的均值是否相等，来判断一个或多个分类型自变量对数值型因变量是否有显著影响。

方差分析是由英国统计学家费歇尔在进行试验设计时为解释试验数据而创造出来的统计分析方法。从形式上看，方差分析是在比较多个总体均值是否相等，但本质上它所研究的是分类型自变量对数值型因变量的影响关系。

我们知道，方差分析是用于比较多个总体均值的统计方法。当比较两个总体均值时，我们可以直接使用 Z 检验、T 检验等显著性检验方法；当需要比较 $k(k \geqslant 3)$ 个总体均值时，如果仍采用 Z 检验、T 检验的话，则需要进行两两比较，那么总共需要完成 c_k^2 次检验，时间成本会随着 k 的增加而显著增加。例如，当需要检验 $k=4$ 个总体均值是否相等时，如果使用显著性检验方法的话，则需要 $C_4^2=6$ 次的两两总体均值的检验，这显然比较烦琐，耗时也更多。另外，进行显著性检验时，虽然每次检验所犯第一类错误的概率都可以控制在显著性水平 α 以内，但是连续 k 次检验后的犯第一类错误的整体概率为 $1-(1-\alpha)^{C_k^2}$，其值也会随着 k 的增大而增大，远远大于 α。例如，当需要检验 $k=4$ 个总体均值是否相等时，需要进行 $C_4^2=6$ 次的两两总体均值的检验，设定每次检验的显著性水平 $\alpha=0.05$，则在连续 6 次检验后犯第一类错误的整体概率为 $1-(1-0.05)^6=0.2649\gg 0.05$，而检验的整体可靠程度、即置信水平则降为 $0.95^6=0.7351$。一般来讲，随着显著性检验次数的增加，偶然因素导致差别的可能性也会增加，方差分析则是同时考虑所有样本，因而可以避免错误概率的累积。

为了更好地理解方差分析的含义，我们可以通过一个简单的具体案例来说明方差分析的有关概念。

【例 6.1】 某饮料生产企业研制出一种新型饮料。该饮料的颜色类型共有四种，分别为无色、粉色、黄色和绿色。假定这四种饮料的营养含量、味道、价格、包装等其他可能影响销售情况的因素全部相同。现从地理位置相似、经营规模相仿的五家超市上收集了某同一时期内该饮料的销售额情况，如表 6.1 所示。我们需要根据表 6.1 中的数据来分析饮料的不同颜色对销售情况是否会产生显著影响。

表 6.1 四种颜色的饮料在五家超市中的销售额情况 （单位：万元）

超市	颜色			
	无色	粉色	黄色	绿色
超市 1	26.5	31.2	27.9	30.8
超市 2	28.7	28.3	25.1	29.6
超市 3	25.1	30.8	28.5	32.4
超市 4	29.1	27.9	24.2	31.7
超市 5	27.2	29.6	26.5	32.8

在方差分析中：通常把所要研究和分析的对象、即数值型的因变量称为观测变量（或称为观测因素）。例如，将例 6.1 中“饮料的销售情况”作为分析的对象，就是该例的观测变量。通常把所要检验的对象、即可能影响数值型变量的分类型变

量称为控制变量或称为可控因素、可控因子，有时在某些场合也简称为因素、因子。例如，将例 6.1 中的“饮料颜色”作为要研究的对象，就是本例的控制变量。通常把控制变量的不同表现或不同的取值称为控制变量的水平，或称为对控制变量的处理，简称水平、处理。例如，将“饮料颜色”这个控制变量就有 4 个水平，或 4 种处理，分别为无色、粉色、黄色和绿色。可将控制变量的每一个水平看作是一个总体，如例 6.1 中就有四个总体。方差分析要研究的就是这四个总体之间是否存在显著性差异。

方差分析认为：观测变量值的变化受到两类因素的影响：第一类是控制变量，即可控因素的不同水平所产生的影响；第二类是除可控因素外的随机因素所产生的影响。这里的随机因素是指那些人为很难控制的因素，主要指试验过程中的抽样误差。如果可控因素的不同水平对观测变量产生了显著影响，那么它和随机变量的共同作用必然会使观测变量的值也有显著的变动；反之，如果可控因素的不同水平没有对观测变量产生显著影响，那么观测变量的数据波动应当是由抽样误差所造成的，即观测变量的值一般不会有显著的变动。那么这时就会产生一个问题，即如何判断控制变量的不同水平下观测变量的值是否产生了明显变动？这里判断的依据是：如果控制变量各水平下的观测变量总体的分布出现了显著差异，则认为观测变量值发生了明显的变动，即意味着控制变量的不同水平对观测变量产生了显著影响：反之，如果控制变量各水平下观测变量总体的分布没有显著差异，则认为观测变量的值没有发生明显的变动，即意味着控制变量的不同水平对观测变量没有产生显著影响。

方差分析正是通过推断控制变量各水平下观测变量的总体分布是否有显著差异来实现其分析目标的。如果存在这样的前提或条件，即控制变量各水平下观测变量的总体服从正态分布且方差相同，那么这时，方差分析对各总体分布是否有显著差异的推断就转化成了对各总体均值是否存在显著差异的推断。

观测变量为多个的方差分析被称为多元方差分析，本书对此不做讨论，而是仅对单个观测变量的情况进行讨论。当控制变量只有一个时，称为单因素方差分析；当控制变量有两个时，称为双因素方差分析。对于双因素方差分析而言，倘若两个控制变量对观测变量互不影响，即控制变量之间无交互作用，此时为无交互作用的双因素方差分析，或称无重复双因素方差分析；倘若两个控制变量中，一个控制变量对观测变量的影响会随着另一个控制变量的水平的变化而发生变化，即控制变量之间存在交互作用，则此时为有交互作用的双因素方差分析，或称可重复双因素方差分析。对有超过两个控制变量的多因素方差进行分析时，其基本原理与双因素方差分析是一致的。

6.1.2 数据波动的分解

我们知道，方差分析的目的是检验各个控制变量的不同水平下的观测变量总体均值是否都相等，而这一检验过程是通过对数据波动的分解来实现的，即分解成由控制变量的不同水平所引起的波动和由随机因素所引起的波动。

在例 6.1 中，通过原始的销售情况数据，可以得到如表 6.2 的描述统计分析。从表 6.2 中可以直观地看出，四种不同颜色饮料的样本均值确实存在一定差异，但这一差异是否出于控制变量的不同水平还是随机因素的偶然性，因而需要进行假设检验。

表 6.2 不同颜色饮料的销售额的描述统计 （单位：万元）

饮料颜色	均值	标准差	最大值	最小值
无色	27.32	1.634 625	29.1	25.1
粉色	29.56	1.463 899	31.2	27.9
黄色	26.44	1.816 040	28.5	24.2
绿色	31.46	1.287 633	32.8	29.6

首先，可以计算所有 20 个样本的平均销售额，如果饮料的颜色对于饮料的销售不产生任何影响，也不存在其他随机因素，那么可以想象每一种颜色的饮料的销售额数据都应该等于这一总的平均销售额。但显然，每种颜色饮料在每一个超市的实际销售额数据不尽相同，我们通常将每种颜色饮料在每一个超市的实际销售额数据减去总的平均销售额数据的差值求平方后再加总，这样就得到了总平方和 *SST*。这个总平方和 SST 反映的是所有观测数据的总波动程度，因而也被称为总波动平方和，有时也称总误差。

其次，对于不同颜色的饮料来说，其销售额数据构成了不同组别的数据，因而可以看作是不同的数据组，不同数据组可以计算出每一组数据的平均数。那么，对同一种颜色的饮料也可以计算出每一组的平均销售额，这样就可以得到 4 组平均值，如表 6.2 中的第二列所示。将这 4 组的平均销售额数据与总的平均销售额数据的差值求平方后再加总，就得到了关于饮料颜色这个控制变量的组间平方和 *SSA*[①]。这个组间平方和 *SSA* 反映的是控制变量的不同水平下样本均值之间的波动程度，因而也被称为组间波动平方和，有时也称组间误差。组间数据波动的来源除了随机因素的影响，更主要的是控制变量的不同水平对观测变量可能产生的影响。

最后，对同一种颜色的饮料的销售额数据还可以计算其组内平方和 *SSE*，即将每一组销售额数据减去该组的样本平均数，对所得差值求平方后再加总。组内平方和反映了控制变量在同一个水平下的样本数据之间的波动程度，因而也称为组内波动平方和，有时也称组内误差。同一组的饮料颜色是相同的，因而组内数据波动的主要来源是随机因素的影响。

理论上可以证明，总波动平方和、组间波动平方和、组内波动平方和这三者之间的关系为：

$$\text{总波动平方和} = \text{组间波动平方和} + \text{组内波动平方和}$$

我们知道，各个波动平方和的值的大小是与观测值的多少有关的。为消除观测值数量带来的影响，通常还需要将各个平方和除以其所对应的自由度，这样得到的结果称为均方，有时也称方差。在例 6.1 这种单因素方差分析中，总波动平方和、组间波动平方和、组内波动平方和的自由度分别为 $n-1$、$k-1$ 和 $n-k$，其中，n 为全部观测值的个数，k 为控制变量的水平数。在例 6.1 中，$n=20$、$k=4$。组间波动平方和 *SSA*、组内波动平方 SSE 除以相应自由度，可得到组间均方 *MSA* 和组内均方 *MSE*。

方差分析的基本原理就是比较组间均方和组内均方的大小。如果控制变量对观测变量没有显著影响，即控制变量的不同水平下的观测变量总体均值都相等，那么组间均方和组内均方的主要来源都只有随机因素的影响，二者的比值应当接近于 1。反之，如果控制变量对观测变量有显著影响，即控制变量的不同水平下的观测变量总体均值之间有显著性差异，那么组间均方除了随机误差外，还应当包含控制变量不同水平的影响，其与组内均方的比值应当显著的大于 1。

对双因素方差分析，可以按照上述思路对总波动平方和进行类似的分解。当无须考虑交互作用时，需要分别针对两个控制变量计算两项组间均方；当需要考虑交

① 这里将控制变量以 *A* 来表示，故控制变量的组间平方和可表示为 *SSA*。若控制变量以 *B* 来表示，则控制变量的组间平方和可表示为 *SSB*。

互作用时，除计算关于控制变量的两个组间均方，则还需要进一步针对两个控制变量的交互作用计算其组间均方。

6.1.3 基本假定

从理论上看，当控制变量各水平下观测变量的总体服从正态分布且方差相同时，方差分析对各总体分布是否有显著差异的推断就转化成了对各总体均值是否存在显著差异的推断。更一般的情况是，要想将方差分析应用于对各总体均值之间的显著差异的检验，则应当满足以下三个基本假定。

1）独立性

方差分析要求控制变量不同水平下的数据都来自相应总体的独立随机样本。方差分析对独立性的要求比较严格，因此在实验设计时，应确保抽样的随机性和独立性，否则分析结果将受到较大影响。

2）正态性

方差分析要求控制变量不同水平下的观测变量的数据总体均服从正态分布，即不同水平下的样本数据都应当是来自于正态分布总体的简单随机样本。方差分析对正态性的要求相对比较宽松，当正态性略微不满足时，对分析结果的影响并不大。但是，如果数据出现较为严重的偏态，则需要对其进行相应的变换以满足正态性的要求，或采用其他的研究方法。

3）方差齐性

方差分析要求控制变量不同水平下的观测值变量的数据总体分布的方差相等。由于方差分析实质上是通过检验多个总体均值是否相等来判断类别变量对数值变量之影响程度的，而均值对总体数据的代表性与总体方差的大小相关，因此各控制变量不同水平下的总体分布的方差应大体相等。方差分析对方差齐性的要求也相对宽松，当方差略有不齐时，分析结果比较稳健；当异方差问题较为严重时，则需要对数据进行相应的变换，以满足方差齐性的要求。

6.2 单因素方差分析

6.2.1 数学模型

假设控制变量与 k 个水平，每个水平下有 n_i 个观测数据，那么在水平 A_i 下的第 j 个观测数据值可定义为：

$$x_{ij}=\mu_i+\varepsilon_{ij} \quad i=1, 2, \cdots, k \quad j=1, 2, \cdots, n_i$$

其中：μ_i 为观测变量在水平 A_i 下的期望值；ε_{ij} 为抽样误差，按照方差分析的三个假定条件，它是服从均值为 0、方差相等的一类独立同分布正态随机变量。显然，同一水平下的各个观测值是在该水平下的总体均值的基础上附加了随机抽样误差而得到的。

假设观测变量总的期望值为 μ，则有：

$$\alpha_i=\mu_i-\mu$$

这里的 a_i 是指控制变量的第 i 个水平 A_i 对观测变量所产生的附加影响，一般称之为水平 A_i 对观测变量产生的效应，且 $\sum_{i=1}^{k}\alpha_i=0$。由此可以得到：

$$x_{ij}=\mu+\alpha_i+\varepsilon_{ij} \quad i=1, 2, \cdots, k \quad j=1, 2, \cdots, n_i$$

此即为单因素方差分析的数学模型。可以看出，它是一个线性模型。μ 的无偏估计 $\hat{\mu}=\bar{x}$，其中，$\bar{x}$ 为观测变量所有样本的总均值；α_i 的无偏估计 $\hat{\alpha}_i=\bar{x}_i-\bar{x}$，其中，$\bar{x}_i$ 为水平 A_i 下观测变量的样本均值。

如果控制变量对观测变量没有影响，则各个水平对观测变量产生的效应 α_i 应当全部为 0，否则不全部为 0。单因素方差分析正式要对控制变量所有水平所产生的效应是否同时为 0 进行推断。

6.2.2 数据结构

在进行单因素方差分析时，需要得到如表 6.3 所示的数据结构。

表 6.3 单因素方差分析的数据结构

控制变量 A	控制变量 A 在各水平下的观测值					
水平 A_1	x_{11}	x_{12}	…	x_{1j}	…	x_{1n_1}

续表

控制变量 A	控制变量 A 在各水平下的观测值					
水平 A_2	x_{21}	x_{22}	$\cdots$	x_{2j}	$\cdots$	x_{2n_2}
$\vdots$	$\vdots$	$\vdots$	$\vdots$	$\vdots$	$\vdots$	$\vdots$
水平 A_i	x_{i1}	x_{i2}	$\cdots$	x_{ij}	$\cdots$	x_{in_i}
$\vdots$	$\vdots$	$\vdots$	$\vdots$	$\vdots$	$\vdots$	$\vdots$
水平 A_k	x_{k1}	x_{k2}	$\cdots$	x_{kj}	$\cdots$	x_{kn_k}

在不失一般性的情况下，我们可以用大写字母 A 来表示控制变量，其 k 个水平分别用 A_1，A_2，…，A_k 来表示，每一个观测值用 x_{ij}($i=1$，2，…，k　$j=1$，2，…，n_i) 来表示。这里的 n_i 是水平 A_i 下随机抽取的样本容量，其值可以相等，也可以不相等。

6.2.3　分析步骤

为检验控制变量对观测变量是否有显著影响，需要先提出“控制变量对观测变量无显著影响”的原假设，然后构造一个用于检验的统计量来检验这一假设是否成立。具体来讲，单因素方差分析包括提出假设、构造检验统计量、做出统计决策等步骤。

1）提出假设

我们知道，单因素方差分析是对控制变量 k 个水平的效应是否同时为 0 进行检验的，因而可以提出如下假设：

$$H_0: a_1 = a_2 = \cdots = a_k = 0 \leftrightarrow H_1: a_1, a_2, \cdots, a_k \text{ 不全为 } 0$$

同时，如果在三个基本假定条件下，单因素方差分析要检验的是单个控制变量的不同水平下的观测变量的总体均值是否相等，则也可以提出如下假设：

$$H_0: \mu_1 = \mu_2 = \cdots = \mu_i = \cdots = \mu_k \leftrightarrow H_1: \mu_1, \mu_2, \cdots, \mu_i, \cdots, \mu_k \text{ 不全相等}$$

其中，μ_i 为水平 A_i 下的观测变量的总体均值。

如果拒绝原假设 H_0，则意味着控制变量对观测变量有显著影响，即控制变量与观测变量之间存在显著关系。也就是说，如果不拒绝原假设 H_0，则没有充分证据表明控制变量对观测变量有显著影响。

2）构造检验统计量

检验所提出假设的显著性，需确定检验统计量。方差分析采用的是 F 检验统计量。在单因素方差分析中，F 检验统计量的计算公式为：

$$F = \frac{SSA/k-1}{SSE/n-k} = \frac{MSA}{MSE} \sim F(k-1,\ n-k)$$

其中，SSA 为组间波动平方和，SSE 为组内波动平方和，MSA 为组间均方，MSE 为组内均方，n 为样本总容量，k 为观测变量的水平数。

下面结合表 6.3 的数据结构，并以例 6.1 的实际数据，来说明这个 F 检验统计量的计算过程。

第一，计算全部观测值的总均值以及各个水平下的样本均值。

全部观测值的总均值，等于全部观察值的总和除以观察值的总个数，即为：

$$\bar{x} = \frac{\sum_{i=1}^{k}\sum_{j=1}^{n_i} x_{ij}}{n}$$

其中：

$$n = \sum_{i=1}^{k} n_i$$

假定从控制变量的第 i 个水平总体中抽取一个容量为 n_i 的简单随机样本，那么第 i 个总体的样本均值为该样本的全部观测值总和除以观测值的个数，即为：

$$\bar{x}_i = \frac{\sum_{j=1}^{n_i} x_{ij}}{n_i}$$

其中，n_i 为第 i 个总体的样本观测值个数，x_{ij} 为第 i 个总体的第 j 个观测值。

对于例 6.1，其全部观测值的总均值以及各个水平下的样本均值如表 6.4 所示。

表 6.4　例6.1 中全部观测值的总均值以及各个水平下的样本均值

控制变量 A	控制变量 A 在各个水平下的观测值					各组均值 $\bar{x}_i$	总体均值 $\bar{x}$
无色 A_1	26.5	28.7	25.1	29.1	27.2	37.32	28.695
粉色 A_2	31.2	28.3	30.8	27.9	29.6	39.56	
黄色 A_3	27.9	25.1	28.5	24.2	26.5	26.44	
绿色 A_4	30.8	29.6	32.4	31.7	32.8	31.46	

第二，计算波动平方和。

（a）计算总波动平方和。总波动平方和 SST，全部观测值与总平均值的离差平方和，它反映全部观测值的离散状况，其计算公式为：

$$SST = \sum_{i=1}^{k}\sum_{j=1}^{n_i}(x_{ij} - \bar{x})^2$$

对于例 6.1 而言，其总波动平方和 SST 为：

$$SST = (26.5 - 28.695)^2 + (28.7 - 28.695)^2 + \cdots + (32.8 - 28.695)^2 \approx 115.9295$$

（b）计算组间波动平方和。组间波动平方和 SSA，各组平均值与总平均值的离差平方和，它反映了控制变量的各水平下的样本均值之间的差异程度，其计算公式为：

$$SSA = \sum_{i=1}^{k} n_i(\bar{x}_i - \bar{x})^2$$

组间波动平方和既包括随机误差，也包括系统误差。

对于例 6.1 而言，其组间波动平方和 SSA 为：

$$SSA = 5 \times (27.32 - 28.695)^2 + 5 \times (29.56 - 28.695)^2 + 5 \times (26.44 - 28.695)^2 - 5 \times (32.8 - 28.695)^2 \approx 76.8455$$

（c）计算组内波动平方和。组内波动平方和 SSE，每个水平下的各样本数据与其平均值的离差平方和，它反映了每个水平各观测值的离散状况，其计算公式为：

$$SSE = \sum_{i=1}^{k}\sum_{j=1}^{n_i}(x_{ij} - \bar{x}_i)^2$$

组内平方和反映的是随机误差的大小。

对于例 6.1 而言，其组内波动平方和 SSE 为：

$$SSE = (26.5 - 27.32)^2 + \cdots + (31.2 - 29.56)^2 + \cdots + (27.9 - 26.44)^2 + \cdots + (32.8 - 21.46)^2 \approx 39.084$$

第三，计算均方。

我们知道，各波动平方和的大小与观测值的多少有关，为了消除观察值多少对离差平方和大小的影响，需要将其平均，这就是均方。均方的计算是用波动平方和除以相应的自由度。三个波动平方和的自由度分别是：总波动平方和 SST 的自由度为 $n-1$，其中，n 为全部观察值的个数；组间波动平方和 SSA 的自由度为 $k-1$，其中，k 为控制变量的水平个数；组内波动平方和 SSE 的自由度为 $n-k$。

由于要比较的是组间均分和组内均方之间的差异，所以在方差分析中，只需要计算组间波动平方和 SSA 的均方和组内波动平方和 SSE 的均方。

组间均方 MSA，即组间波动平方和 SSA 的均方，其计算公式为：

$$MSA = \frac{SSA}{k-1}$$

对于例 6.1 而言，$MSA = \frac{76.8455}{4-1} \approx 25.6152$。

组内均方 MSE，即组内波动平方和 SSE 的均方，其计算公式为：

$$MSE = \frac{SSE}{n-k}$$

对于例 6.1 而言，$MSE = \frac{39.084}{20-4} \approx 2.4428$

第四，计算检验统计量。

将组间均方 MSA 和组内均方 MSE 进行对比，即可得到所需的 F 检验统计量。当原假设 H_0 成立时，二者的比值服从第一自由度为 $k-1$、第二自由度为 $n-k$ 的 F 分布，即：

$$F = \frac{MSA}{MSE} \sim F(k-1, n-k)$$

对于例 6.1 而言，$F = \frac{25.6152}{2.4428} \approx 10.486$。

3）做出统计决策

计算得到检验统计量后，我们就可以将统计量的值 F 与给定的显著性水平 α 的临界值 F_α 进行比较，做出拒绝或不拒绝原假设 H_0 的统计决策。

根据给定的显著性水平 α，在 F 分布表中查找第一自由度为 $k-1$、第二自由度为 $n-k$ 的上侧 α 分位数 F_α，此即为对应的临界值。若 $F > F_\alpha$，则拒绝原假设 H_0，表明均值之间的差异是显著的，所检验的控制变量对观测变量有显著影响；若 $F < F_\alpha$，则不能拒绝原假设 H_0，表明没有充分证据表明所检验的控制变量对观测变量有显著影响。

对于例 6.1 而言，$F_{0.05}(3, 16) = 3.239$；因 $F = 10.486 > 3.239$，故拒绝原假设，即有证据表明饮料的颜色对于饮料的销售是具有显著性影响。

值得说明的是，尽管我们在建立假设时，所建立的是“H_0：均值全相等 $\leftrightarrow H_1$：均值不全相等”的这样一个看似是双侧检验的假设，但在使用统计量进行检验时，却将计算得到的检验统计量的值与上侧 α 分位数进行了比较，这是右侧检验而非双侧检验的分析方法。这两者是矛盾的吗？答案是否定的。我们知道，在方差分析中所构建的原假设是“控制变量各个水平下的各组响应的均值是相等的”，也就是说，原假设下控制变量水平的不同取值是不会造成观测变量的显著性差异。这个原假设对应到 F 检验统计量，就是组间波动平方和非常小，这时的 F 值就应当小于 1；反之，对立假设就是控制变量各个水平下的各组响应的均值是不全相等的，那么组间波动平方和就会比较大，这时的 F 值就大于 1。因此，本质上讲，我们所构建的假设其实是检验统计量大于还是小于 1 的问题，这是有方向性的。所以说，方差分析本质上是一个单侧检验而非双侧检验。

6.2.4 方差分析表

上面介绍了单因素方差分析的计算步骤。为了使得计算过程更加清晰，通常将上述过程的内容列在同一张表内，这就是方差分析表，其一般形式如表 6.5 所示。

表 6.5 单因素方差分析表的一般形式

波动来源	平方和	自由度	均方	F 值
组间	SSA	$k-1$	$MSA=\frac{SSA}{k-1}$	$F=\frac{MSA}{MSE}$
组内	SSE	$n-k$	$MSE=\frac{SSE}{n-k}$	—
总和	SST	$n-1$	—	—

对于例 6.1 而言，其方差分析表如表 6.6 所示。

表 6.6 有关例6.1 的方差分析表

方差来源	平方和	自由度	均方	F 值
组间	76.845 5	3	25.615	10.486
组内	39.084	16	2.442 8	—
总和	115.93	19	—	—

6.3　双因素方差分析

6.3.1　数学模型

当考虑两个控制变量 A 、B 对观测变量的影响时，假定控制变量 A 有 r 个水平，控制变量 B 有 s 个水平，每个交叉水平下有 n_{ij} 个样本容量，总样本容量 n。可以建立类似于单因素方差分析的一般线性模型：

$$x_{ijk} = \mu + \alpha_i + \beta_j + (\alpha\beta)_{ij} + \varepsilon_{ijk},\ i = 1,\ 2,\ \cdots,\ r,\ j = 1,\ 2,\ \cdots,\ s,\ k = 1,\ 2,\ \cdots,\ n_{ij}$$

其中：x_{ijk} 表示控制变量 A 第 i 个水平和因素 B 第 j 个水平组合下的第 k 个观测值；μ 为观测变量总的期望值，其无偏估计 $\hat{\mu} = \bar{x}$ ，其中 $\bar{x}$ 为观测变量所有样本的总均值；α_i 为控制变量 A 的第 i 个水平 A_i 对观测变量所产生的附加效应，其无偏估计为 $\hat{\alpha}_i = \bar{x}_i^A - \bar{x}$ ，其中 $\bar{x}_i^A$ 为控制变量 A 的第 i 个水平 A_i 下观测变量的样本均值；β_j 为控制变量 B 的第 j 个水平 B_j 对观测变量所产生的附加效应，其无偏估计为 $\hat{\beta}_j = \bar{x}_j^B - \bar{x}$ ，其中 $\bar{x}_j^B$ 为控制变量 B 的第 j 个水平 B_j 下观测变量的样本均值；$(\alpha\beta)_{ij}$ 为控制变量 A 的第 i 个水平 A_i 与控制变量 B 的第 j 个水平 B_j 这两者的搭配组合所产生的交互效应，其无偏估计为 $\widehat{(\alpha\beta)}_{ij} = \bar{x}_{ij}^{AB} - \bar{x}_i^A - \bar{x}_j^B + \bar{x}$ ，其中 $\bar{x}_{ij}^{AB}$ 为控制变量 A 的第 i 个水平 A_i 与控制变量 B 的第 j 个水平 B_j 组合下的观测变量的样本均值；ε_{ijk} 是控制变量 A 的第 i 个水平和控制变量 B 的第 j 个水平组合下的第 k 个观测值的随机抽样误差，是服从均值为 0、方差相等的独立同分布正态随机变量。

如果控制变量 A 或控制变量 B 对观测变量没有影响，则它们的各个水平对观测变量产生的效应 α_i 或 β_j 应当全部为 0，否则不全部为 0；如果控制变量 A 和控制变量 B 对观测变量没有交互影响，则个水平下的交互效应 $(\alpha\beta)_{ij}$ 应当全部为 0，否则不全部为 0。双因素方差分析正是要分别对控制变量 A 、控制变量 B 、控制变量 A 和 B 的组合变量的所有水平所产生的效应是否同时为 0 进行推断。

上述是我们考虑了双因素试验中两个控制变量之间的交互作用的情形。为了检验交互作用的效应是否显著，对于两个控制变量的每一种水平组合下需要至少获得两个及以上的观测值，即 $n_{ij} \geqslant 2$。这是因为在 $n_{ij} = 1$ 的情况下，$(\alpha\beta)_{ij} + \varepsilon_{ijk}$ 总是以结合在一起的形式出现，这样就不能把交互作用与误差分离开来。在实际应用中，如果我们已经知道两个控制变量之间不存在交互作用，那么在 $k=1$ 的情况下，也可以对两个控制变量的效应进行分析，此时就是无重复双因素方差分析，也等同于在同一个误差水平下分别对两个控制变量进行单因素的方差分析。

6.3.2 无重复双因素方差分析

1）数据结构

在进行无重复双因素方差分析时，需要得到如表 6.7 所示的数据结构。

表 6.7 无重复双因素方差分析的数据结构

A	B						
	B_1	B_2	…	B_j	…	B_s	均值
A_1	x_{11}	x_{12}	…	x_{1j}	…	x_{1s}	$\bar{x}_1^A$
A_2	x_{21}	x_{22}	…	x_{2j}	…	x_{2s}	$\bar{x}_2^A$
⋮	⋮	⋮	⋮	⋮	⋮	⋮	⋮
A_i	x_{i1}	x_{i2}	…	x_{ij}	…	x_{is}	$\bar{x}_i^A$
⋮	⋮	⋮	⋮	⋮	⋮	⋮	⋮
A_r	x_{r1}	x_{r2}	…	x_{rj}	…	x_{rs}	$\bar{x}_r^A$
均值	$\bar{x}_1^B$	$\bar{x}_2^B$	…	$\bar{x}_j^B$	…	$\bar{x}_s^B$	$\bar{x}$

从表 6.7 中可以看出，样本总容量 $n=rs$，控制变量 A 有 r 个水平，控制变量 B 有 s 个水平，两个控制变量的每一种水平组合下都只有一个数据，即 $n_{ij}=1$，此时不考虑两个控制变量之间的交互作用。$\bar{x}_i^A$ 为控制变量 A 的第 i 个水平 A_i 下观测变量的样本均值，即 $\bar{x}_i^A=\sum_{j=1}^{s}x_{ij}/s$；$\bar{x}_j^B$ 为控制变量 B 的第 j 个水平 B_j 下观测变量的样本均值，即 $\bar{x}_j^B=\sum_{i=1}^{r}x_{ij}/r$；$\bar{x}$ 为观测变量所有样本的总均值，即 $\bar{x}=\sum_{i=1}^{r}\sum_{j=1}^{s}x_{ij}/rs$。

2）分析步骤

第一，提出假设。

为了检验两个控制变量的效应，需要分别对两个控制变量提出假设。对于控制变量 A，其假设为：

$$H_0: \mu_1^A=\mu_2^A=\cdots=\mu_i^A=\cdots=\mu_r^A \leftrightarrow H_1: \mu_1^A, \mu_2^A, \cdots, \mu_i^A, \cdots, \mu_r^A \text{ 不全相等}$$

其中，μ_i^A 为控制变量 A 第 i 个水平下的观测变量的总体均值。对于控制变量 B，其假设为：

$$H_0: \mu_1^B = \mu_2^B = \cdots = \mu_j^B = \cdots = \mu_s^B \leftrightarrow H_1: \mu_1^B, \mu_2^B, \cdots, \mu_j^B, \cdots, \mu_s^B \text{不全相等}$$

其中，μ_j^B 为控制变量 B 第 j 个水平下的观测变量的总体均值。

第二，构造检验统计量。

为检验所提出假设的显著性，须确定检验统计量。因为无重复双因素方差分析等同于在同一个误差水平下分别对两个控制变量进行单因素的方差分析，故需要分别对两个控制变量构造 F 检验统计量，其构造的过程与单因素方差分析基本一致。

先计算总波动平方和 SST，即为全部观测值与总平均值的离差平方和，其计算公式为：

$$SST = \sum_{i=1}^{r}\sum_{j=1}^{s}(x_{ij} - \bar{x})^2$$

对该 SST 进行等式变换，可得：

$$\sum_{i=1}^{r}\sum_{j=1}^{s}(x_{ij} - \bar{x})^2 = \sum_{i=1}^{r}\sum_{j=1}^{s}(\bar{x}_i^A - \bar{x})^2 + \sum_{i=1}^{r}\sum_{j=1}^{s}(\bar{x}_j^B - \bar{x})^2 + \sum_{i=1}^{r}\sum_{j=1}^{s}(\bar{x}_{ij}^{AB} - \bar{x}_i^A - \bar{x}_j^B + \bar{x})^2$$

其中，分解后的第一项和第二项分别为两个控制变量的组间波动平方和，第三项为随机误差因素的组内波动平方和。

由此可以计算控制变量 A 的组间波动平方和 SSA：

$$SSA = \sum_{i=1}^{r}\sum_{j=1}^{s}(\bar{x}_i^A - \bar{x})^2$$

控制变量 B 的组间波动平方和 SSB 为：

$$SSB = \sum_{i=1}^{r}\sum_{j=1}^{s}(\bar{x}_j^B - \bar{x})^2$$

随机误差因素的组内波动平方和 SSE 为：

$$SSE = \sum_{i=1}^{r}\sum_{j=1}^{s}(\bar{x}_{ij}^{AB} - \bar{x}_i^A - \bar{x}_j^B + \bar{x})^2$$

需要说明的是，在有重复双因素方差分析中，$\sum_{i=1}^{r}\sum_{j=1}^{s}(\bar{x}_{ij}^{AB} - \bar{x}_i^A - \bar{x}_j^B + \bar{x})^2$ 为两个控制变量的交互作用的组间波动平方和 $SSAB$①，在这里则是误差因素的组内波动平方和 SSE。这是因为这里的 $n_{ij} = 1$，因而 $(\alpha\beta)_{ij} + \varepsilon_{ijk}$ 总是以结合在一起的形式出现的；又因为这里两个控制变量之间不存在交互作用，所以可将其视为误差因素的波动平方和。

---

① 具体可参见“6.3.3　可重复双因素方差分析”这一部分内容。

根据两个控制变量的组间波动平方和以及误差因素的组内波动平方和，可以计算各自对应的均方，即控制变量 A 的均方 MSA 为：

$$MSA = \frac{SSA}{r-1}$$

控制变量 B 的均方 MSB 为：

$$MSB = \frac{SSB}{s-1}$$

误差因素的均方 MSE 为：

$$MSE = \frac{SSE}{(r-1)(s-1)}$$

根据这三个均方，就可以构造检验两个控制变量效应的 F 统计量，即控制变量 A 的效应检验统计量 F_A 为：

$$F_A = \frac{MSA}{MSE} \sim F(r-1,\ (r-1)(s-1))$$

控制变量 B 的效应检验统计量 F_B 为：

$$F_B = \frac{MSB}{MSE} \sim F(s-1,\ (r-1)(s-1))$$

第三，做出统计决策。

计算得到检验统计量后，我们就可以将统计量的值 F 与给定的显著性水平 α 的临界值 F_α 进行比较，做出拒绝或不拒绝原假设 H_0 的统计决策。

如果 $F_A > F_\alpha(r-1,\ (r-1)(s-1))$，则应当拒绝原假设 H_0，即有证据表明均值之间的差异是显著的，也即所检验的控制变量 A 对观测变量有显著影响。

如果 $F_B > F_\alpha(s-1,\ (r-1)(s-1))$，则应当拒绝原假设 H_0，即有证据表明均值之间的差异是显著的，也即所检验的控制变量 B 对观测变量有显著影响。

3）方差分析表

将上述计算过程的内容列在同一张表内，就可得到关于无重复双因素方差分析表，其一般形式如表 6.8 所示。

表 6.8　无重复双因素方差分析表的一般形式

波动来源	平方和	自由度	均方	F 值
控制变量 A	SSA	$r-1$	$MSA = \frac{SSA}{r-1}$	$F_A = \frac{MSA}{MSE}$

续表

波动来源	平方和	自由度	均方	F 值
控制变量 B	SSB	$s-1$	$MSB=\frac{SSB}{s-1}$	$F_B=\frac{MSB}{MSE}$
误差因素	SSE	$(r-1)(s-1)$	$MSE=\frac{SSE}{(r-1)(s-1)}$	—
总和	SST	$rs-1$	—	—

【例 6.2】 某农业科研机构进行种子施肥的收获量试验。在 20 块同样面积的土地上，将 5 个品种的种子和 4 种施肥方案搭配起来进行试验，取得的收获量数据如表 6.9 所示。

表 6.9　不同种子品种和施肥方案的收获量　　　（单位：千克）

种子品种	施肥方案			
	1	2	3	4
1	12.0	9.5	10.4	9.7
2	13.7	11.5	12.4	9.6
3	14.3	12.3	11.4	11.1
4	14.2	14.0	12.5	12.0
5	13.0	14.0	13.1	11.4

假设种子品种为控制变量 A，施肥方案为控制变量 B，两个控制变量之间没有交互作用。

对于控制变量 A，设不同品种种子的平均收获量分别为 μ_1^A、μ_2^A、μ_3^A、μ_4^A、μ_5^A，则建立假设：

$$H_0: \mu_1^A=\mu_2^A=\mu_3^A=\mu_4^A=\mu_5^A \leftrightarrow H_1: \mu_1^A, \mu_2^A, \mu_3^A, \mu_4^A, \mu_5^A \text{ 不全相等}$$

对于控制变量 B，设不同施肥方案的平均收获量分别为 μ_1^B、μ_2^B、μ_3^B、μ_4^B、μ_5^B，则建立假设：

$$H_0: \mu_1^B=\mu_2^B=\mu_3^B=\mu_4^B=\mu_5^B \leftrightarrow H_1: \mu_1^B, \mu_2^B, \mu_3^B, \mu_4^B, \mu_5^B \text{ 不全相等}$$

根据表 6.9 中的原始数据，可以得到：

$$r=5,\ s=4,\ \bar{x}=12.105$$

$$\bar{x}_1^A=10.4,\ \bar{x}_2^A=11.8,\ \bar{x}_3^A=12.275,\ \bar{x}_4^A=13.175,\ \bar{x}_5^A=12.875$$

$$\bar{x}_1^B=13.44,\ \bar{x}_2^B=12.26,\ \bar{x}_3^B=11.96,\ \bar{x}_4^B=10.76$$

则有，控制变量 A 的波动平方和 SSA 为：

$$SSA = \sum_{i=1}^{r}\sum_{j=1}^{s}(\bar{x}_i^A - \bar{x})^2 = 19.067$$

控制变量 B 的波动平方和 SSB 为：

$$SSB = \sum_{i=1}^{r}\sum_{j=1}^{s}(\bar{x}_j^B - \bar{x})^2 = 18.181\ 5$$

误差因素的波动平方和 SSE 为：

$$SSE = \sum_{i=1}^{r}\sum_{j=1}^{s}(\bar{x}_{ij}^{AB} - \bar{x}_i^A - \bar{x}_j^B + \bar{x})^2 = 7.901$$

因而，控制变量 A 的均方 MSA 为：

$$MSA = \frac{SSA}{r-1} = 4.766\ 8$$

控制变量 A 的均方 MSB 为：

$$MSB = \frac{SSB}{s-1} = 6.060\ 5$$

误差因素的均方 MSE 为：

$$MSE = \frac{SSE}{(r-1)(s-1)} = 0.658\ 4$$

由此可得，两个控制变量效应的检验统计量为：

$$F_A = \frac{MSA}{MSE} = 7.239\ 7,\quad F_B = \frac{MSB}{MSE} = 9.204\ 7$$

取显著性水平 $\alpha = 0.05$，查 F 分布分位数表，$F_{0.05}(4, 12) = 3.259\ 2$、$F_{0.05}(3, 12) = 3.490\ 3$。因 $F_A > F_{0.05}(4, 12)$，故拒绝原假设，即有证据表明不同品种种子对收获量的影响是显著的；因 $F_B > F_{0.05}(3, 12)$，故拒绝原假设，即有证据表明不同的施肥方案对收获量的影响是显著的。

6.3.3 可重复双因素方差分析

1）数据结构

在进行可重复双因素方差分析时，需要得到如表 6.10 所示的数据结构。

表 6.10 可重复双因素方差分析的数据结构

A	B					
	B_1	B_2	…	B_j	…	B_s
A_1	$x_{111}, x_{112}, \cdots, x_{11n_{11}}$	$x_{121}, x_{122}, \cdots, x_{12n_{12}}$	…	$x_{1j1}, x_{1j2}, \cdots, x_{1jn_{1j}}$	…	$x_{1s1}, x_{1s2}, \cdots, x_{1sn_{1s}}$

续表

A	B					
	B_1	B_2	…	B_j	…	B_s
A_2	x_{211}，x_{212}，…，$x_{21n_{21}}$	x_{221}，x_{222}，…，$x_{22n_{22}}$	…	x_{2j1}，x_{2j2}，…，$x_{2jn_{2j}}$	…	x_{2s1}，x_{2s2}，…，$x_{2sn_{2s}}$
⋮	⋮	⋮	⋮	⋮	⋮	⋮
A_i	x_{i11}，x_{i12}，…，$x_{i1n_{i1}}$	x_{i21}，x_{i22}，…，$x_{i2n_{i2}}$	…	x_{ij1}，x_{ij2}，…，$x_{ijn_{ij}}$	…	x_{is1}，x_{is2}，…，$x_{isn_{is}}$
⋮	⋮	⋮	⋮	⋮	⋮	⋮
A_r	x_{r11}，x_{r12}，…，$x_{r1n_{r1}}$	x_{r21}，x_{r22}，…，$x_{r2n_{r2}}$	…	x_{rj1}，x_{rj2}，…，$x_{rjn_{rj}}$	…	x_{rs1}，x_{rs2}，…，$x_{rsn_{rs}}$

从表 6.10 中可以看出，样本总容量 $n=\sum_{i=1}^{r}\sum_{j=1}^{s}n_{ij}$，控制变量 A 有 r 个水平，控制变量 B 有 s 个水平，控制变量 A 的第 i 个水平与控制变量 B 的第 j 个水平的组合下有 n_{ij} 个数据，此时需要考虑两个控制变量之间的交互作用。由此，我们可以计算出控制变量 A 的第 i 个水平 A_i 下观测变量的样本均值 $\bar{x}_i^A$ 为：

$$\bar{x}_i^A=\frac{\sum_{j=1}^{s}\sum_{k=1}^{n_{ij}}x_{ijk}}{\sum_{j=1}^{s}n_{ij}}$$

控制变量 B 的第 j 个水平 B_j 下观测变量的样本均值 $\bar{x}_j^B$ 为：

$$\bar{x}_j^B=\frac{\sum_{i=1}^{r}\sum_{k=1}^{n_{ij}}x_{ijk}}{\sum_{i=1}^{r}n_{ij}}$$

控制变量 A 的第 i 个水平与控制变量 B 的第 j 个水平的组合下观测变量的样本均值 $\bar{x}_{ij}^{AB}$ 为：

$$\bar{x}_{ij}^{AB}=\frac{\sum_{k=1}^{n_{ij}}x_{ijk}}{n_{ij}}$$

观测变量所有样本的总均值 $\bar{x}$ 为：

$$\bar{x}=\frac{\sum_{i=1}^{r}\sum_{j=1}^{s}\sum_{k=1}^{n_{ij}}x_{ijk}}{n}=\frac{\sum_{i=1}^{r}\sum_{j=1}^{s}\sum_{k=1}^{n_{ij}}x_{ijk}}{\sum_{i=1}^{r}\sum_{j=1}^{s}n_{ij}}$$

2）分析步骤

第一，提出假设。

为了检验两个控制变量及其交互作用的效应，需要分别对两个控制变量及其交互作用提出假设。对于控制变量 A，其假设为：

$$H_0: \mu_1^A = \mu_2^A = \cdots = \mu_i^A = \cdots = \mu_r^A \leftrightarrow H_1: \mu_1^A, \mu_2^A, \cdots, \mu_i^A, \cdots, \mu_r^A \text{ 不全相等}$$

其中，μ_i^A 为控制变量 A 第 i 个水平下的观测变量的总体均值。

对于控制变量 B，其假设为：

$$H_0: \mu_1^B = \mu_2^B = \cdots = \mu_j^B = \cdots = \mu_s^B \leftrightarrow H_1: \mu_1^B, \mu_2^B, \cdots, \mu_j^B, \cdots, \mu_s^B \text{ 不全相等}$$

其中，μ_j^B 为控制变量 B 第 j 个水平组合下的观测变量的总体均值。

对于两个控制变量的交互作用 AB，其假设为：

$$H_0: \mu_{11}^{AB} = \mu_{12}^{AB} = \cdots = \mu_{ij}^{AB} = \cdots = \mu_{rs}^{AB} \leftrightarrow H_1: \mu_{11}^{AB}, \mu_{12}^{AB}, \cdots, \mu_{ij}^{AB}, \cdots, \mu_{rs}^{AB} \text{ 不全相等}$$

其中，μ_{ij}^{AB} 为控制变量 A 的第 i 个水平与控制变量 B 的第 j 个水平的组合下观测变量的总体均值。

第二，构造检验统计量。

为检验所提出假设的显著性，须确定检验统计量。在可重复双因素方差分析中，我们建立了对两个控制变量及其交互作用的效应的三个假设，因而需要构造对应的三个 F 检验统计量。

首先，计算总波动平方和 SST，即全部观测值与总平均值的离差平方和，其计算公式为：

$$SST = \sum_{i=1}^{r}\sum_{j=1}^{s}\sum_{k=1}^{n_{ij}}(x_{ijk} - \bar{x})^2$$

其次，分别计算两个控制变量及其交互作用的效应的组间波动平方和，控制变量 A 的组间波动平方和 SSA 为：

$$SSA = \sum_{i=1}^{r}\sum_{j=1}^{s} n_{ij}(\bar{x}_i^A - \bar{x})^2$$

控制变量 B 的组间波动平方和 SSB 为：

$$SSB = \sum_{i=1}^{r}\sum_{j=1}^{s} n_{ij}(\bar{x}_j^B - \bar{x})^2$$

两个控制变量交互作用 AB 的组间波动平方和 $SSAB$ 为：

$$SSAB = \sum_{i=1}^{r}\sum_{j=1}^{s} n_{ij}(\bar{x}_{ij}^{AB} - \bar{x}_i^A - \bar{x}_j^B + \bar{x})^2$$

随机误差因素的组内波动平方和 SSE 为：

$$SSE = \sum_{i=1}^{r}\sum_{j=1}^{s}\sum_{k=1}^{n_{ij}}(x_{ijk} - \bar{x}_{ij}^{AB})^2$$

理论上可以证明，上述各平方和之间的关系为：

$$SST = SSA + SSB + SSAB + SSE$$

根据两个控制变量及其交互作用的效应的组间波动平方和以及误差因素的组内波动平方和，可以计算各自对应的均方，即控制变量 A 的均方 MSA 为：

$$MSA = \frac{SSA}{r-1}$$

控制变量 B 的均方 MSB 为：

$$MSB = \frac{SSB}{s-1}$$

两个控制变量交互作用 AB 的组间波动平方和 $SSAB$ 为：

$$MSAB = \frac{SSAB}{(r-1)(s-1)}$$

误差因素的均方 MSE 为：

$$MSE = \frac{SSE}{n-rs}$$

根据上述四个均方，就可以构造检验两个控制变量及其交互作用的效应的 F 统计量，即控制变量 A 的效应检验统计量 F_A 为：

$$F_A = \frac{MSA}{MSE} \sim F(r-1, n-rs)$$

控制变量 B 的效应检验统计量 F_B 为：

$$F_B = \frac{MSB}{MSE} \sim F(s-1, n-rs)$$

两个控制变量交互作用 AB 的效应检验统计量 F_{AB} 为：

$$F_{AB} = \frac{MSAB}{MSE} \sim F((r-1)(s-1), n-rs)$$

第三，做出统计决策。

计算得到检验统计量后，我们就可以将统计量的值 F 与给定的显著性水平 α 的临界值 F_α 进行比较，做出拒绝或不拒绝原假设 H_0 的统计决策。

如果 $F_A > F_\alpha(r-1, n-rs)$，则应当拒绝原假设 H_0，即有证据表明均值之间的差异是显著的，也即所检验的控制变量 A 对观测变量有显著影响。

如果 $F_B > F_\alpha(s-1, n-rs)$，则应当拒绝原假设 H_0，即有证据表明均值之间的差异是显著的，也即所检验的控制变量 B 对观测变量有显著影响。

如果 $F_{AB} > F_{\alpha}((r-1)(s-1), n-rs)$，则应当拒绝原假设 H_0，即有证据表明均值之间的差异是显著的，也即所检验的两个控制变量的交互作用 AB 对观测变量有显著影响。

3）方差分析表

将上述计算过程的内容列在同一张表内，就可得到关于可重复双因素方差分析表，其一般形式如表 6.11 所示。

表 6.11 可重复双因素方差分析表的一般形式

波动来源	平方和	自由度	均方	F 值
A	SSA	$r-1$	$MSA=\frac{SSA}{r-1}$	$F_A=\frac{MSA}{MSE}$
B	SSB	$s-1$	$MSA=\frac{SSA}{s-1}$	$F_B=\frac{MSB}{MSE}$
AB	$SSAB$	$(r-1)(s-1)$	$MSAB=\frac{SSAB}{(r-1)(s-1)}$	$F_{AB}=\frac{MSAB}{MSE}$
E	SSE	$n-rs$	$MSE=\frac{SSE}{n-rs}$	—
总和	SST	$n-1$	—	—

【例 6.3】某连锁商场正在进行一项分析工作，以确定超市所在的位置和竞争者的数量及其交互作用对销售额是否有显著影响。该商场收集了某一时期的销售额数据，如表 6.12 所示。

表 6.12 不同商场位置和竞争对手数量的销售额（单位：万元）

商场位置	竞争对手数量			
	无	1 个	2 个	3 个及以上
位于城区居民区内	30，41，45	31，38，39	48，51，59	40，39，47
位于城区写字楼内	25，31，22	29，35，30	48，50，44	42，53，43
位于郊区	33，29，18	17，25，22	26，28，29	32，24，27

根据表 6. 12 中的原始数据，可得如表 6. 13 所示的可重复方差分析表。

表 6. 13 可重复方差分析表

波动来源	平方和	自由度	均方	F 值	F_α	显著性
商场位置	1 736. 222	2	868. 111 1	34. 305 16	5. 614	显著
竞争对手数量	1 078. 333	3	359. 444 4	14. 204 17	4. 718	显著
交互作用	503. 333	6	83. 888 89	3. 315 038	3. 667	不显著
误差项	607. 333	24	25. 305 56	—	—	—
总计	3 925. 222	35	—	—	—	—

从表 6. 13 的方差分析表中可以看出，“商场位置”和“竞争对手数量”这两个变量会对销售额产生显著影响，但这两个变量之间的交互作用并不显著。

【思考与练习】

1. 请简要说明方差分析的含义及其基本原理。

2. 请简要说明方差分析中三种波动平方和的含义及其关系。

3. 请完成表 6. 14 的①~⑤，并判断是否拒绝原假设。

表 6. 14 方差分析表

方差来源	平方和	自由度	均方	F 值	F 临界值
组间	①	②	210	③	3. 354 1
组内	3 836	④	⑤	—	—
总和	4 256	29	—	—	—

4. 从 3 个总体中各抽取容量不同的样本数据，结果如下：样本 1 的数据分别为 158、148、161、154、169，样本 2 的数据分别为 153、142、156、149，样本 3 的数据分别为 169、158、180。现要求检验：3 个总体的均值之间是否有显著差异？(α = 0. 01)

5. 为研究某产品的销售区域与包装样式对该产品销量的影响，在 3 个不同销售区域、使用 3 种不同包装样式进行产品销售，获得的销量数据如表 6.15 所示。

表 6.15 某产品在不同区域、采取不同包装情况下的销量数据

（单位：万元）

销售区域	包装样式		
	1	2	3
1	45	75	30
2	50	50	40
3	35	65	50

检验销售区域与包装样式对该产品的销量是否有显著性影响。($\alpha=0.05$)

7 相关分析

“世间万物皆有关联”，这句话里的关联，就是指各种现象或事物之间的相互影响、相互制约、相互印证的关系。在社会经济生活中，存在着大量的这种相互影响的例子，如身高和体重之间、薪酬增长率与劳动生产率之间、家庭收入水平与家庭支出水平之间等。所有的这些例子，转化为数据，不外乎就是评估一个变量与另一个变量之间相互影响或相互关联的情况及程度。分析这种现象或事物之间关联性的方法，就是相关分析方法。

本章将主要介绍相关分析的基本概念、散点图分析方法、相关系数分析方法等内容。

7.1 相关分析基本原理

7.1.1 函数关系与相关关系

世界是相互联系的，各种现象或事物之间的相互关系可以分为两种情况：函数关系和相关关系。

当一个或几个变量取一定的值时，另一个变量有确定值与之对应，则称这种关系为确定性的函数关系，一般记为 $y = f(x)$ ，其中 x 为自变量，y 为因变量。例如，圆的面积 S 与半径 r 之间的关系可表示为：$S = \pi r^2$，当半径 r 发生变化，则有确定的面积 S 与之对应，因而圆的面积 S 与半径 r 之间就是一个典型的函数关系。确定性现象或事物之间的关系常常表现为函数关系，即一种现象或事物的数量确定以后，另一种现象或事物的数量也随之完全确定，表现出一种严格的、一一对应的函数关系。

但在现实中，由于影响因变量 y 的因素可能有很多，即使把所有影响自变量的因素都纳入关系表达式中，仍然还可能存在某些随机因素，从而导致当自变量 x 取相同值的时候，因变量 y 并不能被唯一确定，其取值可能会发生变化。我们把变量之间这种不确定性的关系称为相关关系。也就是说，相关关系是指变量之间保持不确定的数量依存关系，即变量间关系不能用严格的函数关系精确表达，一个变量的取值不能由另一个变量唯一确定。也就是说，当一个变量取某个值时，另一个变量的取值可能有几个。因此，相关关系难以像函数关系那样，可以用数学等式来精确描述。例如，对于子女身高 y 和父母身高 x，一般情况下，当父母身高 x 比较高时，子女身高 y 也应当相应地比较高，反之；当父母身高 x 比较矮时，子女身高 y 也应当相应地比较矮。但实际上，影响子女身高的除了父母遗传这种先天因素外，还包括营养摄入、生活习惯、运动模式等后天因素，这就意味着子女身高 y 的值并不能由父母身高 x 的值唯一确定，所以说这两者之间是一个典型的相关关系。

7.1.2 相关关系的分类

1）按照相关的密切程度，可分为完全相关、不完全相关和不相关

• 完全相关：当一个变量的变化完全由另一个变量所决定时，称变量间的这种关系为完全相关关系，这种严格的依存关系实际上就是函数关系。

• 不相关：当两个变量的变化相互独立、互不影响时，称这两个变量不相关，或称零相关。

• 不完全相关：当变量之间存在不严格的依存关系时，称为不完全相关。不完全相关关系是现实当中相关关系的主要表现形式，是相关分析的主要研究对象。

2）按照相关的形式，可分为线性相关和非线性相关

• 线性相关：当变量之间的依存关系大致呈现为线性形式，即当一个变量变动一个单位时，另一个变量也按一个大致固定的增（减）量变动，就称为线性相关。

• 非线性相关：当变量间的关系不按固定比例变化时，就称之为非线性相关。典型的非线性相关主要有抛物线相关、指数曲线相关、双曲线相关等。

3）按照相关的方向，可分为正相关和负相关

• 正相关：当一个变量随着另一个变量的增加而增加，或者一个变量随着另一个变量的减少而减少，即两者同向变化时，称为正相关。例如，家庭收入与家庭支

出之间就呈正相关关系。

• 负相关：当一个变量随着另一个变量的增加而减少，或者一个变量随着另一个变量的减少而增加即两者反向变化时，称为负相关。例如，商品需求总量与物价水平之间就呈负相关关系。

4）按照研究变量的多少，可分为单相关、复相关和偏相关

• 单相关：只有两个变量之间的相关，称为单相关或简单相关。

• 复相关：一个变量与两个或两个以上其他变量之间的相关，称为复相关。

• 偏相关：在复相关的研究中，假定其他变量不变，专门研究其中两个变量的相关关系时称之为偏相关。

7.1.3 相关分析及其方法类别

相关分析是研究两个或两个以上处于同等地位的随机变量间的相关关系的一种统计分析方法。这个概念有两个注意的地方：一是各个随机变量的地位是平等的，无所谓是解释变量还是被解释变量；二是相关分析的内容主要包括相关的类型、相关的方向以及相关的密切程度。相关分析已被广泛应用于社会经济各类现象的解释中，如国民收入与储蓄率之间的关系、通货膨胀率与失业率之间的关系等。

相关分析中常用的方法类别有简单相关分析、偏相关分析、距离相关分析等。简单相关分析是指直接计算和分析两个变量之间的相关性，主要包括简单线性相关分析和简单非线性相关分析；偏相关分析是在排除某个因素后计算和分析两个变量的相关性，主要包括一阶偏相关分析、二阶偏相关分析；距离相关分析是指通过变量之间的距离来评估其相关性。简单相关分析和偏相关分析两种方法比较常见，而距离相关分析方法的应用场合相对较少。

7.1.4 相关性指标

所谓相关性指标，是指用以反映变量之间相关关系密切程度的统计指标，研究变量之间相关程度的一个数量表示。

基于相关现象之间的不同特征，其反映变量之间相关程度的指标名称也有所不同。例如，将反映两变量间线性相关关系的相关性指标称为相关系数或判定系数，将反映两变量间曲线相关关系的相关性指标称为非线性相关系数或非线性判定系数，

将反映多元线性相关关系的相关性指标称为复相关系数、复判定系数等。

本章着重介绍用于简单线性相关分析的相关系数这一相关性指标。

7.2 简单线性相关分析

7.2.1 分析步骤

所谓简单线性相关分析，就是对两个变量之间的相关性进行计算与分析，其分析的一般步骤为：

（a）在进行相关分析时，应当先确定变量之间是否存在相关关系，这时我们可以使用散点图的方法定性描述两个变量之间是否存在相关关系、存在什么样的相关关系；

（b）通过散点图的方法确定了两个变量之间大致呈线性相关关系后，就可以通过相关系数的方法计算变量之间线性相关的程度；

（c）计算出相关系数后，还应当对其进行显著性检验，以检验变量之间是否真的具有这样的线性关系。

7.2.2 散点图

散点图是展示两个变量之间关系的一种图形，也是用于描述两个变量相关关系最常用的一种定性工具，一般用二维坐标来展示这种关系。用横轴代表变量 x，纵轴代表变量 y，每组数据（x_i，y_i）在坐标系中用一个点表示，n 组数据在坐标系中形成的 n 个点，这些点称为散点，由坐标及散点形成的二维数据图就是散点图。

从散点图中各数据点的分布形态可大致判断两个变量之间具体的相关关系类型，图 7.1 至图 7.3 给出了相关关系的几种不同表现形式。

如果两个变量的散点图如图 7.1 所示，所有数据点都恰好落在一条直线上，则此时这两个变量是完全线性相关的。根据所处直线斜率的正负可知，图 7.1（a）为完全线性正相关，图 7.1（b）为完全线性负相关。此时，由于一个变量的取值完全可以由另一个变量唯一确定，因此这种关系就是严格的函数关系。

如果两个变量的散点图如图 7.2 所示，两个变量的观测值大致呈一条直线分布，但并不完全与之吻合，各数据点在某一直线附近略有波动，则此时这两个变量是线

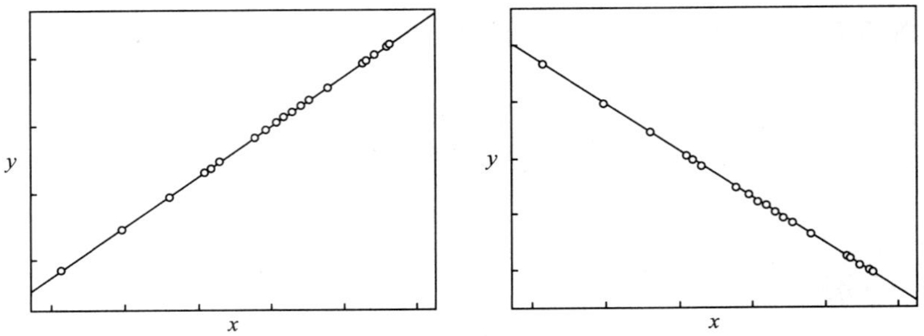

（a）完全线性正相关　　（b）完全线性负相关

图 7.1　完全线性相关关系

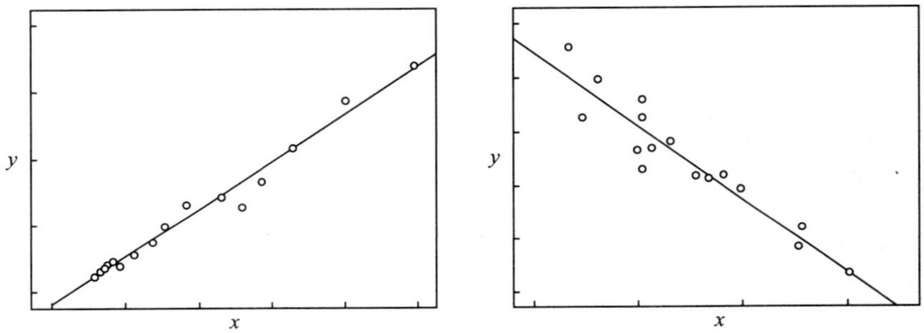

（a）线性正相关　　（b）线性负相关

图 7.2　线性相关关系

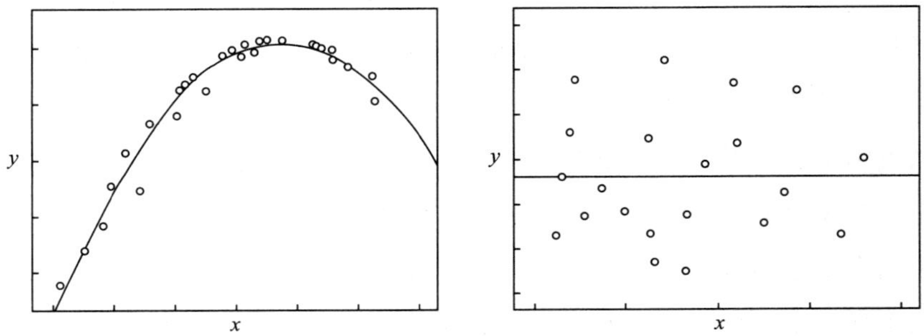

（a）非线性相关　　（b）不相关

图 7.3　非线性相关关系与不相关

性相关的。根据该直线斜率的正负可知，图 7.2（a）为线性正相关，图 7.2（b）

为线性负相关。

如果两个变量的散点图如图 7.3（a）所示，两个变量的观测值并不呈直线分布，而是大致在一条曲线附近波动，则此时这两个变量是非线性相关的或者是曲线相关的。如果两个变量的散点图如图 7.3（b）所示，当两个变量之间没有任何明显的关联，则此时这两个变量是不相关的。

【例 7.1】 从某大学中随机选取 7 名男生，其身高 X 和体重 Y 数据如表 7.1 所示。

表 7.1　身高与体重数据

男生编号	1	2	3	4	5	6	7
身高 X（厘米）	165	174	185	176	167	188	172
体重 Y（千克）	51	62	80	70	56	92	62

根据表 7.1，我们可以画出相应的散点图，如图 7.4 所示。

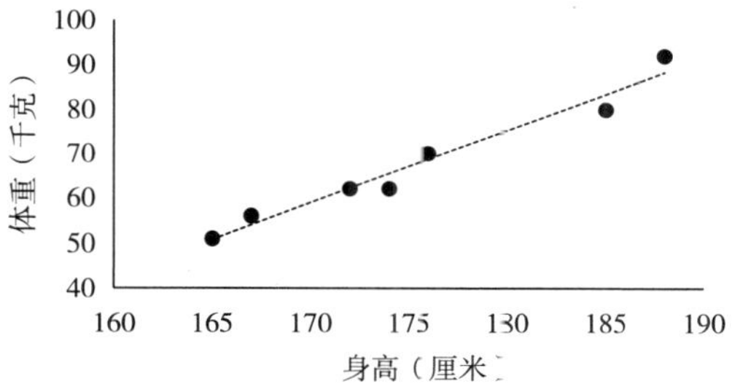

图 7.4　身高与体重的散点图

从图 7.4 可以看到，身高与体重的数据点大体呈一条直线，并且两者是同方向变化的，即身高越高、相应的体重就越大，这说明身高与体重之间存在典型的线性正相关关系。

7.2.3　相关系数

散点图可以帮助我们直观的判断两个变量之间是否存在相关性以及相关关系的具体表现形式。当两个变量的散点图表现出的线性相关性，如果想进一步度量这种线性关系的强弱程度，则需要计算相关系数。

相关系数，是反映变量之间线性关系的密切程度的数值。若相关系数是根据总体全部数据计算的，称为总体相关系数，一般记为ρ；若是根据样本数据计算的，则称为样本相关系数，一般记为r。

相关系数r的取值范围为［-1，1］。$|r|$越趋于1，表示两个变量之间的关系越密切；$|r|$越趋于0，表示两个变量之间的关系越不密切。其中，当$|r| \geq 0.8$时，两个变量之间的线性关系可视为高度相关；当$0.5 \leq |r| < 0.8$时，两个变量之间的线性关系可视为中度相关；当$0.3 \leq |r| < 0.5$时，两个变量之间的线性关系可视为低度相关；$|r| < 0.3$时，两个变量之间的线性关系极弱，可视为不相关。另外，当$r > 0$时，两个变量之间存在线性正相关关系，当$r < 0$时，两个变量之间存在线性负相关关系。特别是，当$|r| = 1$时，两个变量之间为完全线性相关关系，即线性的函数关系；当$|r| = 0$时，两个变量之间不存在线性相关关系，但并不一定代表两个变量之间不相关，而是有可能存在着非线性关系的。

对不同类型的变量应可采用不同的相关系数来度量线性关系程度，常用的相关系数主要包括 Pearson 相关系数、Spearman 相关系数和 Kendall 相关系数等。其中，Pearson 相关系数适用于两个数值型变量之间的线性相关关系程度的度量，而 Spearman 相关系数和 Kendall 相关系数则适用于定序型变量之间的线性相关关系程度的度量。本节主要介绍 Pearson 相关系数。

Pearson 相关系数是可用来度量两个数值型变量之间线性相关程度的一种相关系数，如度量身高与体重、收入和储蓄等变量之间的线性相关关系时可使用 Pearson 相关系数。两个变量X与Y之间的总体的 Pearson 相关系数被定义为两个变量之间的协方差和标准差之积的商，或者说是归一化的协方差，一般用ρ_{XY}或ρ来表示，即：

$$\rho = \frac{\mathrm{cov}(X, Y)}{\sigma_X \sigma_Y} = \frac{E[(X - E(X))(Y - E(Y))]}{\sqrt{D(X)}\ \sqrt{D(X)}}$$

当总体参数未知时，可用容量为n样本的协方差和标准差来估计，这样即可得到样本的 Pearson 相关系数，一般用r_{XY}或r来表示，即：

$$r = \frac{\sum_{i=1}^{n}(x_i - \bar{x})(y_i - \bar{y})}{\sqrt{\sum_{i=1}^{n}(x_i - \bar{x})^2}\sqrt{\sum_{i=1}^{n}(y_i - \bar{y})^2}}$$

其中，$\bar{x}$与$\bar{y}$分别为两个随机变量的样本均值。通过等式变换，可得：

$$r=\frac{n\sum_{i=1}^{n}x_iy_i-\sum_{i=1}^{n}x_i\sum_{i=1}^{n}y_i}{\sqrt{n\sum_{i=1}^{n}x_i^2-(\sum_{i=1}^{n}x_i)^2}\sqrt{n\sum_{i=1}^{n}y_i^2-(\sum_{i=1}^{n}y_i)^2}}=\frac{\sum_{i=1}^{n}x_iy_i-n\bar{x}\bar{y}}{\sqrt{\sum_{i=1}^{n}x_i^2-n\bar{x}^2}\sqrt{\sum_{i=1}^{n}y_i^2-n\bar{y}^2}}$$

在计算两个变量之间的样本 Pearson 相关系数时，一般需要满足以下条件：①两个变量之间是线性相关关系；②两个变量都是随机变量且服从联合正态分布；③样本数据中没有异常值。

在实际中，我们计算得到的往往是样本的 Pearson 相关系数，而随机误差必然会伴随样本而来。因而，还需要对所计算的样本的 Pearson 相关系数进行显著性检验。我们可以建立假设如下：

$$H_0: \rho = 0 \leftrightarrow H_1: \rho \neq 0$$

在原假设 H_0 成立的前提下，构造 T 检验统计量：

$$t = |r|\frac{\sqrt{n-2}}{\sqrt{1-r^2}} \sim t(n-2)$$

在给定显著性水平 α，临界值即为自由度为 $n-2$ 的 t 分布的上侧 $\alpha/2$ 分位数 $t_{\alpha/2}(n-1)$ 和下侧 $\alpha/2$ 分位数 $t_{1-\alpha/2}(n-1)$。然后，根据样本数据计算出检验统计量的实际取值 t 并与临界值进行比较，以判断是否落入拒绝域并做出决策。当然，也可以利用计算机也可以直接计算 p 值，通过比较 p 值与显著性水平 α 之间的大小而做出决策。

【例 7.2】 数据接上例。根据表 7.1，可以得到为计算 Pearson 相关系数所需的相关数据，如表 7.2 所示。

表 7.2　计算 Pearson 相关系数的相关数据

男生编号	身高 x_i（厘米）	体重 y_i（千克）	x_i^2	y_i^2	x_iy_i
1	165	51	27 225	2 601	8 415
2	174	62	30 276	3 844	10 788
3	185	80	34 225	6 400	14 800
4	176	70	30 976	4 900	12 320
5	167	56	27 889	3 136	9 352
6	188	92	35 344	8 464	17 296
7	172	62	29 584	3 844	10 664
总和	1 227	473	215 519	33 189	83 635

由此可计算得到 Pearson 相关系数为：

$$r = \frac{7 \times 83\ 635 - 1\ 227 \times 473}{\sqrt{7 \times 215\ 519 - 1\ 227^2} \times \sqrt{7 \times 33\ 189 - 473^2}} \approx 0.982\ 4$$

为了检验该相关系数的显著性，建立假设：

$$H_0: \rho = 0 \leftrightarrow H_1: \rho \neq 0$$

因服从 t 分布，故选择 T 检验统计量，其值为：

$$t = |0.982\ 4| \times \frac{\sqrt{7-2}}{\sqrt{1-0.982\ 4^2}} \approx 11.763\ 2$$

取显著性水平 $\alpha = 0.05$，故上侧 $\alpha/2$ 分位数 $t_{0.025}(5) = 2.570\ 6$，因而有 $|t| > t_{0.025}(5)$。由于所选择 T 统计量的值落在拒绝域内，因此拒绝原假设，即有证据表明身高与体重之间存在显著的高度正相关关系。

【思考与练习】

1. 请简要解释函数关系与相关关系。

2. 请简述简单线性相关分析的一般步骤。

3. 在研究人均消费水平的问题中，将人均消费额记为 x，把人均国民收入记为 y，单位计为美元。现收集到某经济体的近十年的样本数据，数据如表 7.3 所示。请画出人均消费额与人均国民收入的散点图，并根据散点图判断它们之间存在什么样的关系。

表 7.3　某经济体近十年的样本数据

年份编号	人均国民收入（美元）	人均消费金额（美元）
1	400	249
2	420	267
3	460	289
4	545	329
5	670	406
6	740	451

续表

年份编号	人均国民收入（美元）	人均消费金额（美元）
7	860	513
8	1 070	643
9	1 170	690
10	1 250	713

4. 数据接上题，请计算人均消费额与人均国民收入之间的 Pearson 相关系数，并根据 Pearson 相关系数判断它们之间存在什么样的关系。

5. 数据接上题，请检验人均消费额与人均国民收入之间的 Pearson 相关系数的显著性。

8 回归分析

相关分析的目的在于衡量两个变量之间是否存在相关关系以及这种相关关系有多强。但是，如果我们有一个重点考察的目标变量，希望进一步确定其他变量是如何影响该变量时，就需要运用回归分析的方法。回归分析侧重于考察变量之间的数量关系，并通过数学表达式将这种数量关系表示出来，即用模型量化描述一个或多个变量对特定变量的影响程度。

本章主要介绍回归分析的基本概念、线性回归模型建立与检验等内容。

8.1 回归分析基本原理

8.1.1 回归与回归分析

“回归”这个词是由英国著名的统计学家、生物学家高尔顿在研究父代与子代身高问题时提出来的。为了研究父代与子代身高的关系，高尔顿和他的学生皮尔逊搜集了 1 078 对夫妇及其子女的身高数据。他们发现，这些数据的散点图大致呈直线状态，也就是说，总的趋势是父辈的身高偏高时子女的身高也相对偏高，而父辈的身高偏矮时子女的身高也相对偏矮。具体来说，以父母平均身高作为自变量 x，以成年子女的身高 y 作为因变量，所有的父母身高和成年子女身高的数据对就可以画出散点图并拟合成一条直线，这条拟合的直线方程为：$\hat{y}=0.8567+0.516x$[①]。这就可以通过父母的身高来预测成年子女的身高：如父母的平均身高为 1.70 米，则预测子女的身高约为 1.73 米；如父母的平均身高为 1.80 米，则预测子女的身高约为 1.78 米。通过对原始数据和预测数据的进一步研究，高尔顿发现了一个更为有趣的

① 这里使用 $\hat{y}$ 而非 y，目的是用来表示它是一个估计值而非实际值。

现象：当父辈高于平均身高时，子女身高比父辈更高的概率要小于比他们更矮的概率；当父辈矮于平均身高时，子女身高比父辈更矮的概率要小于比他们更高的概率。换句话说就是：身高较高的父母，其子女身高也较高，但子女的平均身高并没有父母的平均身高高；身高较矮的父母，其子女身高也较矮，但子女的平均身高却比父母的平均身高高。这反映了一个规律，即子女身高存在着向父辈的平均身高回归的趋势。对于这个一般结论的解释是：大自然具有一种约束力，使人类身高的分布相对稳定而不会产生两极分化。高尔顿将上述研究汇总并发表了题为《遗传的身高向平均数方向的回归》的论文，这就是统计学上“回归”这一专有名词的第一次出现。虽然高尔顿的“回归”和我们将要讨论的回归含义不尽相同，但“回归”这一术语却因此沿用下来，并成为描述变量之间数量关系的方法。

在统计学中，回归分析是指确定两个或两个以上变量间相互依赖的定量关系的一种统计分析方法。回归分析侧重考察变量之间的数量变化规律，用于分析事物之间的数量统计关系，并通过数学上的函数方程形式来定量描述这种规律和关系，从而使我们能够准确把握变量受其他变量的影响程度，从而为科学决策提供数量依据和重要参考。例如，在高尔顿的研究中，以父母平均身高为自变量、子女身高为因变量，拟合出一条回归直线，量化地反映了父母平均身高是如何影响子女身高的，并且从这个拟合的回归模型中得到了“人类身高的分布相对稳定”的内在规律。

回归分析的主要内容有：①从随机样本数据出发，确定因变量和自变量之间的数学关系式；②对所得数学关系式的可信程度进行各种统计检验，并对影响因变量的自变量进行显著性检验；③利用所得数学关系式，根据自变量的取值来预测或控制因变量的取值，并给出这种预测或控制的可靠程度。

8.1.2 回归分析与相关分析

我们知道，相关分析研究的是两个或两个以上的随机变量之间相关性的程度，而回归分析研究的是两个或两个以上变量之间相互依赖的定量关系。那么，这两种分析有什么区别呢？主要的区别如下：

(a) 在相关分析中，变量处于平等的地位；而在回归分析中，有的变量处在被解释的地位，称为因变量，有的变量用于预测因变量的变化，称为自变量。

(b) 相关分析涉及的变量都是随机变量；而在回归分析中，因变量是随机变量，自变量可以是随机变量，也可以是非随机的确定变量。

（c）相关分析主要是描述两个变量之间线性关系的密切程度；而回归分析不仅可以揭示自变量对因变量的影响大小，还可以由回归方程进行预测和控制。

8.1.3 回归分析中的几个概念

在进行回归分析时，我们需要先确定哪个变量是因变量、哪个变量是自变量。在回归分析中，因变量应当是处于被预测或被解释的变量，一般用 Y 表示；自变量则是用于解释或预测因变量的变量，一般用 x 表示。例如，在高尔顿的父代与子代身高的研究中，子女身高为因变量 Y，父母平均身高为自变量 x。请注意，这里因变量用大写字母 Y 来表示，而自变量用小写字母 x 来表示，这是因为因变量是随机变量，而自变量是可以控制或者可以精确观察的变量，因而可以将其看作是普通变量。

回归分析中的因变量与自变量之间的数学关系式是通过随机样本的数据计算得到的，因而这两种变量的数学关系式一般存在着随机抽样误差，即都会带有误差项，而误差项一般都会假定服从均值为 0 的正态分布。由此，描述因变量 Y 如何依赖于自变量 X 和误差项 ε 的数学表达式被称为回归模型。例如，在高尔顿的父代与子代身高的研究中，可以得到该研究问题的回归模型，即为：

$$Y = \beta_0 + \beta_1 x + \varepsilon$$

其中，β_0 和 β_1 是不依赖于因变量、自变量以及误差项的系数，也称为回归模型的参数。当然，回归模型参数的数量可以是任意个数的，应当根据具体问题而定。同时，对回归模型的参数的估计是回归分析的核心任务，它们是确定因变量和自变量之间数学表达式的关键。

描述因变量 Y 的期望值如何依赖于自变量 x 的方程被称为回归方程。例如，在高尔顿的父代与子代身高的研究中，可以得到该研究问题的回归方程，即为：

$$E(Y) = \beta_0 + \beta_1 x$$

回归模型的参数 β 一般都是未知的，需要利用样本数据去估计。那么用样本统计量 $\widehat{\beta}$ 代替回归方程中的未知参数 β，就得到了估计的回归方程。例如，在高尔顿的父代与子代身高的研究中，可以得到该研究问题的估计的回归方程，即为：

$$\widehat{y} = \widehat{\beta}_0 + \widehat{\beta}_1 x$$

其中，$\widehat{\beta}_0 = 0.856\ 7$，$\widehat{\beta}_1 = 0.516$。

这个估计的回归方程，就是我们在实际中计算得到的因变量与自变量之间的数学表达式。同时，我们需要对估计的回归方程的显著性进行检验。通过显著性检验后，我们就可以应用估计的回归方程开展对因变量的预测、控制或解释等工作。

8.1.4 回归分析的一般步骤

1）确定因变量与自变量

可先根据研究的具体问题明确具体的研究目标，并以此确定回归分析中的因变量；然后通过走访调研、查阅文献等方法，确定与研究目标相关的影响因素，并以此确定回归分析中的自变量。

2）因变量和自变量的相关分析

只有当因变量和自变量之间存在着相关性时，所建立的回归模型才有实际意义。因此，可对因变量和自变量之间是否存在相关性、是否存在线性相关、相关性指标的大小等进行分析。

3）建立回归模型并估计参数

依据因变量和自变量的相关形式建立相应的回归模型，并在样本数据的基础上估计出对应回归方程的参数。

4）对回归模型进行检验

所建立的回归模型能否真实反映因变量和自变量之间的数量关系、是否可用于实际预测，取决于回归模型的显著性，因而需要对回归模型进行显著性检验。

5）利用回归模型进行预测

以自变量新的样本数据为基础，利用所构建回归模型计算出因变量的预测值，并对所计算预测值进行综合分析，使其具有实际意义并满足实际要求。

8.1.5 回归分析的分类

1）按照自变量的多少，可分为一元回归分析和多元回归分析

一元回归分析：涉及一个自变量的回归分析。

多元回归分析：涉及多个自变量的回归分析。

2）按照因变量的多少，可分为简单回归分析和多重回归分析

简单回归分析：涉及一个因变量的回归分析。

多重回归分析：涉及多个因变量的回归分析。

3）按照自变量和因变量之间的关系类型，可分为线性回归分析和非线性回归分析

线性回归分析：自变量与因变量之间呈现线性关系的回归分析。

非线性回归分析：自变量与因变量之间呈现非线性关系的回归分析。

在本章中，我们着重介绍简单线性回归分析，包括简单一元线性回归模型和简单多元线性回归模型。

8.2 简单线性回归模型

8.2.1 简单一元线性回归模型

简单一元线性回归模型亦称一元线性回归模型，是指只涉及一个因变量和一个自变量且这两个变量之间呈现线性关系的回归模型。假设因变量为 Y，自变量为 x，则一元线性回归模型的一般表达式为：

$$Y = \beta_0 + \beta_1 x + \varepsilon$$

其中，β_0 和 β_1 为模型参数，ε 为误差项。在该模型中，因变量 Y 是由两部分构成的，即自变量 x 的线性函数 $\beta_0 + \beta_1 x$ 加上误差项 ε，第一部分 $\beta_0 + \beta_1 x$ 反映的是因变量 Y 的取值中由自变量 x 的线性函数所决定的部分，第二部分误差项 ε 则反映的是因变量 Y 的取值中由除自变量 x 以外的其他随机因素所决定的部分。

一元线性回归模型中的误差项 ε 是一个随机变量，需要满足以下三个假定条件：

（a）正态性：误差项 ε 服从正态分布，且其期望值为 0。

（b）独立性：对于不同的自变量 x 的取值，所对应的不同误差项 ε 之间相互独立。

（c）方差齐性：对于不同的自变量 x 的取值，所对应的不同误差项 ε 的方差 σ^2 都相等。

显然，由于误差项 ε 的存在，对于给定的自变量 x，因变量 Y 对应的取值 y 并不是唯一的，但这两个变量之间还是通过模型参数 β_0 和 β_1 而保持着密切的线性关系。由于因变量 Y 的取值不固定，因而可将 Y 视为一个随机变量。当误差项 ε 满足上述三个假定条件时，可以得到：对于给定的自变量 x，因变量 Y 是服从期望值为

$E(Y)=\beta_0+\beta_1 x$ 、方差为 σ^2 的正态分布。

我们知道，因变量 Y 的期望值的表达式就是回归模型中的回归方程，因而对于一元线性回归模型来讲，其回归方程为：

$$E(Y)=\beta_0+\beta_1 x$$

从几何意义上讲，该回归方程是二维平面上的一条直线，因此，有时它也被称为直线回归方程。在该回归方程中，参数 β_0 表示的是回归直线在纵轴上的截距，即当自变量 x 取 0 时，因变量 Y 所对应的期望值，因此 β_0 有时也被称为回归截距或回归常数；参数 β_1 表示的是回归直线的斜率，即当自变量 x 每变动一个单位时，因变量 Y 所对应的平均变动值，因此 β_1 有时也被称为回归系数。

对一元线性回归方程中的两个模型参数 β_0 和 β_1 进行估计，是一元线性回归分析的核心任务。由于对参数的估计是基于样本数据的，用样本统计量 $\widehat{\beta}_0$ 和 $\widehat{\beta}_1$ 代替回归方程中的未知参数 β_0 和 β_1，因此得到了估计的一元线性回归方程：

$$\widehat{y}=\widehat{\beta}_0+\widehat{\beta}_1 x$$

其中，$\widehat{y}$ 是 Y 的估计值或预测值，$\widehat{\beta}_0$ 是估计的回归直线在纵轴上的截距，$\widehat{\beta}_1$ 是估计的回归直线的斜率。

8.2.2 简单多元线性回归模型

简单多元线性回归模型，亦称多元线性回归模型，是指只涉及一个因变量和两个及两个以上自变量且这两种变量之间呈现线性关系的回归模型。假设因变量为 Y，自变量为 x_1，x_2，…，x_k，其中 $k \geqslant 2$，则多元线性回归模型的一般表达式为：

$$Y=\beta_0+\beta_1 x_1+\beta_2 x_2+\cdots+\beta_k x_k+\varepsilon$$

其中，$\beta_i(i=0,\ 1,\ \cdots,\ k)$ 为模型参数，ε 为误差项。在该模型中，因变量 Y 由两部分构成：自变量 x_1，x_2，…，x_k 的线性函数 $\beta_0+\beta_1 x_1+\beta_2 x_2+\cdots+\beta_k x_k$ 加上误差项 ε。第一部分 $\beta_0+\beta_1 x_1+\beta_2 x_2+\cdots+\beta_k x_k$，反映的是因变量 Y 的取值中由自变量 x_1，x_2，…，x_k 的线性函数所决定的部分；第二部分误差项 ε，则反映的是因变量 Y 的取值中由除自变量 x_1，x_2，…，x_k 以外的其他随机因素所决定的部分。

多元线性回归模型中的误差项 ε 也是一个随机变量，也是需要满足前面所提的三个假定条件。显然，由于误差项 ε 的存在，对于给定的自变量 x_1，x_2，…，x_k，因变量 Y 对应的取值 y 并不是唯一，但这两种变量之间还是通过模型参数 $\beta_i(i=0,\ 1,\ \cdots,\ k)$ 而保持着密切的线性关系。由于因变量 Y 的取值不固定，因而可将 Y 视为一个随机变量。当误差项 ε 满足上述三个假定条件时，可以得到：对于给定的自变量 x_1，x_2，…，x_k，因变量 Y 是服从期望值为 $E(Y)=\beta_0+\beta_1x_1+\beta_2x_2+\cdots+\beta_kx_k$，方差为 σ^2 的正态分布。

对于多元线性回归模型来讲，其回归方程为：

$$E(Y)=\beta_0+\beta_1x_1+\beta_2x_2+\cdots+\beta_kx_k$$

从几何意义上讲，该回归方程是 $k+1$ 维空间上的一个超平面。在该回归方程中：参数 β_0 表示的是当自变量 x_1，x_2，…，x_k 取 0 时因变量 Y 所对应的期望值，β_0 有时也被称为回归常数；参数 $\beta_i(i=1, 2, \cdots, k)$ 表示的是当其对应的自变量 X_i 每变动一个单位时而保持其他 $k-1$ 个自变量不变时、因变量 Y 所对应的平均变动值，β_i 有时也被称为偏回归系数。

对多元线性回归方程中的模型参数 $\beta_i(i=0, 1, \cdots, k)$ 进行估计，是多元线性回归分析的核心任务。由于对参数的估计是基于样本数据的，用样本统计量 $\hat{\beta}_i(i=0, 1, \cdots, k)$ 代替回归方程中的未知参数 β_i，就得到了估计的多元线性回归方程：

$$\hat{y}=\hat{\beta}_0+\hat{\beta}_1x_1+\hat{\beta}_2x_2+\cdots+\hat{\beta}_kx_k$$

其中，$\hat{y}$ 是 Y 的估计值或预测值，$\hat{\beta}_0$ 是估计的回归方程的回归常数，$\hat{\beta}_1$ 是估计的回归方程的偏回归系数。

8.3 简单线性回归模型的估计

简单线性回归模型确定之后，就需要收集关于因变量和自变量的样本数据，并根据一定的统计拟合准则对回归模型中的各个参数进行估计。普通最小二乘法就是一种最为常见的统计拟合准则，在该准则下得到的回归参数的估计被称为回归参数的普通最小二乘估计。

普通最小二乘法，简称最小二乘法，是通过使得每一个实际观测点（x_i，y_i）与回归方程上的对应点（x_i，$E(y_i)$）之间的偏差的总和达到最小来估计模型参数的一种方法。这里，实际观测点（x_i，y_i）与回归方程上的对应点（x_i，$E(y_i)$）之间的偏差，一般用因变量的实际观测值 y_i 和估计值 $\hat{y}_i$ 之间的离差平方和来表示，因而最小二乘法有时也被称为最小平方法。当回归模型的误差项 ε 满足前面所提的三个假定条件时，模型参数的最小二乘估计具有许多优良的统计性质，因此该估计方法被广泛应用。

对于一元线性回归模型而言，自变量 x 取 n 个不完全相同的值 $x_i(i=1, 2, \cdots, n)$，对应的因变量的实际观测值为 $y_i=\hat{\beta}_0+\hat{\beta}_1 x_i+\varepsilon_i$，对应因变量的估计值为 $\hat{y}_i=\hat{\beta}_0+\hat{\beta}_1 x_i$。设实际观测值 y_i 和估计值 $\hat{y}_i$ 之间的离差平方和为 Q，则有：

$$Q=\sum_{i=1}^{n}(y_i-\hat{y}_i)^2=\sum_{i=1}^{n}(y_i-\hat{\beta}_0-\hat{\beta}_1 x_i)^2$$

使得 Q 达到最小的 $\hat{\beta}_0$ 和 $\hat{\beta}_1$，即为一元线性回归模型参数 β_0 和 β_1 的最小二乘估计。图 8.1 可以更加直观地看出最小二乘法的基本思想：在平面直角坐标系中寻找一条直线，使得所有数据点到这条直线的竖直距离的平方和达到最小。寻找这条直线的过程被称为拟合，而这条直线也被称为拟合的直线。

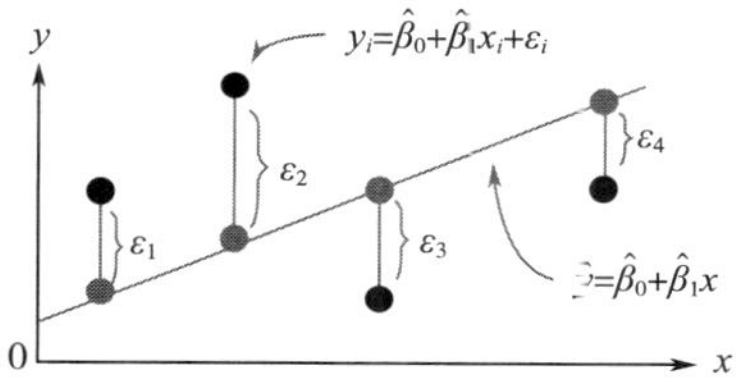

图 8.1 一元线性回归模型的最小二乘法示意图

取 Q 分别关于 $\hat{\beta}_0$ 和 $\hat{\beta}_1$ 的偏导数，并令它们等于 0，可得：

$$\begin{cases}\dfrac{\partial Q}{\partial \hat{\beta}_0}=-2\sum\limits_{i=1}^{n}(y_i-\hat{\beta}_0-\hat{\beta}_1 x_i)=0\\[2ex]\dfrac{\partial Q}{\partial \hat{\beta}_1}=-2\sum\limits_{i=1}^{n}(y_i-\hat{\beta}_0-\hat{\beta}_1 x_i)x_i=0\end{cases}$$

由此可解得，回归斜率 $\hat{\beta}_1$ 为：

$$\hat{\beta}_1=\frac{\sum_{i=1}^{n}(x_i-\bar{x})(y_i-\bar{y})}{\sum_{i=1}^{n}(x_i-\bar{x})^2}=\frac{n\sum_{i=1}^{n}x_iy-\sum_{i=1}^{n}x_i\sum_{i=1}^{n}y_i}{n\sum_{i=1}^{n}x^2-(\sum_{i=1}^{n}x_i)^2}$$

回归截距 $\hat{\beta}_0$ 为：

$$\hat{\beta}_0=\frac{1}{n}\sum_{i=1}^{n}y_i-\frac{\hat{\beta}_1}{n}\sum_{i=1}^{n}x_i=\bar{y}-\hat{\beta}_1\bar{x}$$

这就是一元线性回归模型参数 $\hat{\beta}_0$ 和 $\hat{\beta}_1$ 的估计公式。当然我们也可以通过统计软件来计算模型参数的估计值。

对于多元线性回归模型而言，自变量 $x_j(j=1,2,\cdots,k,k\geqslant 2)$ 取 n 个不完全相同的值 $x_{ij}(i=1,2,\cdots,n)$，每一组自变量组合所对应的因变量的实际观测值为 $y_i=\widehat{\beta}_0+\widehat{\beta}_1x_{i1}+\widehat{\beta}_2x_{i2}+\cdots+\widehat{\beta}_kx_{ik}+\varepsilon_i$，对应因变量的估计值为 $\widehat{y}_i=\widehat{\beta}_0+\widehat{\beta}_1x_{i1}+\widehat{\beta}_2x_{i2}+\cdots+\widehat{\beta}_kx_{ik}$，该模型数据结构如表 8.1 所示。

表 8.1　多元线性回归模型的数据结构

样本序号	自变量						因变量	
	x_1	x_2	$\cdots$	x_j	$\cdots$	x_k	观测值	估计值
1	x_{11}	x_{12}	$\cdots$	x_{1j}	$\cdots$	x_{1k}	y_1	$\widehat{y}_1$
2	x_{21}	x_{22}	$\cdots$	x_{2j}	$\cdots$	x_{2k}	y_2	$\widehat{y}_2$
$\vdots$	$\vdots$	$\vdots$	$\vdots$	$\vdots$	$\vdots$	$\vdots$	$\vdots$	$\vdots$
i	x_{i1}	x_{i2}	$\cdots$	x_{ij}	$\cdots$	x_{ik}	y_i	$\widehat{y}_i$
$\vdots$	$\vdots$	$\vdots$	$\vdots$	$\vdots$	$\vdots$	$\vdots$	$\vdots$	$\vdots$
n	x_{n1}	x_{n2}	$\cdots$	x_{nj}	$\cdots$	x_{nk}	y_n	$\widehat{y}_n$

设实际观测值 y_i 和估计值 $\widehat{y}_i$ 之间的离差平方和为 Q，则有：

$$Q=\sum_{i=1}^{n}(y_i-\widehat{y}_i)^2=\sum_{i=1}^{n}(y_i-\widehat{\beta}_0-\widehat{\beta}_1x_{i1}-\widehat{\beta}_2x_{i2}-\cdots-\widehat{\beta}_kx_{ik})^2$$

使 Q 达到最小的 $\widehat{\beta}_0$，$\widehat{\beta}_1$，$\widehat{\beta}_2$，$\cdots$，$\widehat{\beta}_k$，即为多元线性回归模型参数的最小二乘估计。多元线性回归模型参数的计算相对较为复杂，我们一般通过使用如 Excel、SPSS 等相关统计软件来计算这些参数的估计值。

【例 8.1】 数据接例 7.1，如表 8.2 所示。该表所表示的从某高校随机选取 7 名男生的身高与体重数据。

表 8.2　身高与体重数据

男生编号	1	2	3	4	5	6	7
身高 x（厘米）	165	174	185	176	167	188	172
体重 Y（千克）	51	62	80	70	56	92	62

我们已经计算得到，身高与体重的 Pearson 相关系数为 0.982 4，属高度线性正相关。因此可以计算因变量为体重、自变量为身高的关于这两个变量的一元线性回

归方程。根据表 8.1，可以得到为计算回归方程的系数所需的相关数据，如表 8.3 所示。

表 8.3 计算回归方程的系数所需的相关数据

男生编号	身高 x_i（厘米）	体重 y_i（千克）	x_i^2	y_i^2	x_iy_i
1	165	51	27 225	2 601	8 415
2	174	62	30 276	3 844	10 788
3	185	80	34 225	6 400	14 800
4	176	70	30 976	4 900	12 320
5	167	56	27 889	3 136	9 352
6	188	92	35 344	8 464	17 296
7	172	62	29 584	3 844	10 664
总和	1 227	473	215 519	33 189	83 635

由此可计算得到回归斜率 $\widehat{\beta}_1$ 为：

$$\widehat{\beta}_1=\frac{n\sum_{i=1}^{n}x_iy_i-\sum_{i=1}^{n}x_i\sum_{i=1}^{n}y_i}{n\sum_{i=1}^{n}x_i^2-(\sum_{i=1}^{n}x_i)^2}=\frac{7\times 83\ 635-1\ 227\times 473}{7\times 215\ 519-1\ 227^2}\approx 1.634\ 7$$

回归截距 $\widehat{\beta}_0$ 为：

$$\widehat{\beta}_0=\frac{1}{n}\sum_{i=1}^{n}y_i-\frac{\widehat{\beta}_1}{n}\sum_{i=1}^{n}x_i=\frac{1}{7}\times 473-\frac{1.634\ 7}{7}\times 1\ 227\approx -218.962$$

由此可以得到，该高校男生的体重 Y 与身高 x 之间估计的一元线性回归方程为：

$$\widehat{y}=-218.962+1.634\ 7x$$

需要说明的是，该回归方程所针对的是青年男性的身高与体重，不适用于青少年，因为当身高低于 133 厘米时，用该回归方程估计的体重为负数，这显然不符合实际。因此，在使用回归分析时，需要注意所求估计回归方程的适用场合。

8.4 简单线性回归模型的检验

通过样本数据所估计的回归方程一般不能立即用于对实际问题的分析和预测，而是应当先对所估计的回归方程进行评价与检验：一方面需要对回归方程的拟合优度进行评价，另一方面还需要对回归方程及其回归系数进行显著性检验。

8.4.1 拟合优度

简单线性回归方程的拟合优度，是指样本数据点聚集在回归线或回归面周围的密集程度，因而可以用其评价回归方程对样本数据的代表程度和解释能力。用于度量简单线性回归方程拟合优度的指标有很多，常用的主要指标包括判定系数和估计标准误差。

1）判定系数

我们知道，当因变量与自变量的所有的数据点都恰好落在线性回归方程所代表的线或面上时，说明自变量的线性表达式可以百分之百地解释因变量的取值变化，也就是说因变量值的变化完全是由自变量值的变化引起的。但在实际中，由于随机抽样误差的存在，因变量的实际观测值是会在回归线或面附近波动的。因此，对于因变量 Y 取值的变异可能来源于两个方面：第一个方面，是自变量 x 取值的不同所引起的因变量 Y 取值的变异程度；第二个方面，是除自变量 x 以外的其他随机因素对因变量 Y 取值的影响。第一个方面所引起的因变量 Y 取值的变异程度占因变量 Y 取值的总变异程度的比例，就是回归模型的判定系数，有时也称为决定系数、可决系数，一般记为 R^2。

对于一元线性回归模型而言，自变量 x 取 n 个不完全相同的值 $x_i(i = 1, 2, \cdots, n)$，对应的因变量的实际观测值为 $y_i = \hat{\beta}_0 + \hat{\beta}_1 x_i + \varepsilon_i$，对应因变量的估计值为 $\hat{y}_i = \hat{\beta}_0 + \hat{\beta}_1 x_i$。由此，因变量 Y 取值的总变异程度可定义为：因变量每个实际观测值 y_i 与所有实际观测值的均值 $\bar{y}$ 的离差平方和，这被称为总波动平方和，一般记为 SST，即：

$$SST = \sum_{i=1}^{n} (y_i - \bar{y})^2$$

其中，$\bar{y}=\sum_{i=1}^{n} y_i/n$ 。自变量 x 取值的不同所引起的因变量 Y 取值的变异程度可定义为由估计的回归方程计算得到的每个因变量取值 $\hat{y}_i$ 与所有实际观测值的均值 $\bar{y}$ 的离差平方和，称为回归平方和，一般可记为 SSR ，即：

$$SSR = \sum_{i=1}^{n} (\hat{y}_i - \bar{y})^2$$

除自变量 x 以外的其他随机因素所引起的因变量 Y 取值的变异程度可定义为每个实际观测值 y_i 与对应的估计值 $\hat{y}_i$ 之间的离差平方和，称为残差平方和，一般记为 SSE ，即：

$$SSE = \sum_{i=1}^{n} (y_i - \hat{y}_i)^2$$

可以证明，上述三个平方和的关系为：

总波动平方 SST = 回归平方和 SSR − 残差平方和 SSE

根据判定系数 R^2 的定义，我们可以得到：

$$R^2 = \frac{SSR}{SST} = 1 - \frac{SSE}{SST} = \frac{\sum_{i=1}^{n} (\hat{y}_i - \bar{y})^2}{\sum_{i=1}^{n} (y_i - \bar{y})^2}$$

显然，判定系数 R^2 取值范围为 [0，1] ，它度量了回归方程对因变量 Y 取值变异的解释程度。R^2 越接近于1，说明因变量 Y 与自变量 x 之间的线性关系能够解释的因变量 Y 取值变异的比例就越高，而除自变量以外的其他随机因素对因变量的影响比例就越小，因而回归方程的拟合优度也就越好；反之，R^2 越接近于0，说明因变量 Y 与自变量 x 之间的线性关系能够解释的因变量 Y 取值变异的比例越低，回归方程的拟合优度也就越差。

在一元线性回归模型中，判定系数 R^2 其实就是因变量 Y 与自变量 x 之间的 Pearson 相关系数 r 的平方。由此可见：如果两个变量之间的线性关系较强，那么用一个线性方程来拟合样本数据点，必然能够得到一个较高的判定系数；反之，如果两个变量之间的线性关系较弱，那么用一个线性方程来拟合样本数据点，一般是无法得到一个较高的判定系数的。

对于多元线性回归模型而言，自变量 $x_j(j=1, 2, \cdots, k, k \geq 2)$ 取 n 个不完全相同的值 $x_{ij}(i=1, 2, \cdots, n)$ ，每一组自变量组合所对应的因变量的实际观测值为 $y_i = \hat{\beta}_0 + \hat{\beta}_1 x_{i1} + \hat{\beta}_2 x_{i2} + \cdots + \hat{\beta}_k x_{ik} + \varepsilon_i$ ，对应因变量的估计值为 $\hat{y}_i = \hat{\beta}_0 + \hat{\beta}_1 x_{i1} + \hat{\beta}_2 x_{i2} + \cdots +$

$\widehat{\beta}_k x_{ik}$ 。与一元线性回归模型一样，同样可以得到三个平方和，即总波动平方 SST 、回归平方和 SSR 、残差平方和 SSE 。对于多元线性回归模型判定系数而言，如果仍然采用一元线性回归模型判定系数的计算公式，则会出现“回归模型中的自变量个数越大，R^2 往往就也会增大”的现象，这就给人一种错觉，要想使线性回归模型拟合得好，只需要增加自变量的个数即可。出现这个现象主要有两个方面的原因：第一个方面，线性回归模型中引入了对因变量有重要解释贡献的自变量，从而使 R^2 的值增加，这是我们所希望出现的；第二个方面，当多元线性回归模型中增加的自变量时，如果所增加的自变量，尽管对因变量没有实际意义的影响，但在统计意义上都或多或少与因变量产生相关关系，而这必然使得残差平方和 SSE 随之减少，进而导致 R^2 值增加，这是我们所不希望出现的。因此，为了更加客观地评价多元线性回归模型的拟合优度，就需要对 R^2 进行调整。我们知道，在样本容量一定的情况下，增加自变量个数必定使得自由度减少，所以调整的思路是：将残差平方 SSE 和与总平方 SST 和分别除以各自的自由度，以剔除自变量个数对拟合优度的影响，即调整的判定系数 $\widetilde{R}^2$ 为：

$$\widetilde{R}^2 = 1 - \frac{SSE/(n-k-1)}{SST/(n-1)}$$

其中，SSE 的自由度为 $n-k-1$，$SSE/(n-k-1)$ 也被称为平均的 SSE，SST 的自由度为 $n-1$，$SST/(n-1)$ 也被称为平均的 SST 。

线性回归分析的根本目的是希望找到那些对因变量 Y 有贡献的自变量 x ，背离这个根本目的而单纯去追求高 R^2 值是没有意义的。因此，当 R^2 值增加时，应能对其原因加以区分。当某个自变量 x 被引入回归方程后：若其对因变量 Y 的线性解释有重要贡献，则必然会使 SSE 显著减少，并使平均的 SSE 也显著减少；反之，若其对因变量 Y 的线性解释作用不显著，则虽在增加充分多个自变量时能使 SSE 显著减少，但不会使平均的 SSE 减少。因而，在多元线性回归分析中，调整的判定系数 $\widetilde{R}^2$ 能够比没有进行调整的判定系数 R^2 更准确地反映回归方程对样本数据的拟合程度。

【例 8.2】 数据接例 8.1，已求出某高校男生的体重 Y 与身高 x 之间估计的一元线性回归方程为：

$$Y = -218.962 + 1.6347x$$

为计算该回归模型的判定系数 R^2，整理得到相关数据，如表 8.4 所示。

表 8.4 计算判定系数所需的相关数据

观测值 y_i	估计值 $\hat{y}_i$	平均值 $\bar{y}$	$(y_i-\bar{y})^2$	$(\hat{y}_i-\bar{y})^2$	$(y_i-\hat{y}_i)^2$
51	50.757 7	67.571 4	274.612 2	282.700 4	0.058 7
62	65.469 7		31.040 8	4.417 2	12.038 9
80	83.451 0		154.469 4	252.161 8	11.909 6
70	68.739 0		5.898 0	1.363 3	1.590 0
56	54.027 1		133.898 0	183.449 9	3.892 5
92	88.355 0		596.755 1	431.957 9	13.285 8
62	62.200 4		31.040 8	28.848 1	0.040 2
合计			SST=1 227.714 3	SSR=1 184.898 6	SSE=42.815 7

由表 8.4 可得，该回归模型的判定系数 R^2 为：

$$R^2=\frac{SSR}{SST}=\frac{1\ 184.898\ 6}{1\ 227.714\ 3}\approx 0.965\ 1$$

说明该回归模型的拟合优度较好。

2）估计标准误差

对于多元线性回归模型而言，自变量 $x_j(j=1,2,\cdots,k,k\geqslant 2)$ 取 n 个不完全相同的值 $x_{ij}(i=1,2,\cdots,n)$，每一组自变量组合所对应的因变量的实际观测值为 $y_i=\hat{\beta}_0+\hat{\beta}_1x_{i1}+\hat{\beta}_2x_{i2}+\cdots+\hat{\beta}_kx_{ik}+\varepsilon_i$，对应因变量的估计值为 $\hat{y}_i=\hat{\beta}_0+\hat{\beta}_1x_{i1}+\hat{\beta}_2x_{i2}+\cdots+\hat{\beta}_kx_{ik}$。基于样本数据计算的因变量的实际观测值 y_i 与估计值 $\hat{y}_i$ 的差值，称为残差，一般记作 e_i，它是一个随机变量。估计标准误差则是残差 e_i 的标准差，也是误差项 ε 的标准差的估计，一般记作 s_e。估计标准误差 s_e 是因变量的实际观测值 y_i 与估计值 $\hat{y}_i$ 离差平方和的均方根，它反映了实际观察值在回归线或面周围的分散状况，从另一个角度说明了回归模型的拟合程度，其计算公式为：

$$s_e=\sqrt{\frac{\sum(y_i-\hat{y}_i)^2}{n-k-1}}=\sqrt{\frac{SSE}{n-k-1}}$$

特别是，当 $k=1$ 时，可以得到一元线性回归模型的估计标准误差为：

$$s_e=\sqrt{\frac{SSE}{n-2}}$$

【例 8.3】 数据接例 8.2，则有该一元线性回归模型的估计标准误差 s_e 为：

$$s_e = \sqrt{\frac{SSE}{n-2}} = \sqrt{\frac{42.815\ 7}{7-2}} \approx 8.563\ 1$$

8.4.2 显著性检验

1）线性回归方程的显著性检验

所估计的线性回归方程能够较好地反映因变量和自变量之间的统计关系的前提，是因变量和自变量之间确实存在显著的线性关系。回归方程的显著性检验，就是对因变量和自变量之间线性关系的显著性进行检验。

对于含有 k 个自变量的多元线性回归模型 $Y=\beta_0+\beta_1x_1+\beta_2x_2+\cdots+\beta_kx_k+\varepsilon$ 而言，要检验其回归方程的显著性，建立假设：

$$H_0: \beta_1=\beta_2=\cdots=\beta_k=0 \leftrightarrow H_0: \beta_1, \beta_2, \cdots, \beta_k \text{ 不全为 } 0$$

如果原假设 H_0 成立，则意味着所有 k 个自变量与因变量之间不存在线性关系，基于样本数据估计得到的回归方程只是一个巧合。只有拒绝了原假设 H_0 并通过了显著性检验，才能认为用该线性回归方程描述因变量与自变量之间的线性关系是合情合理的。

回归方程显著性检验的基本思想与方差分析类似：首先，分别将回归平方和 SSR 和残差平方和 SSE 除以各自的自由度 k 和 $n-k-1$，得到回归均方 MSR 和残差均方 MSE；其次，在原假设 H_0 成立的前提下，利用回归均方 MSR 和残差均方 MSE 的比值构造的 F 检验统计量，即：

$$F = \frac{SSR/k}{SSE/n-k-1} = \frac{MSR}{MSE} \sim F(k, n-k-1)$$

最后，将计算得到的检验统计量的值 F 与给定的显著性水平 α 的临界值 $F_\alpha(k, n-k-1)$ 进行比较，做出拒绝或不拒绝原假设 H_0 的统计决策。当然，也可以利用计算机直接计算 p 值，通过比较 p 值与显著性水平 α 之间的大小而做出统计决策。

特别是，对于一元线性回归模型，即 $k=1$ 时，所构造的 F 检验统计量为：

$$F = \frac{SSR/1}{SSE/(n-2)} \sim F(1, n-2)$$

此时，将计算得到的检验统计量的值 F 与给定的显著性水平 α 的临界值 $F_\alpha(1, n-2)$ 进行比较，做出拒绝或不拒绝原假设 H_0 的统计决策。

【例 8.4】 数据接例 8.1，此时我们已经得到：$k=1$，$n=7$，$SSR=1\ 184.898\ 6$，$SSE=42.815\ 7$。为了检验所构造一元线性回归方程的显著性，建立假设：

$$H_0: \beta_1 = 0 \leftrightarrow H_0: \beta_1 \neq 0$$

选用 F 检验统计量，其值为：

$$F = \frac{SSR/1}{SSE/(n-2)} = \frac{1\,184.898\,6/1}{42.815\,7/(7-2)} \approx 138.371\,9$$

取显著性水平 $\alpha = 0.05$，故上侧 α 分位数 $F_{0.05}(1, 5) = 6.608$，因而有 $F > F_{0.05}(1, 5)$。由于所选择 F 统计量的值落在拒绝域内，因此拒绝原假设，通过了检验，从而有证据表明所构造关于身高和体重的一元线性回归方程整体上是显著的。

2）线性回归系数的显著性检验

线性回归方程的显著性检验是从整体上对所有自变量和因变量之间的线性关系进行检验，而线性回归系数的显著性检验是研究每一个自变量对因变量的影响是否都显著的。也就是说，线性回归系数的显著性检验，是研究线性回归方程中的每个自变量与因变量之间是否存在显著的线性关系，以及这些自变量能否保留在线性回归方程中。这就需要对每一个自变量所对应的回归系数逐一进行检验。

对于含有 k 个自变量的多元线性回归模型 $Y = \beta_0 + \beta_1 x_1 + \beta_2 x_2 + \cdots + \beta_k x_k + \varepsilon$ 而言，要检验每一个自变量所对应的回归系数的显著性，建立假设：

$$H_0: \beta_i = 0 \leftrightarrow H_0: \beta_i \neq 0 (i = 1, 2, \cdots, k)$$

如果原假设 H_0 成立，则意味着第 i 个自变量和因变量总体上并不存在线性关系。只有通过了检验，拒绝了原假设，才有证据表明相信第 i 个自变量对因变量的影响是显著的。

对于多元线性回归模型而言，自变量 $x_j (j = 1, 2, \cdots, k, k \geqslant 2)$ 取 n 个不完全相同的值 $x_{ij} (i = 1, 2, \cdots, n)$，每一组自变量组合所对应的因变量的实际观测值为 $y_i = \hat{\beta}_0 + \hat{\beta}_1 x_{i1} + \hat{\beta}_2 x_{i2} + \cdots + \hat{\beta}_k x_{ik} + \varepsilon_i$ 且 ε_i 独立同分布于正态分布 $N(0, \sigma^2)$，对应因变量的估计值为 $\hat{y}_i = \hat{\beta}_0 + \hat{\beta}_1 x_{i1} + \hat{\beta}_2 x_{i2} + \cdots + \hat{\beta}_k x_{ik}$。由于自变量对应回归系数是通过样本数据而估计得到的，不同的样本将得到不同的估计值，因而回归系数也是随机变量。可以证明，在误差项 ε 满足之前所提的假定条件时，有：

$$\hat{\beta}_j \sim N\left(\beta_j, \frac{\sigma^2}{\sum_{i=1}^{n} (x_j - \bar{x}_j)^2}\right)$$

其中，$\bar{x}_j = \sum_{i=1}^{n} x_{ij}/n$。当 σ^2 未知时，可用其的估计 $\hat{\sigma}^2$ 代替：

$$\widehat{\sigma^2} = \frac{1}{n-k-1}\sum_{i=1}^{n}(y_i - \widehat{y}_i)^2 = \frac{SSE}{n-k-1}$$

在原假设 H_0 成立的条件下，构造 T 检验统计量：

$$t_j = \frac{\widehat{\beta}_j}{\sqrt{\dfrac{\widehat{\sigma^2}}{\sum_{i=1}^{n}(x_{ij} - \bar{x}_j)^2}}} \sim t(n-k-1)$$

由此，可以将计算得到的检验统计量的值 t_j 与给定的显著性水平 α 的两个临界值 $t_{\alpha/2}(n-k-1)$ 、$t_{1-\alpha/2}(n-k-1)$ 进行比较，做出拒绝或不拒绝原假设 H_0 的统计决策。当然，也可以利用计算机直接计算 p 值，通过比较 p 值与显著性水平 α 之间的大小而做出统计决策。

特别是，对于一元线性回归模型而言，即 $k = 1$ 时，有：

$$\widehat{\beta}_1 \sim N\left(\beta_1, \frac{\sigma^2}{\sum_{i=1}^{n}(x_i - \bar{x})^2}\right)$$

其中，$\bar{x} = \sum_{i=1}^{n} x_i / n$ 。当 σ^2 未知时，可用其的估计 $\widehat{\sigma^2}$ 代替：

$$\widehat{\sigma^2} = \frac{1}{n-2}\sum_{i=1}^{n}(y_i - \widehat{y}_i)^2 = \frac{SSE}{n-2}$$

在原假设 H_0 成立的条件下，构造 T 检验统计量：

$$t = \frac{\widehat{\beta}_1}{\sqrt{\dfrac{\widehat{\sigma^2}}{\sum_{i=1}^{n}(x_i - \bar{x})^2}}} \sim t(n-2)$$

由此，可以将计算得到的检验统计量的值 t 与给定的显著性水平 α 的两个临界值 $t_{\alpha/2}(n-2)$ 、$t_{1-\alpha/2}(n-2)$ 进行比较，做出拒绝或不拒绝原假设 H_0 的统计决策。当然，也可以利用计算机直接计算 p 值，通过比较 p 值与显著性水平 α 之间的大小而做出统计决策。

对于一元线性回归模型来说，其回归方程显著性的 F 检验、回归系数显著性的 t 检验以及因变量与自变量之间的相关系数显著性的 t 检验，这三种检验是等价的。其中，回归系数显著性的检验统计量的值 t 与相关系数显著性的检验统计量的值 t 是完全相等的，回归方程显著性的检验统计量的值 F 则是这两个 t 值的平方。因此，对于一元线性回归模型，可以只做这三种检验中的一种即可，而对于多元线性回归模型，因为这三种检验考虑问题的角度不同，是三种不同的检验，所以并不等价。

【例 8.5】 数据接例 8.1，此时我们已经得到：$k=1$、$n=7$，$\sum_{i=1}^{n}(x_i-\bar{x})^2=443.4286$，$SSE=42.8157$，$\hat{\beta}_1=1.6347$。为了检验所构造一元线性回归系数的显著性，建立假设：

$$H_0:\beta_1=0\leftrightarrow H_0:\beta_1\neq 0$$

选用 T 检验统计量，其值为：

$$t=\frac{\hat{\beta}_1}{\sqrt{\dfrac{\hat{\sigma}^2}{\sum_{i=1}^{n}(x_i-\bar{x})^2}}}=\frac{\hat{\beta}_1\cdot\sqrt{\sum_{i=1}^{n}(x_i-\bar{x})^2}}{\sqrt{SSE/(n-2)}}=\frac{1.6347\times\sqrt{443.4286}}{\sqrt{42.8157/(7-2)}}\approx 11.7632$$

由此可见，该 t 值与例 7.2 中的两个变量相关系数显著性的检验统计量的值 t 是相等的，并且该 t 值的平方就等于例 8.3 中对同一线性回归模型的回归方程显著性的检验统计量的值 F。取显著性水平 $\alpha=0.05$，故上侧 $\alpha/2$ 分位数 $t_{0.025}(5)=2.5706$，因而有 $|t|>t_{0.025}(5)$。由于所选择 T 统计量的值落在拒绝域内，因此拒绝原假设，即有证据表明所构造关于身高和体重的一元线性回归方程中的回归系数是显著的。

8.5 简单线性回归模型的预测

回归分析的主要目的之一就是利用自变量和因变量之间的关系对因变量进行估计和预测，即根据自变量 x 的取值得到因变量 Y 的估计值或预测值 $\hat{y}$。与参数估计的两种形式一样，利用回归模型进行估计或预测也可分为两类：点估计与区间估计。

所谓点估计，就是直接将自变量的观测值代入已经建立的线性回归方程中，然后计算得到的因变量的取值。也就是说，对于自变量 x 的一个给定值 x_0 而言，根据所构建回归方程可以计算得到关于因变量 Y 的一个估计值 $\hat{y}_0$。例如，在例 8.1 中关于身高和体重的一元线性回归方程 $\hat{y}=-218.962+1.6347x$，当 $x_0=180$ cm 时，有 $\hat{y}_0\approx 75.28$ kg。但是，点估计仅仅给出了因变量的一个具体估计值，并不能给出计算得到的这个估计值的可靠程度。因而，一般情况下，需要构造一个关于因变量的区间来进行估计。

所谓区间估计，就是在给定的置信水平下，基于因变量的点估计所构造的、用于估计或预测因变量取值的一个区间。也就是说，对于自变量 x 的一个给定值 x_0 而言，根据所构建回归方程可以得到关于因变量 Y 的一个区间估计。在回归模型中，因变量的区间估计还可进一步分为两种情形：一种情形是对自变量的给定值 x_0，计算因变量平均值 $E(Y)$ 的估计区间，这一区间称为置信区间；另一种情形是对自变量的给定值 x_0，计算因变量个别值 y_0 的估计区间，这一区间称为预测区间。这两种区间估计的计算公式较为复杂，超出了本书的范围，在此不予赘述。对于多元线性回归问题的求解，各类统计软件均有成熟的回归分析模块，可以方便地给出以上三种估计结果。

【思考与练习】

1. 请简述回归分析的概念及其主要内容。

2. 请简要解释普通最小二乘法。

3. 表 8.5 为某小卖部 6 天卖出热茶的杯数（y）与当天气温（x）的对比表。

表 8.5　某小卖部 6 天卖出热茶的杯数（y）与当天气温（x）的对比表

气温（℃）	26	18	13	10	4	-1
杯数	20	24	34	38	50	64

试求：

（1）利用最小二乘法建立一元线性回归方程；

（2）若某天的气温为-3 ℃，请预测这天可能会卖出热茶多少杯。

4. 随机抽取 7 家生产类似产品企业，得到其广告费用和销售额数据，如表 8.6 所示。

表 8.6　7 家生产类似产品企业的广告费用和销售额数据

企业	广告费用 X（万元）	销售额 Y（万元）
1	1	19

续表

企业	广告费用 X（万元）	销售额 Y（万元）
2	2	32
3	4	44
4	6	40
5	10	52
6	14	53
7	20	54

请建立估计的回归方程，并检验广告费用与销售额之间的线性关系是否显著。

5. 根据表 8.7 中的数据，用 Excel 进行回归，并对回归结果进行解释。

表 8.7　原始数据表

Y	X_1	X_2
12	174	3
18	281	9
31	189	4
28	202	8
52	149	9
47	188	12
38	215	5
22	150	11
36	167	8
17	135	5

9 时间序列分析

在日常的生活和工作中，我们经常会遇到随时间变化而变化的数据。比如，国家每年会发布 GDP 数据，这个 GDP 就是一个随着年份时间而变化的数据。再比如，一只股票每天都会产生一个收盘的价格，即在每天下午三点这个时间点所确定的价格，这个股票价格就是一个随着每天固定的时间点而变化的数据。时间序列分析就是用于描述和分析这些随时间发展变化的时间序列数据。

本章主要介绍时间序列分析的基本概念、常用的分析方法以及针对不同类型序列的具体分析应用。

9.1 时间序列分析基本原理

9.1.1 时间序列与时间序列分析

时间序列也称时间数列、动态序列，是某一变量在连续时期或者连续时点上测量的观测值按时间先后次序排列而形成的数列。例如，中国从 1993 年到 2023 年每年的 GDP 所构成的是一个在连续时期上的时间序列，A 股市场上的某一只股票每天的收盘价格所构成的是一个在连续时点上的时间序列。任何一个时间序列都具有两个基本要素：一是被研究事物或现象所属的时间范围；二是在一定时间条件下反映事物或现象数量特征的数值，即在不同时间上的统计数据。

时间序列分析是研究按时间顺序观测的系列数据的统计分析方法，着重于从时间的发展变化角度揭示事物或现象数量变化和时间的关系，研究随时间推移的演变趋势和变化规律，分析并预测在未来时间可能达到的数量规模和水平。时间序列分析在统计分析工作中具有重要的作用。时间序列分析可以直观显示一个变量随时间推移的发展过程，也可以对比不同变量在同一时间段中的变化以揭示不同变量之间的依存关系，并且可以对比同一变量在同一时间但不同空间上的变化以展示变量在不同空间条件下的发展差异。利用时间序列的历史数据，可以研究变量过去的活动规律，并将这种规律推广到未来（即预测变量的未来值），这是时间序列分析的最重要的目的。

时间序列的图形分析，一般以时间为横坐标、研究对象为纵坐标，因而其与回归分析看上去有些类似，但本质上是不同的。它们最大的差别在于：时间序列不追求自变量 x 因素对因变量 Y 的影响，它更关注于时间变化对 Y 的影响。也就是说，在某一时期或时点上的 Y 值，其实是多个自变量 x 对其影响的结果，而时间序列分析是将这些 x 对 Y 的影响在时间维度上进行了概括。在时间序列分析中，通常只研究因变量 Y 和时间 t 之间的关系。

9.1.2　时间序列的影响因素

影响时间序列的主要因素有四种，分别是趋势变动 T 、季节变动 S 、循环变动 C 和随机波动 I 。

趋势变动也称长期趋势，是时间序列在一段时期内呈现出的明显递增或递减的趋势。例如，中国的 GDP 总体来说呈逐年上升的趋势。当然，这种长期的趋势变动可以是线性的，也可以是非线性的。长期的趋势变动通常由某种固定性因素的长期作用而产生，如人口总数的持续增加、技术水平的持续创新、顾客偏爱的持续变化等，因而具有持续性的特性。这一长期趋势特性有利于我们根据以往的观测值对未来进行预测。

季节变动是时间序列在一年的时间变化内呈现出的相关的、稳定的周期性波动。季节波动中的“季节”，不仅可以指一年中的四季，还可以指一年中的任何一种周期，如月、周、日、时等。季节波动一般是由自然因素、生产或生活条件的变化而引起的，具有重复性特点。常见的季节变动序列有四季的气温、旅游景点不同月份的旅游人次、某种商品不同月份的销售量等。

循环变动是时间序列在一年以上的较长时间内呈现出的上下起伏的周期性波动。循环变动不同于长期趋势，前者是一种涨落相间的交替波动；循环变动也不同于季节变动，前者的周期长短不一、幅度高低不同、波动固定规律。循环变动中比较典型的例子是由经济环境变化所引起的商业循环，商业循环一般由繁荣、衰退、萧条、复苏等时期组成，其循环周期长度不一，从几年到几十年不等。由于需要分析的周期较长，因而当序列数据的时间跨度较短时是难以发现循环变动的。

随机波动又称不规则波动，是指时间序列剔除趋势变动、季节变动、循环变动后的偶然性波动。除了趋势变动、季节变动和循环变动外，时间序列还会受其他各种因素的综合影响，而这些影响会使时间序列呈现出一定的随机波动。随机变动一般是由随机事件或突发事件（如战争、自然灾害等）所引起的。

9.1.3 时间序列的类型

可以将时间序列分为平稳的时间序列和非平稳的时间序列两大类。

平稳的时间序列简称平稳序列，是序列中的各观测值基本上在某个固定的水平上波动。虽然在不同的时间段或时间点上的波动程度不同，但并不存在某种规律，波动的来源可以认为是随机的。也就是说，平稳序列只包含随机波动因素而不包含其他影响因素。平稳序列的示意如图 9.1 所示。

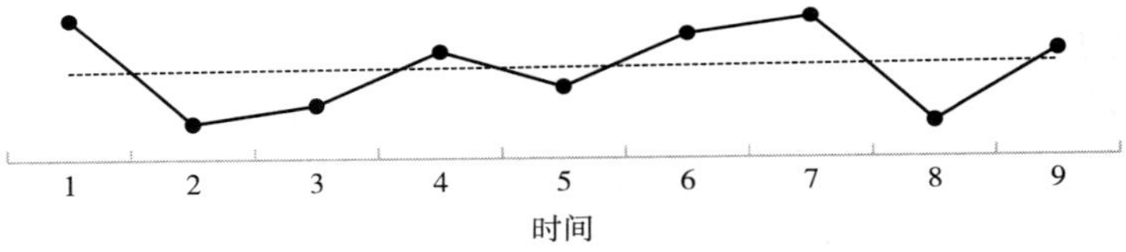

图 9.1 平稳序列示意图

非平稳的时间序列，简称非平稳序列，除随机波动外，其还包含趋势变动、季节变动或周期变动等序列。当然，它可能只包含这三种因素中的一种，也可能同时包含几种影响因素。图 9.2 显示了含有趋势变动的序列，图 9.3 显示了含有趋势变动和季节变动的复合型序列。

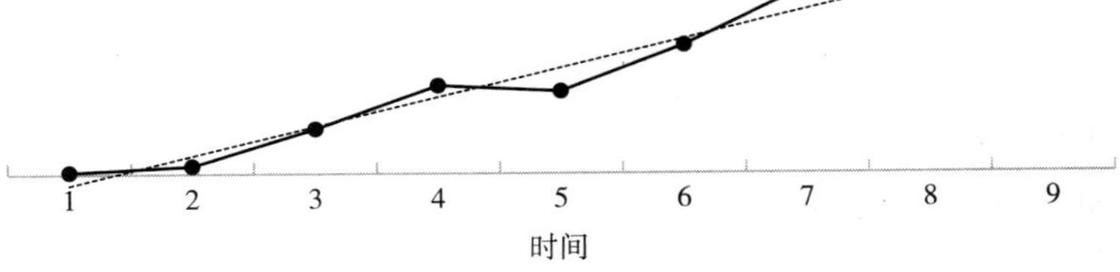

图 9.2 含有趋势变动的序列

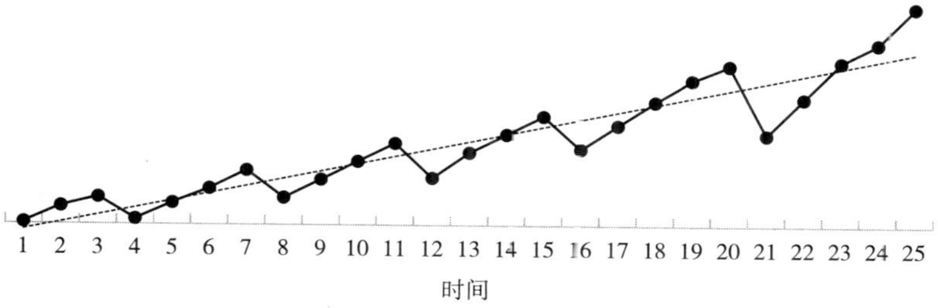

图 9.3 含有趋势变动和季节变动的复合型序列

通过图 9.1 至图 9.3 可知，根据时间序列数据的折线图，我们就可以较为直观地看出序列中所包含的影响因素。所以，画出数据的折线图、判断所包含的影响因素，一般是进行时间序列分析的首要工作。

9.1.4 时间序列的分解

一般情况下，时间序列数据是会同时包含趋势变动 T、季节变动 S、循环变动 C、随机波动 I 中的两个或两个以上的影响因素。时间序列分析的一项主要内容就是把这些不同的影响因素从时间序列中分离出来，并用一定的数学关系式表示它们之间的关系，而后分别进行分析。

时间序列影响因素的分解模型主要有乘法模型、加法模型和混合模型。假设时间序列为 Y，则有乘法模型：

$$Y = T \cdot S \cdot C \cdot I$$

加法模型为：

$$Y = T + S + C - I$$

混合模型，即在模型中既有乘积关系，又有相加关系，例如：

$$Y = T \cdot S + C \cdot I$$

三种分解模型中最常用的是乘法模型。假定各因素之间是相互影响的，其中，长期趋势是与 Y 同计量单位的绝对量；其他因素的影响是以相对数表示，是以长期趋势为基础的比率，表现为对于长期趋势的一种相对变化幅度，通常以百分数表示。加法模型假定各因素间是相互独立的且均为与 Y 同计量单位的绝对量，各因素的影响相加构成对 Y 的影响。

上面所提的分解模型中包含了所有四类因素，但在实际中，并不是每一个时间序列所代表的事物或现象都会受这四个因素的影响。因此，应当根据具体问题来设定分解模型。例如，含有趋势变动的序列的分解模型为 $Y = T \cdot I$，含有趋势变动和循环变动的序列的分解模型为 $Y = T \cdot C \cdot I$。

9.2 时间序列分析步骤、方法及评价

9.2.1 分析步骤

时间序列分析的一个主要目的就是根据已有的历史数据对未来进行预测。一个时间序列数据中包含了不同的影响因素，如趋势变动、季节变动、循环变动和随机波动等。我们知道，一个具体的时间序列可能只含有一种影响因素，也可能同时含有几种影响因素。对于含有不同影响因素的时间序列，其所使用的预测方法是不相同的。因此，在进行时间序列分析与预测时，通常包括以下几个步骤。

(a) 确定时间序列所包含的影响因素，也就是确定时间序列的类型。一般可以通过画出折线图、折叠时间序列图等定性的方法或者定量地使用回归分析画出回归直线或曲线的方法，来判断序列的类型。

(b) 根据时间序列的类型，确定适合的预测方法。一般情况下，对于同一种序列，可以有多个合适的预测方法，如对于平稳序列，可以选择移动平均法、指数平滑法等。或者对于同一种预测方法，可以使用不同的预测方案，如对于同为移动平均法，可以选择不同期数的移动间隔。

(c) 对可能的预测方法或方案进行评估，以确定最佳预测方法或方案。

(d) 利用最佳预测方法或方案进行预测。

9.2.2 分析方法

在确定了时间序列的类型后，就需要确定适当的预测方法或方案。利用时间序列数据进行预测时，通常假定过去的变化趋势或规律会延续到未来，这样就可以根据过去已有的状态对未来进行预测。

在实际分析中，人们发现有固定周期的循环变动和季节变动很难被严格区分开来，因而通常将它们合并称为具有一定周期的循环变动。同时，任何时间序列中一般都会有随机波动的存在。因此，本章主要针对趋势变动、循环变动以及随机波动

这三个影响因素，分别介绍与之相应的预测方法。

对于只含有随机波动而不含其他影响因素的时间序列，即平稳序列，只要需通过平滑就可以消除随机波动，因此，可使用平滑预测法，主要包括简单平均法、移动平均法、指数平滑法等方法；对于含有趋势变动和随机波动两个影响因素的时间序列，可以使用趋势预测法，包括线性回归的趋势预测法、非线性回归的趋势预测法、自回归的趋势预测法等方法；对于含有循环变动和随机波动两个影响因素的时间序列，可以使用循环预测法，包括自回归的趋势预测等方法；对于既含有趋势变动又含有循环变动的时间序列，则可以使用多元回归分析法、时间序列分解法、自适应过滤法等方法。

9.2.3 分析方法的评价

在时间序列分析中，需要根据影响因素来选择合适的预测方法或方案，选择的依据则一般是预测方法或方案的准确性。所谓预测方法或方案的准确性，一般用其预测值与实际值的差值，也即预测误差来表示。预测误差越小，预测方法或方案就越准确。下面就介绍几种关于预测误差的计算方法。

假定时间序列有 n 个观测值与预测值，其中第 i 个观测值为 Y_i 、预测值为 F_i ，则可计算如下几种预测误差。

1）平均误差

平均误差是指所有 n 个预测误差 $Y_i - F$ 的平均数值，一般用 ME 来表示，其计算公式为：

$$ME = \frac{1}{n}\sum_{i=1}^{n}(Y_i - F_i)$$

预测误差 $Y_i - F_i$ 的数值可能为正数；也可能为负数。在有正有负的情况下，直接求和的结果就会出现相互抵消的现象。在这种情况下，平均误差可能会被低估。

2）平均绝对误差

平均绝对误差是指将所有 n 个预测误差取绝对值 $|Y_i - F_i|$ ，然后计算得到的平均误差，一般用 MAD 表示，其计算公式为：

$$MAD = \frac{1}{n}\sum_{i=1}^{n}|Y_n - F_i|$$

平均绝对误差可以避免平均误差有正有负带来的相互抵消的问题，因而可以准确反映实际预测误差的大小。但其计算过程中稍显复杂，故一般在实际的应用场合较少。

3）均方误差

均方误差是指所有 n 个预测误差取平方值，然后计算得到的平均误差，一般用 MSE 表示，其计算公式为：

$$MSE = \frac{1}{n}\sum_{i=1}^{n}(Y_i - F_i)^2$$

同样，均方误差也可以避免平均误差所存在的有正有负而带来的相互抵消的问题，因而可以准确反映实际预测误差的大小。同时，因其具有良好的运算性质，故一般在实际场合应用较多。

但是，平均误差 ME 、平均绝对误差 MAD 和均方误差 MSE 的大小受时间序列数据的水平和计量单位的影响，因而有时并不能真正反映预测模型的好坏，它们只有在比较不同的方法或方案对同一数据的预测时才有意义。如果要根据不同的数据进行比较，则需要消除数据的水平与计量单位的影响，在这种情况下就需要使用平均百分比误差和平均绝对百分比误差这两个误差评价指标。

4）平均百分比误差

平均百分比误差是指所有 n 个预测误差除以其对应的观测值，然后再乘以 100 计算得到的平均误差，一般用 MPE 表示，其计算公式为：

$$MPE = \frac{1}{n}\sum_{i=1}^{n}\left(\frac{Y_i - F_i}{Y_i} \cdot 100\right)$$

5）平均绝对百分比误差

平均绝对百分比误差是指所有 n 个预测误差的绝对值除以其对应的观测值，然后再乘以 100 计算得到的平均误差，一般用 $MAPE$ 表示，其计算公式为：

$$MAPE = \frac{1}{n}\sum_{i=1}^{n}\left(\frac{|Y_i - F_i|}{Y_i} \cdot 100\right)$$

9.3 平稳序列的分析

9.3.1 简单平均法

简单平均法是指根据所有的观测期对应的观察值，通过求得简单平均作为预测值的一种时间序列分析方法。

设时间序列已有的 t 期观测值为 Y_1，Y_2，…，Y_t，则第 $t+1$ 期的预测 F_{t+1} 为：

$$F_{t+1} = \frac{1}{t}(Y_1 + Y_2 + \cdots + Y_t) = \frac{1}{t}\sum_{i=1}^{t} Y_i$$

【例 9.1】 表 9.1 为某经济体近十年的物价指数，每一年度物价指数均以基准年度（编号可为 00）为 100 进行比较而得。

表 9.1　某经济体近十年的物价水平指数

年份编号	01	02	03	04	05	06	07	08	09	10
物价指数	101.2	102.3	102.1	101.5	102.5	103.1	102.6	101.8	102.3	102.5

利用简单平均法可以得到第 11 个年份的关于物价指数的预测值 F_{11} 为：

$$F_{11} = \frac{101.2 + 102.3 + \cdots + 102.5}{10} = 102.2$$

需要说明的是，简单平均法将远期的观测值与近期的观测值对未来视为同等重要。但从预测角度看，近期的观测值应当较远期的观测值有更大的影响，因此，直接使用简单平均法进行预测的准确性是不够的。

9.3.2　简单移动平均法

简单移动平均法简称移动平均法，它是按照一定的移动间隔，通过对时间序列逐期递移求得平均数作为预测值的一种时间序列分析方法。

设时间序列已有的 t 期观测值为 Y_1，Y_2，…，Y_t，移动间隔为 $k(1 < k < t)$，则第 $t+1$ 期的预测值 F_{t+1} 为：

$$F_{t+1} = \frac{Y_{t-k+1} + Y_{t-k+2} + \cdots + Y_t}{k}$$

【例 9.2】 数据接例 9.1，分别使用 $k=3$ 和 $k=5$ 作为移动间隔，可以计算得到如表 9.2 的结果。

表 9.2　$k=3$ 和 $k=5$ 时的预测值及其预测误差

年份编号	观测值	$k=3$ 时的移动平均预测值	预测误差	预测误差的平方	$k=5$ 时的移动平均预测值	预测误差	预测误差的平方
1	101.2	—	—	—	—	—	—

续表

年份编号	观测值	$k=3$ 时的移动平均预测值	预测误差	预测误差的平方	$k=5$ 时的移动平均预测值	预测误差	预测误差的平方
2	102.3	—	—	—	—	—	—
3	102.1	—	—	—	—	—	—
4	101.5	101.866 7	−0.366 7	0.134 4	—	—	—
5	102.6	101.966 7	0.633 3	0.401 1	—	—	—
6	103.1	102.066 7	1.033 3	1.067 8	101.940 0	1.160 0	1.345 6
7	102.6	102.400 0	0.200 0	0.040 0	102.320 0	0.280 0	0.078 4
8	101.8	102.766 7	−0.966 7	0.934 4	102.380 0	−0.580 0	0.336 4
9	102.3	102.500 0	−0.200 0	0.040 0	102.320 0	−0.020 0	0.000 4
10	102.5	102.233 3	0.266 7	0.071 1	102.480 0	0.020 0	0.000 4
11	—	102.200 0	—	—	—	—	—
合计	—	—	—	2.688 9	—	—	1.761 2

当移动间隔 $k=3$ 时，即以 3 期移动平均求得的第 11 个年份的关于物价指数的预测值 F_{11} 为：

$$F_{11}=\frac{1}{3}\sum_{i=8}^{10}Y_i=\frac{1}{3}\times(101.8+102.3+102.5)=102.2$$

当移动间隔 $k=5$ 时，即以 5 期移动平均求得的第 11 个年份的关于物价指数的预测值 F_{11} 为：

$$F_{11}=\frac{1}{5}\sum_{i=6}^{10}Y_i=\frac{1}{5}\times(103.1+102.6+101.8+102.3+102.5)=102.46$$

另外，从表 9.2 中也可以看到，3 期移动平均的均方误差为 $2.688\,9\div 7\approx 0.384\,1$，而 5 期移动平均的均方误差为 $1.761\,2\div 5=0.352\,2$。因此，就本例的数据而言，采用 5 期移动平均的预测效果较采用 3 期移动平均要好，但差距不大。

9.3.3　指数平滑法

指数平滑法是指逐一求得前一时期指数平滑值和实际观察值的加权平均而对未来进行预测的一种时间序列分析方法。也就是说，该方法使得每一个第 $t+1$ 期的预测值等于第 t 期的实际观察值与第 t 期的预测值的加权平均值。从本质上看，指数平滑法是加权平均的一种特殊形式，观测值的时间越久远，其权数呈现指数级下降，正是因此其被称为指数平滑。指数平滑法有一次指数平滑法、二次指数平滑法、三次指数平滑法等，本节主要介绍一次指数平滑法。

设时间序列已有的 t 期观测值为 Y_1，Y_2，…，Y_t，根据指数平滑法的定义，第 $t+1$ 期的预测值 F_{t+1} 为：

$$F_{t+1} = \alpha Y_t + (1-\alpha)F_t$$

其中，Y_t 为第 t 期的观察值，F_t 为第 t 期的预测值，α 为平滑系数，且 $0 < \alpha < 1$。从上式可以看出，要想计算得到第 $t+1$ 期的预测值 F_{t+1}，就应当先计算得到第 t 期的预测值 F_t，而此时 $F_t = \alpha Y_{t-1} + (1-\alpha)F_{t-1}$。因此，要想计算得到第 t 期的预测值 F_t，就应当先要计算得到第 $t-1$ 期的预测值 F_{t-1}。以此类推，就一直"平滑"到需要计算第 1 期的预测值 F_1，但预测值 F_1 是无法根据定义的计算公式进行计算的。因此，在实际应用中，一般可以假定 F_1 就等于第 1 期的观测值，即 $F_1 = Y_1$。

在使用指数平滑法时，还有一个关键的问题就是如何确定一个合适的平滑系数 α，因为不同的平滑系数 α 会对预测结果产生不同的影响。当平滑系数 $\alpha = 0$ 时，预测值仅仅是重复上一期的预测结果，而当平滑系数 $\alpha = 1$ 时，预测值就是上一期实际值。平滑系数 α 越接近 1，对时间序列变化的反应就越快，因为它给当前的实际观测值赋予了比预测值更大的权重。反之，平滑系数 α 越接近 0，对时间序列变化的反应就越慢，因为它给当前的实际观测值赋予比预测值更小的权重。一般来讲，当时间序列存在较大的随机波动时，应当选择较大的平滑系数 α，以期尽快跟上近期的变化，当时间序列比较平稳时，可以选择较小的平滑系数 α。此外，实际应用时，还需要考虑预测误差的问题，即在确定平滑系数 α 时可选择若干个 α 进行预测，然后找出使得总体预测误差最小的那个作为最终的平滑系数 α 值。

【例 9.3】 数据接例 9.1，分别使用 $\alpha = 0.3$ 和 $\alpha = 0.5$ 作为平滑系数，可以计算得到如表 9.3 所示的结果。

表 9.3　$\alpha = 0.3$ 和 $\alpha = 0.5$ 时的预测值及其预测误差

年份编号	观测值	$\alpha=0.3$ 时的指数平滑预测值	预测误差	预测误差的平方	$\alpha=0.5$ 时的指数平滑预测值	预测误差	预测误差的平方
1	101.2	101.200 0	0.000 0	0.000 0	101.200 0	0.000 0	0.000 0
2	102.3	101.200 0	1.100 0	1.210 0	101.200 0	1.100 0	1.210 0

续表

年份编号	观测值	$\alpha=0.3$ 时的指数平滑预测值	预测误差	预测误差的平方	$\alpha=0.5$ 时的指数平滑预测值	预测误差	预测误差的平方
3	102.1	101.530 0	0.570 0	0.324 9	101.750 0	0.350 0	0.122 5
4	101.5	101.701 0	-0.201 0	0.040 4	101.925 0	-0.425 0	0.180 6
5	102.6	101.640 7	0.959 3	0.920 3	101.712 5	0.887 5	0.787 7
6	103.1	101.928 5	1.171 5	1.372 4	102.156 3	0.943 7	0.890 7
7	102.6	102.279 9	0.320 1	0.102 4	102.628 1	-0.028 1	0.000 8
8	101.8	102.376 0	-0.576 0	0.331 7	102.614 1	-0.814 1	0.662 7
9	102.3	102.203 2	0.096 8	0.009 4	102.207 0	0.093 0	0.008 6
10	102.5	102.232 2	0.267 8	0.071 7	102.253 5	0.246 5	0.060 8
11	—	102.312 6	—	—	102.376 8	—	—
合计	—	—	—	4.383 2	—	—	3.924 3

根据表 9.3 可以得到，当平滑系数 $\alpha=0.3$ 时，第 11 个年份的关于物价指数的预测值 F_{11} 为：

$$F_{11}=0.3\times102.5+(1-0.3)\times102.2322\approx102.3126$$

当平滑系数 $\alpha=0.5$ 时，第 11 个年份的关于物价指数的预测值 F_{11} 为：

$$F_{11}=0.5\times102.5+(1-0.5)\times102.2535\approx102.3768$$

另外，从表 9.3 中也可以看到，平滑系数 $\alpha=0.3$ 时的均方误差为 $4.383\,2\div10\approx0.438\,3$，而平滑系数 $\alpha=0.5$ 时的均方误差为 $3.924\,3\div10\approx0.392\,4$。因此，就本例的数据而言，采用平滑系数 $\alpha=0.5$ 的预测效果较采用平滑系数 $\alpha=0.3$ 要好，但差距不大。

9.4 趋势序列的分析

9.4.1 线性趋势分析

线性趋势，是指事物或现象随着时间的推移而呈现出稳定增长或下降的线性变化规律。在时间序列分析中，对线性趋势的分析就可以应用一元线性回归模型进行拟合与预测，也就是将时间作为自变量，将相应的序列值作为因变量，建立序列值随时间变化的线性回归模型。

设时间序列已有的 t 期观测值为 Y_1，Y_2，…，Y_t，将其作为样本数据，建立一元线性回归的趋势方程为：

$$\widehat{Y}_i = \beta_0 + \beta_1 t_i$$

其中：$\widehat{Y}_i$ 为第 i 期观测值 Y_i 所对应的预测值，i 为正整数；β_0 为回归的趋势直线的纵轴上的截距；β_1 为回归的趋势直线的斜率；t_i 表示的第 i 期观测值 Y_i 所对应的时间数据。这个一元线性回归的趋势方程就可以通过普通最小二乘法计算得到，其系数 β_1 为：

$$\beta_1 = \frac{\sum_{i=1}^{t} t_i Y_i - \sum_{i=1}^{t} t_i \sum_{i=1}^{t} Y_i}{t\sum_{i=1}^{t} t_i^2 - (\sum_{i=1}^{t} t_i)^2}$$

系数 β_0 为：

$$\beta_0 = \frac{1}{t}\sum_{i=1}^{t} Y_i - \frac{\beta_1}{t}\sum_{i=1}^{t} t_i$$

通过所建立的回归的趋势方程，可以计算出当 $t_i > t$ 时，时间 t_i 所对应的预测值。当然，我们也可以计算当 $t_i \leqslant t$ 时、时间 t_i 所对应的预测值，并通过这些计算得到预测值与实际观测值作比较，就可以得到回归中的估计标准误差 s_e：

$$s_e = \sqrt{\frac{\sum_{i=1}^{t} (Y_i - \widehat{Y}_i)^2}{t - 2}}$$

这个估计标准误差 s_e 就可以用来衡量趋势预测的误差。

【例 9.4】 表 9.4 为某经济体近十年的 GDP 数据。

表 9.4　某经济体近十年的 GDP 数据　　　（单位：万亿元）

年份	2 001	2 002	2 003	2 004	2 005	2 006	2 007	2 008	2 009	2 010
GDP	50. 6	58. 4	62. 3	68. 4	72. 6	85. 4	98. 7	105. 8	109. 2	110. 4

根据表 9.4，我们可以画出该经济体近十年的 GDP 数据折线图，如图 9.4 所示。

从图 9.4 中可以看出，该经济体近十年的 GDP 数据呈现出线性增长的趋势。因而，可以建立一元线性回归的趋势方程拟合一条直线，即图 9.4 中的虚直线，以此来预测下一个年度的 GDP 数据。根据表 9.4 中的样本数据以及普通最小二乘法原

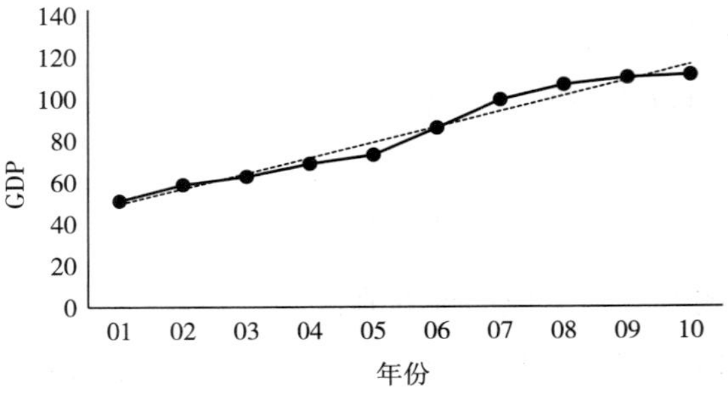

图 9.4　近十年的 GDP 数据折线图

理，可以计算得到所求拟合直线的两个参数，分别为 $\beta_0\approx41.68$、$\beta_1\approx7.36$，同时该回归模型的判定系数 $R^2\approx0.97$，说明该模型的拟合优度良好。故所求一元线性回归的趋势方程为：

$$\widehat{Y_i}=41.68+7.36t_i$$

其中，$\widehat{Y_i}$ 表示的是第 i 个年份的 GDP 数据的预测值，t_i 表示的是第 i 个年份。由此可以计算该经济体第 11 个年份的关于 GDP 的预测值 $\widehat{Y}_{11}$ 为：

$$\widehat{Y}_{11}\approx41.68+7.36\times11=122.64$$

即该经济体在第 11 个年份的 GDP 预计约为 122.64 万亿元。

对于例 9.4 的时间序列预测，有一点需要说明，即 GDP 的预测在短期内是可行的，如对未来一至三年的预测，因此时经济增长的内在结构、增长的驱动力以及面临的外部因素大体上是一致的，除非发生了突发利好或者黑天鹅事件。就长期而言，因经济的结构、内外部影响因素都发生了较大的变化，此时构建上述回归的趋势方程的内在逻辑不再具备，故此时的预测误差将会变得可预见的大。这种预测的长短期问题，同样也存在于其他的应用场合。

9.4.2　指数曲线趋势分析

指数曲线趋势是指事物或现象随着时间的推移按指数变化的规律。也就是说，当描述某一客观事物或现象的指标在散点图上的数据点构成指数曲线时，表明该事物或现象的发展是按指数规律变化的，或者说时间序列的逐期观察值按一定的比率增长或衰减。

设时间序列已有的 t 期观测值为 Y_1，Y_2，…，Y_t，将其作为样本数据，建立指数曲线的趋势方程为：

$$\widehat{Y}_i = \beta_0 \cdot \beta_1^{t_i}$$

其中，$\widehat{Y}_i$ 为第 i 期观测值 Y_i 所对应的预测值，i 为正整数；β_0 与 β_1 为指数曲线的趋势方程的系数，也是待估计的参数；t_i 表示的第 i 期观测值 Y_i 所对应的时间数据。当 $\beta_1 > 1$ 时，增长率随着时间 t_i 的增加而增加；当 $\beta_1 < 1$ 时，则增长率随着时间 t_i 的增加而降低。

对于指数曲线趋势分析，我们可以将其“线性化”，即对上述的指数曲线的趋势方程两边取自然对数可得：

$$\ln \widehat{Y}_i = \ln \beta_0 + t_i \ln \beta_1$$

将 $\ln Y_1$，$\ln Y_2$，…，$\ln Y_t$ 看成一个新的时间序列已有的 t 期观测值并将其作为样本数据，$\ln \widehat{Y}_i$ 第 i 期观测值 $\ln Y_i$ 所对应的预测值，i 为正整数；$\ln \beta_0$ 与 $\ln \beta_1$ 为待估计的参数；t_i 表示的第 i 期观测值 Y_i 所对应的时间数据。由此，这个一元线性回归的趋势方程可以通过普通最小二乘法计算得到，其系数 $\ln \beta_1$ 为：

$$\ln \beta_1 = \frac{\sum_{i=1}^{t} t_i \ln Y_i - \sum_{i=1}^{t} t_i \sum_{i=1}^{t} \ln Y_i}{t \sum_{i=1}^{t} t_i^2 - \left(\sum_{i=1}^{t} t_i \right)^2}$$

系数 $\ln \beta_0$ 为：

$$\ln \beta_0 = \frac{1}{t} \sum_{i=1}^{t} \ln Y_i - \frac{\ln \beta_1}{t} \sum_{i=1}^{t} t_i$$

求出 $\ln \beta_0$ 与 $\ln \beta_1$ 后，对其取反对数，即可得到 β_0 与 β_1 的值。

9.4.3 多阶段曲线趋势分析

有些现象的变化形态比较复杂，有升有降，在变化过程中可能有若干个拐点，这时就需要拟合多项式函数。当只有一个拐点时，可以拟合二阶曲线，即抛物线；当有两个拐点时，则需要拟合三阶曲线；当有 $n-1$ 个拐点时，则需要拟合 n 阶曲线。

设时间序列已有的 t 期观测值为 Y_1，Y_2，…，Y_t，将其作为样本数据，建立 n 阶曲线的趋势方程：

$$\widehat{Y}_i = \beta_0 + \beta_1 t_i + \beta_2 t_i^2 + \cdots + \beta_n t_i^n$$

其中，$\widehat{Y}_i$ 为第 i 期观测值 Y_i 所对应的预测值，i 为正整数；β_0，β_1，β_2，…，β_n 为 n 阶曲线的趋势方程的系数，也是待估计的参数；t_i 表示的第 i 期观测值 Y_i 所对应的时间数据。

对于 n 阶曲线的趋势方程，我们可令 $t_i^k = x_k$，则可得到：

$$\widehat{Y}_i = \beta_0 + \beta_1 x_1 + \beta_2 x_2 + \cdots + \beta_n x_n$$

这是一个典型多元线性回归方程，因而就可以按多元线性回归分析中的普通最小二乘法计算求得系数 β_0，β_1，β_2，…，β_n 的值。

9.5　复合序列的分析

复合型序列是指含有趋势变动、循环变动和随机波动等影响因素的时间序列。这类序列的预测方法通常是将时间序列的各个因素依次分解出来，然后进行预测。这种先分解、后预测的方法被称为分解法。

采用分解法进行预测时，可采用 $Y = T \cdot C \cdot I$ 的分解模型。这一模型表示时间序列中含有趋势变动、循环变动和随机波动的因素。分解法一般步骤是：首先确定循环因素并将其从序列中分离出去，其次建立关于趋势序列的预测模型，最后在预测模型中重新加入循环因素并作出最终预测。下面以一个具体的数据案例来说明如何对复合型序列进行分析。

【例 9.5】 假定某企业生产某一种产品，其近六年每个季度的销售量如表 9.5 所示。

表 9.5　某企业近六年每个季度的销售量情况　　　（单位：万件）

年份编号	季度	销量	年份编号	季度	销量
1	1	25	2	1	30
	2	32		2	38
	3	37		3	42
	4	26		4	30
3	1	29	4	1	30
	2	39		2	39
	3	50		3	51
	4	35		4	37
5	1	29	6	1	31
	2	42		2	43
	3	55		3	54
	4	38		4	41

先画出数据折线图，如图9.5所示，分析其中所包含的影响因素。

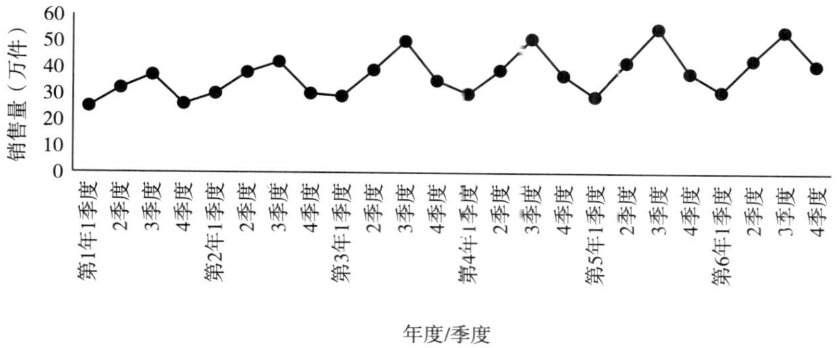

图9.5　某企业各季度产品销售量折线图

从图9.5中可以看出，该折线具有明显的按规律上下起伏的状态，这说明该企业产品的销售量的时间序列中包含循环因素；同时仔细观察还可以注意到，年份数字越大，该年份所对应的平均销量也越大，这说明该企业产品的销售量的时间序列中还包含有趋势因素。因此可以认为，该企业产品的销售量的时间序列中同时包含有趋势变动因素、循环变动因素以及随机波动因素。

在明确了时间序列包含的影响因素之后，就需要确定循环因素，并从序列中将循环因素剔除。因为在本例中，所研究序列数据是按照季度进行采集的，可以通过计算季节变动指数确定季节变动因素，也就是循环变动因素。季节变动指数简称季节指数，是一种以相对数表示的季节变动衡量指标，其表明的是各季节变量与全年平均值的相对关系。例如，若一个产品的销售在第一个季节的季节指数为0.9，则意味着该产品春季销售量相对于全年平均值减少了10%。也就是说，季节指数是以全年平均数的100%作为基础而计算得到的，其反映的是某一季度或月度的数值占全年平均数值的大小。如果时间序列中没有季节变动，则各季度或月度的季节指数应等于100%；如果某一季度或月度有明显的季节变化，则季度或月度的季节指数应大于或小于100%。因此，季节变动的程度是根据各季节指数与其平均数的偏差（即与100%的偏差的程度）来测定的。

季节指数的计算可使用移动平均趋势剔除法，其计算步骤为：

（a）计算移动平均值：如果是季度数据，则采用4项移动平均，如果是月度数据，则采用12项移动平均。

（b）对所计算移动平均进行中心化处理：将移动平均的结果再进行一次 2 项移动平均，即可得出中心化移动平均值。

（c）计算移动平均的比值（也称季节比率）：将序列的各观察值除以相应的中心化移动平均值，即可得出季节比率。

（d）计算比率值的平均值：如果是季度数据，则按不同年份同一季度计算出各比率值的季度平均值；如果是月度数据，则按不同年份同一月度计算出各比率值的月度平均值。

（e）计算季节指数：将所计算得到的每一个季度或月度比率的平均值除以所有季节比率的总平均值，即可得到每一个季度或月度的季节指数。

对于例 9.5，先计算 4 项移动平均、中心化移动平均值及季节比率，如表 9.6 所示。

表 9.6 季节比率的计算 （单位：万件）

年度/季度	时间编号	销量	4 项移动平均	中心化移动平均值	季节比率
第 1 年 1 季度	1	25	—	—	—
2 季度	2	32	30.00	—	—
3 季度	3	37	31.25	30.625 0	1.208 2
4 季度	4	26	32.75	32.000 0	0.812 5
第 2 年 1 季度	5	30	34.00	33.375 0	0.898 9
2 季度	6	38	35.00	34.500 0	1.101 4
3 季度	7	42	34.75	34.875 0	1.204 3
4 季度	8	30	35.00	34.875 0	0.860 2
第 3 年 1 季度	9	29	37.00	36.000 0	0.805 6
2 季度	10	39	38.25	37.625 0	1.036 5
3 季度	11	50	38.50	38.375 0	1.302 9
4 季度	12	35	38.50	38.500 0	0.909 1
第 4 年 1 季度	13	30	38.75	38.625 0	0.776 7
2 季度	14	39	39.25	39.000 0	1.000 0
3 季度	15	51	39.00	39.125 0	1.303 5
4 季度	16	37	39.75	39.375 0	0.939 7

续表

年度/季度	时间编号	销量	4 项移动平均	中心化移动平均值	季节比率
第 5 年 1 季度	17	29	40.75	40.250 0	0.720 5
2 季度	18	42	41.00	40.875 0	1.027 5
3 季度	19	55	41.50	41.250 0	1.333 3
4 季度	20	38	41.75	41.625 0	0.912 9
第 6 年 1 季度	21	31	41.50	41.625 0	0.744 7
2 季度	22	43	42.25	41.875 0	1.026 9
3 季度	23	54	—	—	—
4 季度	24	41	—	—	—

以第一个季节比率 1.208 2 为例，来说明季节比率的计算过程。先应当计算序列数据第一次的 4 项移动平均值，由此可以得到第一个 4 项移动平均值为 (25 + 32 + 37 + 26)/4 = 30，该数据应当放置于四个数据的中间（该位置理论上为第 2.5 个数据的位置但实际上不存在），因而还需要计算第二次的 4 项移动平均值，其值为 (32 + 37 + 26 + 30)/4 =31.25，然后计算这两次 4 项移动平均值的 2 项移动平均，这样就可以得出第一个中心化移动平均值 (30 +31.25)/2 =30.625。因该数据涉及五个原始数，故应当放置于这五个数据的中间，即第三个数据对应的位置。然后，将第三个原始数据与刚才计算出的第一个中心化移动平均值进行比较，可得到第一个季节比率，即 37/30.625 ≈1.208 2。其余季节比率数据的计算均可以此类推。表 9.6 中最末两行未计算季节比率，是因为原始数据量不足四个，无法计算 4 项移动平均而导致。

计算出所有的季节比率数据后，可以得到所有这些季节比率的均值，为 0.996 3，然后就可以计算不同年份同一季度下的季节比率的平均值以及季节指数，如表 9.7 所示。

表 9.7　季节指数的计算

年份	1 季度	2 季度	3 季度	4 季度
1	—	—	1.208 2	0.812 5
2	0.898 9	1.101 4	1.204 3	0.860 2

续表

年份	1 季度	2 季度	3 季度	4 季度
3	0.805 6	1.036 5	1.302 9	0.909 1
4	0.776 7	1.000 0	1.303 5	0.939 7
5	0.720 5	1.027 5	1.333 3	0.912 9
6	0.744 7	1.026 9	—	—
季节比率均值	0.789 3	1.038 5	1.270 4	0.886 9
季节指数	79.22%	104.23%	127.52%	89.02%

从表 9.7 的计算结果来看，2 季度和 3 季度的季节指数均大于 100%，为销售旺季；而 1 季度和 4 季度的季节指数均小于 100%，为销售淡季。

计算出季节指数后，就可将序列的所有观察值除以所对应季度的季节指数，就可将季节成分从时间序列中分离出去，此时的时间序列模型为：

$$\frac{Y}{S}=\frac{T\cdot S\cdot I}{S}=T\cdot I$$

此即为季节因素被分离出去的时间序列。图 9.6 显示了在没有季节因素影响下的时间序列与原始序列的对比。

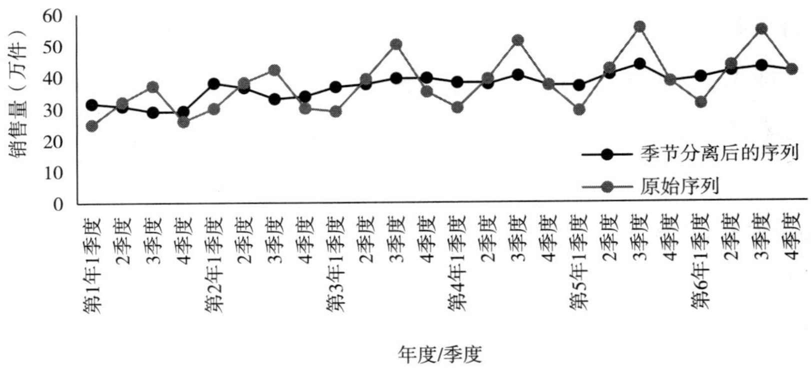

图 9.6　季节因素分离后的序列与原始序列的对比

从图 9.6 中可以看出，与原始序列相比，剔除季节因素后的产品销售量的时间序列具有较为明显的线性增长的趋势。因此，可用一元线性回归模型来预测各季度的产品销售量。通过普通最小二乘法，所求一元线性回归的趋势方程为：

$$\widehat{Y}_i = 30.606\ 7 + 0.559\ 2t_i$$

根据该趋势方程可计算季节因素分离的序列中各数据的预测值，将此预测值再乘以对应的季节指数，即可得到原始序列中各数据的最终预测值，如表 9.8 所示。

表 9.8　产品销售量的预测值　　　　（单位：万件）

年度/季度	时间编号	销量	季节指数	季节分离的序列	回归预测值	最终预测值	预测误差
①	②	③	④	⑤=③/④	⑥=30.606 7+0.559 2×②	⑦=⑥×④	⑧=③-⑦
第 1 年 1 季度	1	25	0.792 2	31.557 7	31.165 9	24.689 6	0.310 4
2 季度	2	32	1.042 4	30.698 4	31.725 1	33.070 2	-1.070 2
3 季度	3	37	1.275 2	29.015 1	32.284 3	41.168 9	-4.168 9
4 季度	4	26	0.890 2	29.206 9	32.843 5	29.237 3	-3.237 3
第 2 年 1 季度	5	30	0.792 2	37.869 2	33.402 7	26.461 6	3.538 4
2 季度	6	38	1.042 4	36.454 3	33.961 9	35.401 9	2.598 1
3 季度	7	42	1.275 2	32.936 0	34.521 1	44.021 3	-2.021 3
4 季度	8	30	0.890 2	33.700 3	35.080 3	31.228 5	-1.228 5
第 3 年 1 季度	9	29	0.792 2	36.606 9	35.639 5	28.233 6	0.766 4
2 季度	10	39	1.042 4	37.413 7	36.198 7	37.733 5	1.266 5
3 季度	11	50	1.275 2	39.209 5	36.757 9	46.873 7	3.126 3
4 季度	12	35	0.890 2	39.317 0	37.317 1	33.219 7	1.780 3
第 4 年 1 季度	13	30	0.792 2	37.869 2	37.876 3	30.005 6	-0.005 6
2 季度	14	39	1.042 4	37.413 7	38.435 5	40.065 2	-1.065 2
3 季度	15	51	1.275 2	39.993 7	38.994 7	49.726 0	1.274 0
4 季度	16	37	0.890 2	41.563 7	39.553 9	35.210 9	1.789 1
第 5 年 1 季度	17	29	0.792 2	36.606 9	40.113 1	31.777 6	-2.777 6
2 季度	18	42	1.042 4	40.291 6	40.672 3	42.396 8	-0.396 8
3 季度	19	55	1.275 2	43.130 5	41.231 5	52.578 4	2.421 6
4 季度	20	38	0.890 2	42.687 0	41.790 7	37.202 1	0.797 9
第 6 年 1 季度	21	31	0.792 2	39.131 5	42.349 9	33.549 6	-2.549 6
2 季度	22	43	1.042 4	41.251 0	42.909 1	44.728 4	-1.728 4
3 季度	23	54	1.275 2	42.346 3	43.468 3	55.430 8	-1.430 8
4 季度	24	41	0.890 2	46.057 1	44.027 5	39.193 3	1.806 7

根据表 9.8 中的销量的原始序列数据与最终预测值，可以在同一坐标系里同时画出它们的折线图，如图 9.7 所示。

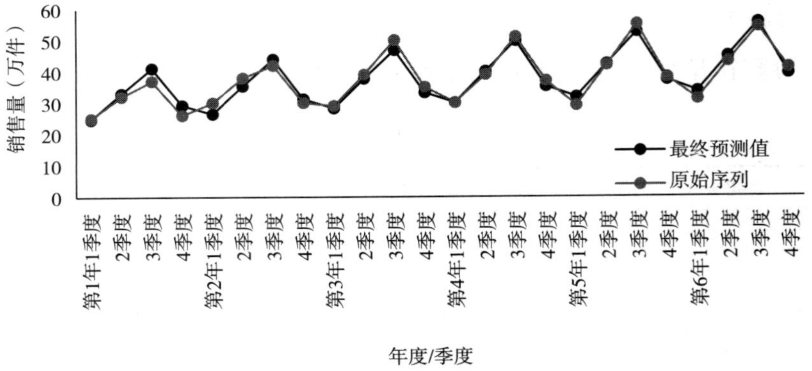

图 9.7 产品销售量的原始序列与最终预测值

从图 9.7 中可以明显地看出，最终预测值与原始序列数据非常的接近，由此可见预测效果是比较良好的。

现要预测第 7 个年份 1 季度的销售量数据，此时的 $t_i = t_{25} = 25$，将其代入到一元线性回归的趋势方程中，可得：

$$\widehat{Y}_{25} = 30.6067 + 0.5592 \times 25 = 44.5867\text{（万件）}$$

该预测值是不包含季节因素的，因而还需要乘以 1 季度的季节指数，可得最终的预测值：

$$44.5867 \times 0.7922 \approx 35.3216\text{（万件）}$$

即，第 7 个年份 1 季度的该企业产品的销售量数据预测约为 35.321 6 万件。

【思考与练习】

1. 简述时间序列分析的含义，并说明其余回归分析的区别。

2. 简述时间序列分析的步骤。

3. 某企业过去 18 个月的销售额数据，如表 9.9 所示。

表 9.9 某企业过去 18 个月的销售额数据 （单位：万元）

月份编号	销售额	月份编号	销售额	月份编号	销售额
1	295	7	381	13	449

续表

月份编号	销售额	月份编号	销售额	月份编号	销售额
2	283	8	431	14	544
3	322	9	424	15	601
4	355	10	473	16	587
5	286	11	470	17	644
6	379	12	481	18	660

请使用 3 期移动平均法预测第 19 个月的销售额。

4. 数据接上题，采用平滑指数法，分别用平滑系数 $\alpha=0.3$ 和 $\alpha=0.5$ 预测各月数据，分析预测误差，说明哪个平滑系数更加适合预测。

5. 数据接上题，建立一个预测趋势方程，并计算估计标准误差。

10 统计指数

在日常的生活和工作中，我们经常会遇到各种指数。比如，国家会定期发布居民消费价格指数 CPI，通过这个 CPI 指数，我们就可以了解我国的消费价格整体处于什么样的水平。再比如，上海证券市场会产生上证指数，通过这个上证指数，我们就可以了解上海证券交易市场上所有股票价格的整体水平。所以说，通过统计指数，我们就能够了解这些指数所反映内容的整体情况。

本章主要介绍统计指数的基本概念、编制与计算方法以及统计指标体系及其分解。

10.1 统计指数的相关概念

10.1.1 统计指数

统计指数简称指数，是一种对比性的分析指标，是测定数量变动的相对数，通常表现为百分数。统计指数是分析社会经济现象数量变化的一种重要统计方法，其有广狭二义①。

从广义上讲，凡是表明社会经济现象总体数量变动的相对数都是指数。例如，某只股票当前交易日的收盘价格为 78.5 元，前一交易日收盘价为 73.5 元，那么可以计算出该只股票的价格指数为 1.068（=78.5/73.5）或 106.8%，说明该只股票的价格上升了 6.8%。这种指数是反映单个商品随时间推移而发生的变化。但在实际生活中我们经常要面对很多商品价格的综合变化，如就上面股票的例子而言，往

① 统计指数的广狭二义相关内容摘自国家统计局官网中“统计指数的概念”部分（https://www.stats.gov.cn/zs/tjll/tjzs/202302/t20230215_1905782.html）。

往人们持仓股票不止一只，如果要反映所持所有股票价格的综合变动情况，这时就要涉及狭义指数的概念。

从狭义上讲，统计指数是表明复杂社会经济现象总体数量综合变动的相对数。所谓复杂社会经济现象，总体是指那些由于各部分性质不同而在研究数量特征时不能直接进行加总或对比的总体。例如，要反映市场上猪肉、鸡蛋和菜花等三种商品的综合变动情况，我们不能把 1 千克猪肉跟 1 千克鸡蛋以及 1 千克菜花直接相加，因为其是不同的商品，加总起来毫无意义。因此，由不同的产品或商品所组成的总体就是一个复杂总体，要反映复杂总体数量的综合变动便不能简单地采用一般相对数的方法，而应当有专门的、特殊的方法。统计指数就是反映复杂总体数量综合变动的一类方法。利用统计指数的原理和方法，通过编制实物量指数、价格指数等，可以反映不同产品或商品的实物量、价格等的综合变动情况。

广义的统计指数与狭义的统计指数在实际中均得到较为广泛的应用。但从指数理论和方法上看，统计指数所研究的主要是狭义指数。

10.1.2　基期与报告期

基期与报告期是一对相对的概念，表示的是数据变化的不同时间点。基期是指作为对比基准的时期，是开始时的参考标准，报告期则是指当前研究的阶段。在编制计算统计指标时，基期提供了一个对比的基础，以帮助分析报告期数据的变化情况。例如，在比较两个年份的经济发展时，通常选择较早年份为基期、较晚年份为报告期。通过报告期数据与基期数据的对比，可以计算各类统计指数，从而分析经济、社会现象的发展变化。

10.2　统计指数的分类

统计指数主要从以下几个角度进行分类。

(a) 按反映对象范围的不同，统计指数可分为个体指数和总指数。个体指数反映个别现象或个别项目数量变动的相对数，如某种产品的产量指数、某种商品的价格指数等；总指数则综合反映多种项目数量变动的相对数，如多种产品的产量指数、多种商品的价格指数等。

(b) 按反映现象性质的不同，统计指数可分为数量指标指数和质量指标指数。

数量指标指数反映数量指标变动程度的相对数，如商品销售量指数、工业产品产量指数等；质量指标指数反映品质指标变动程度的相对数，如产品价格指数、产品单位成本指数等。

（c）按编制方法不同，统计指数可分为综合指数和平均指数。综合指数可通过两个有联系的综合总量指标的对比计算得出，而平均指标指数是用加权平均的方法计算出来的总指数。

10.3　统计指数的编制与计算

我们知道，统计指数可分为个体指数和总指数。个体指数所反映的是个别现象或个别项目数量变动的相对数，因而仅需要通过变动前后的数据即可计算得到该相对数。所以说，个别变动体指数的编制与计算是相对容易的。对于总指数而言，则其反映的是多种项目数量变动的相对数，是对个体指数的综合，其编制与计算相对复杂。因而，下面就对总指数的编制与计算进行较为详细的说明。

在对个体指数进行综合得到总指数时，根据是否考虑个体指数的权数，可将其分为简单指数和加权指数两种类型。简单指数指对个体指数进行简单汇总，不考虑权数，根据计算方式不同，可进一步分为简单综合指数、简单平均指数；加权指数指编制总指数时考虑权数的作用，根据计算方式不同，可进一步分为加权综合指数和加权平均指数。

10.3.1　简单指数

简单指数指不加权的指数，其主要有两种计算方法，分别可计算得到简单综合指数和简单平均指数。

1）简单综合指数

简单综合指数，是将报告期的指标总和与基期的指标总和相对比的指数，其特点是“先综合，后对比”，计算公式为：

$$I_p = \frac{\sum p_1}{\sum p_0},\ I_q = \frac{\sum q_1}{\sum q_0}$$

其中，p 表示质量指标，q 表示数量指标，I_p 表示质量指标指数，I_q 表示数量指标指数；下标 0 表示基期，下标 1 表示报告期。

简单综合指数具有方法简单、操作容易、对数据要求少等优点，但其也存在明显的缺陷，最主要的包括：计算结果受计量单位的影响；在不同类别指标值差异大、变动幅度差异大的情况下，较低水平的类别会被较高水平类别所掩盖等。

【例 10.1】 某经济体在计算物价水平时，选取了牛奶、面包、土豆、茶叶等四种商品，该四种商品在基期和报告期的价格如表 10.1 所示。

表 10.1　四种商品在基期和报告期的价格　（单位：元/千克）

时期	商品			
	牛奶	面包	土豆	茶叶
基期	2.5	1.5	2.0	3.0
报告期	2.8	1.6	2.2	3.5

用简单综合指数的方法计算报告期物价相对于基期的物价指数为：

$$I_p = \frac{2.8 + 1.6 + 2.2 + 3.5}{2.5 + 1.5 + 2.0 + 3.0} = 112\%$$

计算结果表明，报告期的物价水平比基期上涨了 12%。

【例 10.2】 现有电脑和汽油两种商品，其在基期和报告期的价格如表 10.2 所示。

表 10.2　牛奶和手机在基期和报告期的价格

时期	商品	
	电脑	汽油
基期	10 000 元/台	5 元/升
报告期	5 000 元/台	10 元/升

用简单综合指数的方法计算报告期相对于基期的价格指数为：

$$I_p = \frac{5\ 000 + 10}{10\ 000 + 5} \approx 0.5 = 50\%$$

计算结果表明，报告期的价格比基期下降了约 50%。由于汽油和电脑的价格水平相差较大，因此运用简单综合指数基本体现不出汽油价格的变动趋势。由此可知，简单综合指数一般适用于指标值处于同一个数量级的情形。

2）简单平均指数

简单平均指数是将个体指数进行简单平均得到的总指数，其特点是“先对比，后综合”，计算公式为：

$$I_p = \frac{\sum \frac{p_1}{p_0}}{n}, \quad I_q = \frac{\sum \frac{q_1}{q_0}}{n}$$

式中，p 表示质量指标，q 表示数量指标，I_p 表示质量指标指数，I_q 表示数量指标指数；下标 0 表示基期，下标 1 表示报告期。相比较简单综合指数，简单平均指数能够降低不同类别指标值数量级水平差异的影响。

【例 10.3】 数据接上例，用简单平均指数的方法计算报告期相对于基期的价格指数为：

$$I_p = \frac{\frac{5\ 000}{10\ 000} + \frac{10}{5}}{2} = 1.25 = 125\%$$

计算结果表明，报告期的价格比基期上升了 25%。这个计算结果相较于上例更合理一些。

10.3.2 加权指数

所谓加权指数，就是通过对不同类别指标赋予不同权重而得到的统计指数，主要有两种计算方法，分别可计算得到加权综合指数和加权平均指数。

1）加权综合指数

关于加权综合指数，用一个数值案例来说明其的编制与计算。

【例 10.4】 假设某企业产销三种不同类型的产品 A、B 和 C，该三种产品在基期和报告期的销量和价格如表 10.3 所示。

表 10.3　三种产品在基期和报告期的销量和价格

产品	销量		价格	
	q_0	q_1	p_0	p_1
A	1 200 件	1 500 件	3.6 元/件	4.0 元/件
B	1 500 米	2 000 米	2.3 元/米	2.4 元/米
C	500 吨	600 吨	9.8 元/吨	10.6 元/吨

表中，q 表示销量，p 表示价格，下标 0 表示基期，下标 1 表示报告期。

如果要编制该企业关于销量的总指数，则按照前述的简单综合指数的方法，需要将 A、B、C 三种产品在基期和报告期的销量分别加总求和，然后进行对比。然而，这三种产品的计量单位（产品 A 为件、产品 B 为米、产品 C 为吨）是完全不一样的，直接加总是没有任何意义的。同样，计算该企业关于价格的总指数，将 A、B 两种产品在基期和报告期的价格分别加总求和也是没有任何意义的。

我们知道，对于 A、B、C 三种产品，其销售额的加总求和是有意义的，也即销量与价格的乘积是可以加总求和的。销售额的变化，是销量和价格这两个因素变化共同作用的结果。如果固定其中一个因素，那么销售额的变化所反映的就是另一个因素的变化。因此，在编制销量总指数时，可以通过固定价格因素将销量总指数转化为销售额总指数。同样，在编制价格总指数时，可以通过固定销量因素，将价格总指数转化为销售额总指数。这个固定的因素，一般称为媒介因素或同度量因素；而对诸如销售额、产值等这些，可以把使用价值不同的产品实物量采用既定的价格来进行计算，然后相加成为一个总价值的指标，一般可称之为价值量指标。

由此，可以得到关于销量总指数和价格总指数的计算公式：

$$销量总指数I_q = \frac{\sum q\ p}{\sum q\ p}$$

$$价格总指数I_p = \frac{\sum q p_1}{\sum q p_0}$$

显然，在销量总指数中，价格 p 是权数，而在价格总指数中，销量 q 是权数。上述两个计算公式即为加权综合指数的基本公式。在加权综合指数中，同度量因素具有权数的作用。

对于同度量因素，既可以将其固定在基期，也可以将其固定在报告期。固定在不同时期，会得到不同的加权综合指数：固定在基期，得到的是拉氏指数；固定在报告期，得到的是帕氏指数。下面将分别介绍拉氏指数和帕氏指数。

第一，拉氏指数。

拉氏指数是由德国经济统计学家拉斯贝尔斯于 1864 年提出的，他将作为权数的同度量因素固定在基期来计算加权综合指数。后来，该方法被推广到其它各种综合指数的计算。一般而言，把同度量因素固定在基期水平上所编制与计算得到的综合指数称为拉氏指数，又称为基期加权综合指数。拉氏指数的计算公式为：

$$拉氏数量指标指数 I_q = \frac{\sum q_1 p_0}{\sum q_0 p_0}$$

$$拉氏质量指标指数 I_p = \frac{\sum q_0 p_1}{\sum q_0 p_0}$$

其中，q_0 和 q_1 分别代表基期和报告期的数量指标，p_0 和 p_1 分别代表基期和报告期的质量指标，I_p 代表质量指标指数，I_q 代表数量指标指数。

【例 10.5】 数据接上例，利用拉式指数，可计算得到销量综合指数：

$$I_q = \frac{\sum q_1 p_0}{\sum q_0 p_0} = \frac{1\ 500 \times 3.6 + 2\ 000 \times 2.3 + 600 \times 9.8}{1\ 200 \times 3.6 + 1\ 500 \times 2.3 + 500 \times 9.8} = \frac{15\ 880}{12\ 670} \approx 125.34\%$$

价格综合指数为：

$$I_p = \frac{\sum q_0 p_1}{\sum q_0 p_0} = \frac{1\ 200 \times 4.0 + 1\ 500 \times 2.4 + 500 \times 10.6}{1\ 200 \times 3.6 + 1\ 500 \times 2.3 + 500 \times 9.8} = \frac{13\ 700}{12\ 670} \approx 108.13\%$$

计算结果表明，与基期相比，报告期销量平均上涨了约 25.34%，价格平均上涨了约 8.73%。

第二，帕氏指数。

帕氏指数是由德国学者帕煦于 1874 年提出的，他将作为权数的同度量因素固定在报告期来计算加权综合指数。帕氏指数的计算公式为：

$$帕氏数量指标指数 I_q = \frac{\sum q_1 p_1}{\sum q_0 p_1}$$

$$帕氏质量指标指数 I_p = \frac{\sum q_1 p_1}{\sum q_1 p_0}$$

其中，q_0 和 q_1 分别代表基期和报告期的数量指标，p_0 和 p_1 分别代表基期和报告期的质量指标，I_p 代表质量指标指数，I_q 代表数量指标指数。

【例 10.6】 数据接上例，利用帕式指数，可计算得到销量综合指数：

$$I_q = \frac{\sum q_1 p_1}{\sum q_0 p_1} = \frac{1\ 500 \times 4.0 + 2\ 000 \times 2.4 + 600 \times 10.6}{1\ 200 \times 4.0 + 1\ 500 \times 2.4 + 500 \times 10.6} = \frac{17\ 160}{13\ 700} \approx 125.26\%$$

价格综合指数为：

$$I_p = \frac{\sum q_1 p_1}{\sum q_1 p_0} = \frac{1\ 500 \times 4.0 + 2\ 000 \times 2.4 + 600 \times 10.6}{1\ 500 \times 3.6 + 2\ 000 \times 2.3 + 600 \times 9.8} = \frac{17\ 160}{15\ 880} \approx 108.06\%$$

计算结果表明，与基期相比，报告期销量平均上涨了约 25.26%，价格平均上涨了约 8.06%。

第三，拉氏指数与帕氏指数的比较。

（a）拉氏指数将同度量因素固定在基期，在定基指数数列中，各期指数不受权数结构变动影响，可比性更强；帕氏指数将同度量因素固定在报告期，无论是在定基指数数列中还是在环比指数数列中，权数结构都会随报告期改变而改变，从而各期指数的可比性受到影响。

（b）由于权数不同，依据同一资料计算的拉氏指数和帕氏指数的计算结果通常会存在差异，一般情况下，拉氏指数大于帕氏指数。

（c）如果所有个体指数都按相同比例变化或所有的同度量因素都按相同比例变化时，拉氏指数与帕氏指数相等。

2）加权平均指数

加权平均指数是以个体指数为基础，通过对个体指数进行加权平均来编制的指数。加权平均指数的计算方法为：先计算所研究对象中所有个体指数，然后使用价值量指标（如产值、销售额等）作为权数对个体指数进行加权平均。加权平均指数主要有两种计算方法，分别可计算得到加权算术平均指数和加权调和平均指数。

第一，加权算术平均指数。

加权算术平均指数的计算公式为：

$$A_p=\frac{\sum \frac{p_1}{p_0}qp}{\sum qp},\quad A_q=\frac{\sum \frac{q_1}{q_0}qp}{\sum qp}$$

特别是，若使用基期权数 q_0p_0，与拉氏指数相同，即：

$$A_p=\frac{\sum \frac{p_1}{p_0}q_0p_0}{\sum q_0p_0}=\frac{\sum q_0p_1}{\sum q_0p_0},\quad A_q=\frac{\sum \frac{q_1}{q_0}q_0p_0}{\sum q_0p_0}=\frac{\sum q_1p_0}{\sum q_0p_0}$$

第二，加权调和平均指数。

加权调和平均指数的计算公式为：

$$H_p=\frac{\sum qp}{\sum \frac{p_0}{p_1}qp},\quad H_q=\frac{\sum qp}{\sum \frac{q_0}{q_1}qp}$$

特别是，若用报告期权数 q_1p_1，与帕氏指数相同，即：

$$H_p=\frac{\sum q_1p_1}{\sum \frac{p_0}{p_1}q_1p_1}=\frac{\sum q_1p_1}{\sum q_1p_0},\ H_q=\frac{\sum q_1p_1}{\sum \frac{q_0}{q_1}q_1p_1}=\frac{\sum q_1p_1}{\sum q_0p_1}$$

10.4 指数体系

在经济社会研究中，通常需要分析现象发展指标的变化，以及各个因素对这个指标变化所产生的影响。例如，对于一个企业而言，通常都需要对销售额这个重要经营指标的变化进行分析：用报告期销售额减去基期销售额，可以得到销售额变化的绝对量；用报告期销售额除以基期销售额，可以得到销售额变化的相对量。这是指标本身变化的分析，除此之外，还需要对影响指标变化的各个因素进行分析和分解，以明确引起指标总量变化的各个分量变化，如销售额变化中，由于产量和价格这两个因素所产生的变化量分别是多少。这种分析的方法是因素分解，因素分解的对象可以是总量指数，也可以是平均数指数。

10.4.1 总量指数体系

总量可以分解成若干个分量，如销售额可以分解成销量与价格的乘积，因而销售额可以认为是一个总量。同样，总产值（产量与价格的乘积）、总成本（产量与单位成本的乘积）也可认为是总量。

总量指数可以分解成若干个分量指数，如销售额指数=销量指数×价格指数、总产值指数=产量指数×价格指数、总成本指数=产量指数×单位成本指数。分量指数也被称为因素指数。这种由总量指数及其若干个分量指数所构成的有机整体，我们称之为总量指数体系。在总量指标体系中，分量指数可以是两个，也可以是两个以上。本书中，以两个分量指数情形为例来说明总量指数的分解，多个分量指数情形可以此类推。

在两个分量指数的总量指数体系中，该两个分量指数在通常情况下，一个是数量指数（如销量指数），另一个是质量指数（如价格指数），并且这两个分量指数中权数必须是不同时期的，如数量指数的权数使用的基期数据，而质量指数的权数应为报告期数据，反之亦然。

因所用权数时期不同，会有不同数量指数和质量指数，由此会产生不同的指数体系。实际中常用的是：数量指数采用基期权数加权的拉氏指数、质量指数采用报告期权数加权的帕氏指数。常用的指数体系中总量指数和分量指数之间的关系可表示为：

（a）相对数关系：

$$\frac{\sum p_1q_1}{\sum p_0q_0}=\frac{\sum p_1q_1}{\sum p_0q_1}\cdot\frac{\sum p_0q_1}{\sum p_0q_0}$$

（b）绝对数关系：

$$\sum p_1q_1-\sum p_0q_0=(\sum p_1q_1-\sum p_0q_1)+(\sum p_0q_1-\sum p_0q_0)$$

上述两式中，$\sum p_1q_1$ 为报告期总量指标，$\sum p_0q_0$ 为基期总量指标，p 为质量分量，q 为数量分量，下标 0 表示基期，下标 1 表示报告期。

【例 10.7】 数据接上例，由此可得到：

第一，相对数关系。

总量指数：销售额指数 $=\frac{\sum q_1p_1}{\sum q_0p_0}=\frac{17\ 160}{12\ 670}\approx 135.44\%$。分量指数：价格指数 $=\frac{\sum q_1p_1}{\sum q_1p_0}=\frac{17\ 160}{15\ 880}\approx 108.06\%$、销量指数 $=\frac{\sum q_1p_0}{\sum q_0p_0}=\frac{15\ 880}{12\ 670}\approx 125.34\%$。

三者之间的相对数量关系：135.44% =108.06% ×125.34%

第二，绝对数关系。

销售额变动 $=\sum q_1p_1-\sum q_0p_0=17\ 160-12\ 670=4\ 490$（元）。价格变动的影响额 $=\sum q_1p_1-\sum q_1p_0=17\ 160-15\ 880=1\ 280$（元）。销量变动的影响额 $=\sum q_1p_0-\sum q_0p_0=15\ 880-12\ 670=3\ 210$（元）。

三者之间的绝对数量关系：4 490(元) =1 280(元) +3 210（元）。

10.4.2 平均量指数体系

平均量指数，又称平均数指数，是指通过两个不同时期的加权算术平均数之比所得到的指数，其能反映平均水平的变动情况。因素分解的思想同样可以运用到平均数的变动分析中。我们知道，加权算数平均数的计算公式为：

$$\frac{\sum xf}{\sum f}=\sum\left(x\frac{f}{\sum f}\right)$$

可以看出，平均数可以分解成两个部分，一个是变量水平 x ，另一个是结构水平 $\frac{f}{\sum f}$。由此可以得到平均数指数体系中的各个指数为：

(a) 平均数变动指数：

$$\frac{\sum x_1f_1/\sum f_1}{\sum x_0f_0/\sum f_0}$$

(b) 变量影响指数：

$$\frac{\sum x_1f_1/\sum f_1}{\sum x_0f_1/\sum f_1}$$

(c) 结构影响指数：

$$\frac{\sum x_0f_1/\sum f_1}{\sum x_0f_0/\sum f_0}$$

因此，平均数指数体系为：平均数变动指数=变量影响指数×结构影响指数，即：

$$\frac{\sum x_1f_1/\sum f_1}{\sum x_0f_0/\sum f_0}=\frac{\sum x_1f_1/\sum f_1}{\sum x_0f_1/\sum f_1}\cdot\frac{\sum x_0f_1/\sum f_1}{\sum x_0f_0/\sum f_0}$$

这体现的是相对数关系。绝对数量关系为：

$$\frac{\sum x_1f_1}{\sum f_1}-\frac{\sum x_0f_0}{\sum f_0}=\left\{\frac{\sum x_1f_1}{\sum f_1}-\frac{\sum x_0f_1}{\sum f_1}\right\}+\left\{\frac{\sum x_0f_1}{\sum f_1}-\frac{\sum x_0f_0}{\sum f_0}\right\}$$

【例 10.8】某企业下属三个生产部门 A、B、C 的职工人数、劳动生产率及总产值在基期和报告期的数据，如表 10.4 所示。

表 10.4 三种产品在基期和报告期的销量和价格

生产部门	职工人数（人）		劳动生产率（万元/人）		总产值（万元）	
	f_0	f_1	x_0	x_1	x_0f_0	x_1f_1
A	200	240	4.4	4.5	880	1 080
B	160	180	6.2	6.4	992	1 152

续表

生产部门	职工人数（人）		劳动生产率（万元/人）		总产值（万元）	
	f_0	f_1	x_0	x_1	x_0f_0	x_1f_1
C	150	120	9.0	9.2	1 350	1 104
合计	510	540	6.32	6.18	3 222	3 336

由此可计算得到：

（a）基期人均劳动生产率 $=\dfrac{\sum x_0f_0}{\sum f_0}=\dfrac{3\,222}{510}\approx 6.32$，报告期人均劳动生产率 $=\dfrac{\sum x_1f_1}{\sum f_1}=\dfrac{3\,336}{540}\approx 6.18$。

（b）人均劳动生产率指数 $=\dfrac{\sum x_1f_1}{\sum f_1}\div\dfrac{\sum x_0f_0}{\sum f_0}=\dfrac{6.18}{6.32}\approx 97.78\%$，各生产部门劳动生产率变动影响指数 $=\dfrac{\sum x_1f_1}{\sum f_1}\div\dfrac{\sum x_0f_1}{\sum f_1}=\dfrac{6.18}{6.02}\approx 102.66\%$，各生产部门职工人数变动影响指数 $=\dfrac{\sum x_0f_1}{\sum f_1}\div\dfrac{\sum x_0f_0}{\sum f_0}=\dfrac{6.02}{6.32}\approx 95.25\%$，三者之间的相对数关系为：$97.78\%=102.66\%\times 95.25\%$。

（c）人均劳动生产率变动额 $=\dfrac{\sum x_1f_1}{\sum f_1}-\dfrac{\sum x_0f_0}{\sum f_0}=6.18-6.32=-0.14$，各生产部门劳动生产率变动影响指数 $=\dfrac{\sum x_1f_1}{\sum f_1}-\dfrac{\sum x_0f_1}{\sum f_1}=6.18-6.02=0.16$，各生产部门职工人数变动影响指数 $=\dfrac{\sum x_0f_1}{\sum f_1}-\dfrac{\sum x_0f_0}{\sum f_0}=6.02-6.32=-0.3$，三者之间的绝对数关系为：$-0.14=0.16-0.3$。

【思考与练习】

1. 简述统计指数的含义。

2. 简述拉氏指数、帕氏指数的含义及其区别联系。

3. 某企业三种产品的销量和价格数据如表 10.5 所示。

表 10.5 某企业三种产品的销量和价格数据

产品名称	计量单位	销量（万件）		价格（元/件）	
		基期 q_0	报告期 q_1	基期 p_0	报告期 p_1
甲	支	400	600	0.25	0.2
乙	件	500	600	0.4	0.36
丙	个	200	180	0.5	0.6

试求：

（1）用拉氏指数计算销量指数及价格指数；

（2）用帕氏指数计算销量指数及价格指数。

4. 某商店报告期与基期三种商品价格及销售量资料如表 10.6 所示。

表 10.6 某商店报告期与基期三种商品价格及销售量

商品名称	销售量（万件）		价格（元/件）	
	基期	报告期	基期	报告期
A	20	15	20	25
B	15	25	10	15
C	25	30	20	10

试求：

（1）报告期与基期相比，商品总销售额增长的百分比和绝对额各是多少；

（2）采用拉式指数公式计算商品的销售量综合指数及由于销售量变动而影响的绝对额；

（3）采用帕式指数公式计算商品的价格综合指数及由于价格变动而影响的绝对额。

5. 某零售店成本情况如表 10.7 所示。

表 10.7 某零售店成本情况

商品名称	平均成本（元）		商品件数	
	基期 x_0	报告期 x_1	基期 f_0	报告期 f_1
A	900	950	150	154
B	960	1 020	240	300
C	1 020	1 060	210	240

试求：

(1) 计算说明该零售店总平均成本变动指数及变动的绝对额；

(2) 计算说明该零售店商品平均成本变动指数及变动绝对额；

(3) 计算说明该零售店商品结构变动指数及变动绝对额。

附录　四种常用分布的分位数表

附表 1　标准正态分布分位数表

$$P(Z < z_\alpha) = \int_{-\infty}^{z_\alpha} \frac{1}{\sqrt{2\pi}} e^{-\frac{x^2}{2}} dx = \alpha$$

α	**0.000**	**0.001**	**0.002**	**0.003**	**0.004**	**0.005**	**0.006**	**0.007**	**0.008**	**0.009**
0.50	0.000 0	0.002 5	0.005 0	0.007 5	0.010 0	0.012 5	0.015 0	0.017 5	0.020 1	0.022 6
0.51	0.025 1	0.027 6	0.030 1	0.032 6	0.035 1	0.037 6	0.040 1	0.042 6	0.045 1	0.047 6
0.52	0.050 2	0.052 7	0.055 2	0.057 7	0.060 2	0.062 7	0.065 2	0.067 7	0.070 2	0.072 8
0.53	0.075 3	0.077 8	0.080 3	0.082 8	0.085 3	0.087 8	0.090 4	0.092 9	0.095 4	0.097 9
0.54	0.100 4	0.103 0	0.105 5	0.108 0	0.110 5	0.113 0	0.115 6	0.118 1	0.120 6	0.123 1
0.55	0.125 7	0.128 2	0.130 7	0.133 2	0.135 8	0.138 3	0.140 8	0.143 4	0.145 9	0.148 4
0.56	0.151 0	0.153 5	0.156 0	0.158 6	0.161 1	0.163 7	0.166 2	0.168 7	0.171 3	0.173 8
0.57	0.176 4	0.178 9	0.181 5	0.184 0	0.186 6	0.189 1	0.191 7	0.194 2	0.196 8	0.199 3
0.58	0.201 9	0.204 5	0.207 0	0.209 6	0.212 1	0.214 7	0.217 3	0.219 8	0.222 4	0.225 0
0.59	0.227 5	0.230 1	0.232 7	0.235 3	0.237 8	0.240 4	0.243 0	0.245 6	0.248 2	0.250 8
0.60	0.253 3	0.255 9	0.258 5	0.261 1	0.263 7	0.266 3	0.268 9	0.271 5	0.274 1	0.276 7
0.61	0.279 3	0.281 9	0.284 5	0.287 1	0.289 8	0.292 4	0.295 0	0.297 6	0.300 2	0.302 9
0.62	0.305 5	0.308 1	0.310 7	0.313 4	0.316 0	0.318 6	0.321 3	0.323 9	0.326 6	0.329 2
0.63	0.331 9	0.334 5	0.337 2	0.339 8	0.342 5	0.345 1	0.347 8	0.350 5	0.353 1	0.355 8
0.64	0.358 5	0.361 1	0.363 8	0.366 5	0.369 2	0.371 9	0.374 5	0.377 2	0.379 9	0.382 6
0.65	0.385 3	0.388 0	0.390 7	0.393 4	0.396 1	0.398 9	0.401 6	0.404 3	0.407 0	0.409 7

续表

α	0.000	0.001	0.002	0.003	0.004	0.005	0.006	0.007	0.008	0.009
0.66	0.412 5	0.415 2	0.417 9	0.420 7	0.423 4	0.426 1	0.428 9	0.431 6	0.434 4	0.437 2
0.67	0.439 9	0.442 7	0.445 4	0.448 2	0.451 0	0.453 8	0.456 5	0.459 3	0.462 1	0.464 9
0.68	0.467 7	0.470 5	0.473 3	0.476 1	0.478 9	0.481 7	0.484 5	0.487 4	0.490 2	0.493 0
0.69	0.495 9	0.498 7	0.501 5	0.504 4	0.507 2	0.510 1	0.512 9	0.515 8	0.518 7	0.521 5
0.70	0.524 4	0.527 3	0.530 2	0.533 0	0.535 9	0.538 8	0.541 7	0.544 6	0.547 6	0.550 5
0.71	0.553 4	0.556 3	0.559 2	0.562 2	0.565 1	0.568 1	0.571 0	0.574 0	0.576 9	0.579 9
0.72	0.582 8	0.585 8	0.588 8	0.591 8	0.594 8	0.597 8	0.600 8	0.603 8	0.606 8	0.609 8
0.73	0.612 8	0.615 8	0.618 9	0.621 9	0.625 0	0.628 0	0.631 1	0.634 1	0.637 2	0.640 3
0.74	0.643 3	0.646 4	0.649 5	0.652 6	0.655 7	0.658 8	0.662 0	0.665 1	0.668 2	0.671 3
0.75	0.674 5	0.677 6	0.680 8	0.684 0	0.687 1	0.690 3	0.693 5	0.696 7	0.699 9	0.703 1
0.76	0.706 3	0.709 5	0.712 8	0.716 0	0.719 2	0.722 5	0.725 7	0.729 0	0.732 3	0.735 6
0.77	0.738 8	0.742 1	0.745 4	0.748 8	0.752 1	0.755 4	0.758 8	0.762 1	0.765 5	0.768 8
0.78	0.772 2	0.775 6	0.779 0	0.782 4	0.785 8	0.789 2	0.792 6	0.796 1	0.799 5	0.803 0
0.79	0.806 4	0.809 9	0.813 4	0.816 9	0.820 4	0.823 9	0.827 4	0.831 0	0.834 5	0.838 1
0.80	0.841 6	0.845 2	0.848 8	0.852 4	0.856 0	0.859 6	0.863 3	0.866 9	0.870 5	0.874 2
0.81	0.877 9	0.881 6	0.885 3	0.889 0	0.892 7	0.896 5	0.900 2	0.904 0	0.907 8	0.911 6
0.82	0.915 4	0.919 2	0.923 0	0.926 9	0.930 7	0.934 6	0.938 5	0.942 4	0.946 3	0.950 2
0.83	0.954 2	0.958 1	0.962 1	0.966 1	0.970 1	0.974 1	0.978 2	0.982 2	0.986 3	0.990 4
0.84	0.994 5	0.998 6	1.002 7	1.006 9	1.011 0	1.015 2	1.019 4	1.023 7	1.027 9	1.032 2
0.85	1.036 4	1.040 7	1.045 0	1.049 4	1.053 7	1.058 1	1.062 5	1.066 9	1.071 4	1.075 8
0.86	1.080 3	1.084 8	1.089 3	1.093 9	1.098 5	1.103 1	1.107 7	1.112 3	1.117 0	1.121 7
0.87	1.126 4	1.131 1	1.135 9	1.140 7	1.145 5	1.150 3	1.155 2	1.160 1	1.165 0	1.170 0
0.88	1.175 0	1.180 0	1.185 0	1.190 1	1.195 2	1.200 4	1.205 5	1.210 7	1.216 0	1.221 2
0.89	1.226 5	1.231 9	1.237 2	1.242 6	1.248 1	1.253 6	1.259 1	1.264 6	1.270 2	1.275 9
0.90	1.281 6	1.287 3	1.293 0	1.298 8	1.304 7	1.310 6	1.316 5	1.322 5	1.328 5	1.334 6
0.91	1.340 8	1.346 9	1.353 2	1.359 5	1.365 8	1.372 2	1.378 7	1.385 2	1.391 7	1.398 4
0.92	1.405 1	1.411 8	1.418 7	1.425 5	1.432 5	1.439 5	1.446 6	1.453 8	1.461 1	1.468 4

续表

α	0.000	0.001	0.002	0.003	0.004	0.005	0.006	0.007	0.008	0.009
0.93	1.475 8	1.483 3	1.490 9	1.498 5	1.506 3	1.514 1	1.522 0	1.530 1	1.538 2	1.546 4
0.94	1.554 8	1.563 2	1.571 8	1.580 5	1.589 3	1.598 2	1.607 2	1.616 4	1.625 8	1.635 2
0.95	1.644 9	1.654 6	1.664 6	1.674 7	1.684 9	1.695 4	1.706 0	1.716 9	1.727 9	1.739 2
0.96	1.750 7	1.762 4	1.774 4	1.786 6	1.799 1	1.811 9	1.825 0	1.838 4	1.852 2	1.866 3
0.97	1.880 8	1.895 7	1.911 0	1.926 8	1.943 1	1.960 0	1.977 4	1.995 4	2.014 1	2.033 5
0.98	2.053 7	2.074 9	2.096 9	2.120 1	2.144 4	2.170 1	2.197 3	2.226 2	2.257 1	2.290 4
0.99	2.326 3	2.365 6	2.408 9	2.457 3	2.512 1	2.575 8	2.652 1	2.747 8	2.878 2	3.090 2

附表 2 t 分布分位数表

$$P(T > t_{\alpha}(n)) = \alpha$$

n / α	0.100	0.050	0.025	0.010	0.005	0.001	0.000 5
1	3.077 7	6.313 8	12.706 2	31.820 5	63.656 7	318.308 8	636.619 2
2	1.885 6	2.920 0	4.302 7	6.964 6	9.924 8	22.327 1	31.599 1
3	1.637 7	2.353 4	3.182 4	4.540 7	5.840 9	10.214 5	12.924 0
4	1.533 2	2.131 8	2.776 4	3.746 9	4.604 1	7.173 2	8.610 3
5	1.475 9	2.015 0	2.570 6	3.364 9	4.032 1	5.893 4	6.868 8
6	1.439 8	1.943 2	2.446 9	3.142 7	3.707 4	5.207 6	5.958 8
7	1.414 9	1.894 6	2.364 6	2.998 0	3.499 5	4.785 3	5.407 9
8	1.396 8	1.859 5	2.306 0	2.896 5	3.355 4	4.500 8	5.041 3
9	1.383 0	1.833 1	2.262 2	2.821 4	3.249 8	4.296 8	4.780 9
10	1.372 2	1.812 5	2.228 1	2.763 8	3.169 3	4.143 7	4.586 9
11	1.363 4	1.795 9	2.201 0	2.718 1	3.105 8	4.024 7	4.437 0
12	1.356 2	1.782 3	2.178 8	2.681 0	3.054 5	3.929 6	4.317 8
13	1.350 2	1.770 9	2.160 4	2.650 3	3.012 3	3.852 0	4.220 8
14	1.345 0	1.761 3	2.144 8	2.624 5	2.976 8	3.787 4	4.140 5
15	1.340 6	1.753 1	2.131 4	2.602 5	2.946 7	3.732 8	4.072 8

续表

n / α	0.100	0.050	0.025	0.010	0.005	0.001	0.000 5
16	1.336 8	1.745 9	2.119 9	2.583 5	2.920 8	3.686 2	4.015 0
17	1.333 4	1.739 6	2.109 8	2.566 9	2.898 2	3.645 8	3.965 1
18	1.330 4	1.734 1	2.100 9	2.552 4	2.878 4	3.610 5	3.921 6
19	1.327 7	1.729 1	2.093 0	2.539 5	2.860 9	3.579 4	3.883 4
20	1.325 3	1.724 7	2.086 0	2.528 0	2.845 3	3.551 8	3.849 5
21	1.323 2	1.720 7	2.079 6	2.517 6	2.831 4	3.527 2	3.819 3
22	1.321 2	1.717 1	2.073 9	2.508 3	2.818 8	3.505 0	3.792 1
23	1.319 5	1.713 9	2.068 7	2.499 9	2.807 3	3.485 0	3.767 6
24	1.317 8	1.710 9	2.063 9	2.492 2	2.796 9	3.466 8	3.745 4
25	1.316 3	1.708 1	2.059 5	2.485 1	2.787 4	3.450 2	3.725 1
26	1.315 0	1.705 6	2.055 5	2.478 6	2.778 7	3.435 0	3.706 6
27	1.313 7	1.703 3	2.051 8	2.472 7	2.770 7	3.421 0	3.689 6
28	1.312 5	1.701 1	2.048 4	2.467 1	2.763 3	3.408 2	3.673 9
29	1.311 4	1.699 1	2.045 2	2.462 0	2.756 4	3.396 2	3.659 4
30	1.310 4	1.697 3	2.042 3	2.457 3	2.750 0	3.385 2	3.646 0
31	1.309 5	1.695 5	2.039 5	2.452 8	2.744 0	3.374 9	3.633 5
32	1.308 6	1.693 9	2.036 9	2.448 7	2.738 5	3.365 3	3.621 8
33	1.307 7	1.692 4	2.034 5	2.444 8	2.733 3	3.356 3	3.610 9
34	1.307 0	1.690 9	2.032 2	2.441 1	2.728 4	3.347 9	3.600 7
35	1.306 2	1.689 6	2.030 1	2.437 7	2.723 8	3.340 0	3.591 1
36	1.305 5	1.688 3	2.028 1	2.434 5	2.719 5	3.332 6	3.582 1
37	1.304 9	1.687 1	2.026 2	2.431 4	2.715 4	3.325 6	3.573 7
38	1.304 2	1.686 0	2.024 4	2.428 6	2.711 6	3.319 0	3.565 7
39	1.303 6	1.684 9	2.022 7	2.425 8	2.707 9	3.312 8	3.558 1
40	1.303 1	1.683 9	2.021 1	2.423 3	2.704 5	3.306 9	3.551 0
41	1.302 5	1.682 9	2.019 5	2.420 8	2.701 2	3.301 3	3.544 2
42	1.302 0	1.682 0	2.018 1	2.418 5	2.698 1	3.296 0	3.537 7
43	1.301 6	1.681 1	2.016 7	2.416 3	2.695 1	3.290 9	3.531 6

续表

n / α	0.100	0.050	0.025	0.010	0.005	0.001	0.000 5
44	1.301 1	1.680 2	2.015 4	2.414 1	2.692 3	3.286 1	3.525 8
45	1.300 6	1.679 4	2.014 1	2.412 1	2.689 6	3.281 5	3.520 3
46	1.300 2	1.678 7	2.012 9	2.410 2	2.687 0	3.277 1	3.515 0
47	1.299 8	1.677 9	2.011 7	2.408 3	2.684 6	3.272 9	3.509 9
48	1.299 4	1.677 2	2.010 6	2.406 6	2.682 2	3.268 9	3.505 1
49	1.299 1	1.676 6	2.009 6	2.404 9	2.680 0	3.265 1	3.500 4
50	1.298 7	1.675 9	2.008 6	2.403 3	2.677 8	3.261 4	3.496 0

附表 3 χ^2 分布分位数表

$$P(\chi^2 > \chi^2_{\alpha}(n)) = \alpha$$

n / α	0.995	0.990	0.975	0.950	0.900	0.100	0.050	0.025	0.010	0.005
1	0.000 0	0.000 2	0.001 0	0.003 9	0.015 8	2.705 5	3.841 5	5.023 9	6.634 9	7.879 4
2	0.010 0	0.020 1	0.050 6	0.102 6	0.210 7	4.605 2	5.991 5	7.377 8	9.210 3	10.596 6
3	0.071 7	0.114 8	0.215 8	0.351 8	0.584 4	6.251 4	7.814 7	9.348 4	11.344 9	12.838 2
4	0.207 0	0.297 1	0.484 4	0.710 7	1.063 6	7.779 4	9.487 7	11.143 3	13.276 7	14.860 3
5	0.411 7	0.554 3	0.831 2	1.145 5	1.610 3	9.236 4	11.070 5	12.832 5	15.086 3	16.749 6
6	0.675 7	0.872 1	1.237 3	1.635 4	2.204 1	10.644 6	12.591 6	14.449 4	16.811 9	18.547 6
7	0.989 3	1.239 0	1.689 9	2.167 3	2.833 1	12.017 0	14.067 1	16.012 8	18.475 3	20.277 7
8	1.344 4	1.646 5	2.179 7	2.732 6	3.489 5	13.361 6	15.507 3	17.534 5	20.090 2	21.955 0
9	1.734 9	2.087 9	2.700 4	3.325 1	4.168 2	14.683 7	16.919 0	19.022 8	21.666 0	23.589 4
10	2.155 9	2.558 2	3.247 0	3.940 3	4.865 2	15.987 2	18.307 0	20.483 2	23.209 3	25.188 2
11	2.603 2	3.053 5	3.815 7	4.574 8	5.577 8	17.275 0	19.675 1	21.920 0	24.725 0	26.756 8
12	3.073 8	3.570 6	4.403 8	5.226 0	6.303 8	18.549 3	21.026 1	23.336 7	26.217 0	28.299 5
13	3.565 0	4.106 9	5.008 8	5.891 9	7.041 5	19.811 9	22.362 0	24.735 6	27.688 2	29.819 5
14	4.074 7	4.660 4	5.628 7	6.570 6	7.789 5	21.064 1	23.684 8	26.118 9	29.141 2	31.319 3
15	4.600 9	5.229 3	6.262 1	7.260 9	8.546 8	22.307 1	24.995 8	27.488 4	30.577 9	32.801 3

续表

n / α	0.995	0.990	0.975	0.950	0.900	0.100	0.050	0.025	0.010	0.005
16	5.142 2	5.812 2	6.907 7	7.961 6	9.312 2	23.541 8	26.296 2	28.845 4	31.999 9	34.267 2
17	5.697 2	6.407 8	7.564 2	8.671 8	10.085 2	24.769 0	27.587 1	30.191 0	33.408 7	35.718 5
18	6.264 8	7.014 9	8.230 7	9.390 5	10.864 9	25.989 4	28.869 3	31.526 4	34.805 3	37.156 5
19	6.844 0	7.632 7	8.906 5	10.117 0	11.650 9	27.203 6	30.143 5	32.852 3	36.190 9	38.582 3
20	7.433 8	8.260 4	9.590 8	10.850 8	12.442 6	28.412 0	31.410 4	34.169 6	37.566 2	39.996 8
21	8.033 7	8.897 2	10.282 9	11.591 3	13.239 6	29.615 1	32.670 6	35.478 9	38.932 2	41.401 1
22	8.642 7	9.542 5	10.982 3	12.338 0	14.041 5	30.813 3	33.924 4	36.780 7	40.289 4	42.795 7
23	9.260 4	10.195 7	11.688 6	13.090 5	14.848 0	32.006 9	35.172 5	38.075 6	41.638 4	44.181 3
24	9.886 2	10.856 4	12.401 2	13.848 4	15.658 7	33.196 2	36.415 0	39.364 1	42.979 8	45.558 5
25	10.519 7	11.524 0	13.119 7	14.611 4	16.473 4	34.381 6	37.652 5	40.646 5	44.314 1	46.927 9
26	11.160 2	12.198 1	13.843 9	15.379 2	17.291 9	35.563 2	38.885 1	41.923 2	45.641 7	48.289 9
27	11.807 6	12.878 5	14.573 4	16.151 4	18.113 9	36.741 2	40.113 3	43.194 5	46.962 9	49.644 9
28	12.461 3	13.564 7	15.307 9	16.927 9	18.939 2	37.915 9	41.337 1	44.460 8	48.278 2	50.993 4
29	13.121 1	14.256 5	16.047 1	17.708 4	19.767 7	39.087 5	42.557 0	45.722 3	49.587 9	52.335 6
30	13.786 7	14.953 5	16.790 8	18.492 7	20.599 2	40.256 0	43.773 0	46.979 2	50.892 2	53.672 0
31	14.457 8	15.655 5	17.538 7	19.280 6	21.433 6	41.421 7	44.985 3	48.231 9	52.191 4	55.002 7
32	15.134 0	16.362 2	18.290 8	20.071 9	22.270 6	42.584 7	46.194 3	49.480 4	53.485 8	56.328 1
33	15.815 3	17.073 5	19.046 7	20.866 5	23.110 2	43.745 2	47.399 9	50.725 1	54.775 5	57.648 4
34	16.501 3	17.789 1	19.806 3	21.664 3	23.952 3	44.903 2	48.602 4	51.966 0	56.060 9	58.963 9
35	17.191 8	18.508 9	20.569 4	22.465 0	24.796 7	46.058 8	49.801 8	53.203 3	57.342 1	60.274 8
36	17.886 7	19.232 7	21.335 9	23.268 6	25.643 3	47.212 2	50.998 5	54.437 3	58.619 2	61.581 2
37	18.585 8	19.960 2	22.105 6	24.074 9	26.492 1	48.363 4	52.192 3	55.668 0	59.892 5	62.883 3
38	19.288 9	20.691 4	22.878 5	24.883 9	27.343 0	49.512 6	53.383 5	56.895 5	61.162 1	64.181 4
39	19.995 9	21.426 2	23.654 3	25.695 4	28.195 8	50.659 8	54.572 2	58.120 1	62.428 1	65.475 6
40	20.706 5	22.164 3	24.433 0	26.509 3	29.050 5	51.805 1	55.758 5	59.341 7	63.690 7	66.766 0
41	21.420 8	22.905 6	25.214 5	27.325 6	29.907 1	52.948 5	56.942 4	60.560 6	64.950 1	68.052 7
42	22.138 5	23.650 1	25.998 7	28.144 0	30.765 4	54.090 2	58.124 0	61.776 8	66.206 2	69.336 0

续表

n / α	0.995	0.990	0.975	0.950	0.900	0.100	0.050	0.025	0.010	0.005
43	22.859 5	24.397 6	26.785 4	28.964 7	31.625 5	55.230 2	59.303 5	62.990 4	67.459 3	70.615 9
44	23.583 7	25.148 0	27.574 6	29.787 5	32.487 1	56.368 5	60.480 9	64.201 5	68.709 5	71.892 6
45	24.311 0	25.901 3	28.366 2	30.612 3	33.350 4	57.505 3	61.656 2	65.410 2	69.956 8	73.166 1
46	25.041 3	26.657 2	29.160 1	31.439 0	34.215 2	58.640 5	62.829 6	66.616 5	71.201 4	74.436 5
47	25.774 6	27.415 8	29.956 2	32.267 6	35.081 4	59.774 3	64.001 1	67.820 6	72.443 3	75.704 1
48	26.510 6	28.177 0	30.754 5	33.098 1	35.949 1	60.906 6	65.170 8	69.022 6	73.682 6	76.968 8
49	27.249 3	28.940 6	31.554 9	33.930 3	36.818 2	62.037 5	66.338 6	70.222 4	74.919 5	78.230 7
50	27.990 7	29.706 7	32.357 4	34.764 3	37.688 6	63.167 1	67.504 8	71.420 2	76.153 9	79.490 0

附表 4　*F* 分布分位数表

$$P(F > F_\alpha(n_1, n_2)) = \alpha$$

α=0.05

n_2/n_1	1	2	3	4	5	6	7	8	9	10
1	161.447 6	199.500 0	215.707 3	224.583 2	230.161 9	233.986 0	236.768 4	238.882 7	240.543 3	241.881 7
2	18.512 8	19.000 0	19.164 3	19.246 8	19.296 4	19.329 5	19.353 2	19.371 0	19.384 8	19.395 9
3	10.128 0	9.552 1	9.276 6	9.117 2	9.013 5	8.940 6	8.886 7	8.845 2	8.812 3	8.785 5
4	7.708 6	6.944 3	6.591 4	6.388 2	6.256 1	6.163 1	6.094 2	6.041 0	5.998 8	5.964 4
5	6.607 9	5.786 1	5.409 5	5.192 2	5.050 3	4.950 3	4.875 9	4.818 3	4.772 5	4.735 1
6	5.987 4	5.143 3	4.757 1	4.533 7	4.387 4	4.283 9	4.206 7	4.146 8	4.099 0	4.060 0
7	5.591 4	4.737 4	4.346 8	4.120 3	3.971 5	3.866 0	3.787 0	3.725 7	3.676 7	3.636 5
8	5.317 7	4.459 0	4.066 2	3.837 9	3.687 5	3.580 6	3.500 5	3.438 1	3.388 1	3.347 2
9	5.117 4	4.256 5	3.862 5	3.633 1	3.481 7	3.373 8	3.292 7	3.229 6	3.178 9	3.137 3
10	4.964 6	4.102 8	3.708 3	3.478 0	3.325 8	3.217 2	3.135 5	3.071 7	3.020 4	2.978 2
11	4.844 3	3.982 3	3.587 4	3.356 7	3.203 9	3.094 6	3.012 3	2.948 0	2.896 2	2.853 6
12	4.747 2	3.885 3	3.490 3	3.259 2	3.105 9	2.996 1	2.913 4	2.848 6	2.796 4	2.753 4
13	4.667 2	3.805 6	3.410 5	3.179 1	3.025 4	2.915 3	2.832 1	2.766 9	2.714 4	2.671 0

续表

n_2/n_1	1	2	3	4	5	6	7	8	9	10
14	4.600 1	3.738 9	3.343 9	3.112 2	2.958 2	2.847 7	2.764 2	2.698 7	2.645 8	2.602 2
15	4.543 1	3.682 3	3.287 4	3.055 6	2.901 3	2.790 5	2.706 6	2.640 8	2.587 6	2.543 7
16	4.494 0	3.633 7	3.238 9	3.006 9	2.852 4	2.741 3	2.657 2	2.591 1	2.537 7	2.493 5
17	4.451 3	3.591 5	3.196 8	2.964 7	2.810 0	2.698 7	2.614 3	2.548 0	2.494 3	2.449 9
18	4.413 9	3.554 6	3.159 9	2.927 7	2.772 9	2.661 3	2.576 7	2.510 2	2.456 3	2.411 7
19	4.380 7	3.521 9	3.127 4	2.895 1	2.740 1	2.628 3	2.543 5	2.476 8	2.422 7	2.377 9
20	4.351 2	3.492 8	3.098 4	2.866 1	2.710 9	2.599 0	2.514 0	2.447 1	2.392 8	2.347 9
21	4.324 8	3.466 8	3.072 5	2.840 1	2.684 8	2.572 7	2.487 6	2.420 5	2.366 0	2.321 0
22	4.300 9	3.443 4	3.049 1	2.816 7	2.661 3	2.549 1	2.463 8	2.396 5	2.341 9	2.296 7
23	4.279 3	3.422 1	3.028 0	2.795 5	2.640 0	2.527 7	2.442 2	2.374 8	2.320 1	2.274 7
24	4.259 7	3.402 8	3.008 8	2.776 3	2.620 7	2.508 2	2.422 6	2.355 1	2.300 2	2.254 7
25	4.241 7	3.385 2	2.991 2	2.758 7	2.603 0	2.490 4	2.404 7	2.337 1	2.282 1	2.236 5
26	4.225 2	3.369 0	2.975 2	2.742 6	2.586 8	2.474 1	2.388 3	2.320 5	2.265 5	2.219 7
27	4.210 0	3.354 1	2.960 4	2.727 8	2.571 9	2.459 1	2.373 2	2.305 3	2.250 1	2.204 3
28	4.196 0	3.340 4	2.946 7	2.714 1	2.558 1	2.445 3	2.359 3	2.291 3	2.236 0	2.190 0
29	4.183 0	3.327 7	2.934 0	2.701 4	2.545 4	2.432 4	2.346 3	2.278 3	2.222 9	2.176 8
30	4.170 9	3.315 8	2.922 3	2.689 6	2.533 6	2.420 5	2.334 3	2.266 2	2.210 7	2.164 6
31	4.159 6	3.304 8	2.911 3	2.678 7	2.522 5	2.409 4	2.323 2	2.254 9	2.199 4	2.153 2
32	4.149 1	3.294 5	2.901 1	2.668 4	2.512 3	2.399 1	2.312 7	2.244 4	2.188 8	2.142 5
33	4.139 3	3.284 9	2.891 6	2.658 9	2.502 6	2.389 4	2.303 0	2.234 6	2.178 9	2.132 5
34	4.130 0	3.275 9	2.882 6	2.649 9	2.493 5	2.380 3	2.293 8	2.225 3	2.169 6	2.123 1
35	4.121 3	3.267 4	2.874 2	2.641 5	2.485 1	2.371 8	2.285 2	2.216 7	2.160 8	2.114 3
36	4.113 2	3.259 4	2.866 3	2.633 5	2.477 2	2.363 8	2.277 1	2.208 5	2.152 6	2.106 1
37	4.105 5	3.251 9	2.858 8	2.626 1	2.469 6	2.356 2	2.269 5	2.200 8	2.144 9	2.098 2
38	4.098 2	3.244 8	2.851 7	2.619 0	2.462 5	2.349 0	2.262 3	2.193 6	2.137 5	2.090 9
39	4.091 3	3.238 1	2.845 1	2.612 3	2.455 8	2.342 3	2.255 5	2.186 7	2.130 6	2.083 9
40	4.084 7	3.231 7	2.838 7	2.606 0	2.449 5	2.335 9	2.249 0	2.180 2	2.124 0	2.077 2

续表

n_2/n_1	1	2	3	4	5	6	7	8	9	10
41	4.078 5	3.225 7	2.832 7	2.600 0	2.443 4	2.329 8	2.242 9	2.174 0	2.117 8	2.071 0
42	4.072 7	3.219 9	2.827 0	2.594 3	2.437 7	2.324 0	2.237 1	2.168 1	2.111 9	2.065 0
43	4.067 0	3.214 5	2.821 6	2.588 8	2.432 2	2.318 5	2.231 5	2.162 5	2.106 2	2.059 3
44	4.061 7	3.209 3	2.816 5	2.583 7	2.427 0	2.313 3	2.226 3	2.157 2	2.100 9	2.053 9
45	4.056 6	3.204 3	2.811 5	2.578 7	2.422 1	2.308 3	2.221 2	2.152 1	2.095 8	2.048 7
46	4.051 7	3.199 6	2.806 8	2.574 0	2.417 4	2.303 5	2.216 4	2.147 3	2.090 9	2.043 8
47	4.047 1	3.195 1	2.802 4	2.569 5	2.412 8	2.299 0	2.211 8	2.142 7	2.086 2	2.039 1
48	4.042 7	3.190 7	2.798 1	2.565 2	2.408 5	2.294 6	2.207 4	2.138 2	2.081 7	2.034 6
49	4.038 4	3.186 6	2.793 9	2.561 1	2.404 4	2.290 4	2.203 2	2.134 0	2.077 5	2.030 3
50	4.034 3	3.182 6	2.790 0	2.557 2	2.400 4	2.286 4	2.199 2	2.129 9	2.073 4	2.026 1

参考文献

［1］陈希孺．概率论与数理统计［M］．北京：科学出版社，2000.

［2］贾俊平，何晓群，金勇进．统计学［M］．8 版．北京：中国人民大学出版社，2021.

［3］MENDENHALL W M，SINCICH T L．统计学［M］．6 版．北京：机械工业出版社，2018.

［4］王淑芬．应用统计学［M］．4 版．北京：北京大学出版社，2024.

［5］李荣平，贾荣言，许俊臣．统计学［M］．2 版．北京：清华大学出版社，2022.

［6］谢梦珍，詹锦华．统计学［M］．南京：南京大学出版社，2023.

［7］王天营，陆敏．统计学［M］．北京：高等教育出版社，2022.

［8］马立平，刘娟．应用统计学［M］．3 版．北京：首都经济贸易大学出版社．2019.

［9］潘鸿．应用统计学［M］．4 版．北京：人民邮电出版社．2024.

［10］李晓峰，刘馨．应用统计学［M］．2 版．北京：电子工业出版社．2024.

习题参考答案

1　统计学导论

【思考与练习】

1. 简述统计学的含义及其分类。

【答】

统计学是一门收集、处理、分析、解释数据并从中得出结论的科学。统计学的研究对象是随机的统计数据，其研究方法是通过样本来研究总体，其研究结果是随机现象中的统计规律，研究用途是为决策提供依据。

按照统计分析方法的研究方向，可将统计学分为理论统计学与应用统计学。理论统计学研究统计学的一般理论，更加注重统计方法的数学原理的研究；应用统计学则更加注重统计学在各个领域中的具体应用。

按照统计分析方法的特点，可将统计学分为描述统计学与推断统计学。描述统计学侧重对数据的整理和加工，从而形成描述性数据统计量；推断统计学则侧重根据样本提供的信息对总体特征进行推断。

2. 简述统计数据的含义及其分类。

【答】

统计数据就是统计工作活动过程中所取得的反映各类随机现象的数字资料以及与之相联系的其他资料的总称。狭义上讲，统计数据是指数字数据；而广义上讲，统计数据不仅包括数字数据，还包括图表数据、文本数据、音频数据、视频数据等其他数据。本书所涉及的统计数据是狭义范围的，并不涉及广义范围的其他数据。

在统计学中，按照对事物和现象描述的精确程度，可以把统计数据分为两大类、四个层次，即定性数据和定量数据这两大类，定类数据、定序数据、定距数据和定比数据这四个层次。其中，定性数据这一类中包含定类数据和定序数据，定量数据这一类中包含定距数据和定比数据。

3. 举例说明总体、个体、样本、参数、统计量、变量这几个统计学中的重要概念。

【答】

统计总体简称总体，是由所要研究的，具有某种共同属性或特征的事物或现象的全体集合，总体中个体的数量被称为总体容量。例如，某家电灯生产企业以其生产的电灯产品的使用寿命为元素所构成的集合可视为电灯产品使用寿命总体。

总体单位简称个体，指构成统计总体的个别事物，它是总体中一个特定的研究对象。例如，电灯产品全体中的任意一盏电灯。统计学中的个体与总体的关系，就等同于数学中元素与集合的关系。

样本是研究中实际观测或调查的一部分个体的集合，或是从总体中抽取的一部分个体的集合。例如，对于某家电灯生产企业而言，其从某一天生产的所有电灯产品中随机抽取 100 个，那么这 100 个电灯产品的使用寿命数据就构成了一个样本。

参数是描述总体特征情况的概括性数字度量，统计量则是描述样本特征情况的概括性数字度量。例如，对于某家电灯生产企业而言，其从某一天生产的所有电灯产品中随机抽取 100 个，那么这 100 个电灯产品使用寿命的检测数据平均数就是这一天所有电灯产品使用寿命数据的平均数这一总体参数所对应的一个样本统计量。

统计变量是指某一事物或现象的、可以取两个或以上可能值的特征或属性。例如，使用寿命就是电灯产品的一个重要的特征，它反映的是电灯产品的正常使用时长，并且每一个电灯产品的使用寿命数值都会发生变化，所以说使用寿命就是一个变量。

4. 指出下列变量的类型。

（1）性别；

（2）年龄；

(3) 职称；

(4) 岗位（从管理岗位、技术岗位、其他岗位中选择一项）；

(5) 员工满意度得分（从1分、2分、3分、4分、5分中选择一项）。

【答】

(1) 性别为定类数据；

(2) 年龄为定比数据；

(3) 职称为定序数据；

(4) 岗位为定类数据；

(5) 员工满意度得分为定比数据。

5. 某研究机构从某高校即将毕业并参加工作的3 000名本科应届生中随机抽取200名，调查他们所签工作协议的起始薪酬状况。请指出该项研究的总体、样本和样本容量，并描述该项研究的参数和统计量。

【答】

总体：该高校即将毕业并参加工作的3 000名本科应届生所构成的集合。

样本：从总体中随机抽取的200名本科应届生所构成的集合。

样本容量：200份。

参数：该高校即将毕业并参加工作的3 000名本科应届生的起始年薪。

统计量：从总体中随机抽取的200名本科应届生的起始年薪。

2　数据统计量

【思考与练习】

1. 一个数据组的分布特征可以从哪些方面进行描述？这几个方面又包括哪些统计量？

【答】

一个数据组的分布特征可以从三个方面进行描述：一是描述数据集中趋势的特征，它反映的是数据向中心值靠拢或者聚集的程度，其主要统计量包括平均数、中位数、众数等；二是描述数据离散程度的特征，它反映的是数据围绕中心值上下波动的程度，其主要统计量包括平极差、四分位差、方差与标准差等；三是描述数据分布形状的特征，它反映的是数据分布现状的偏态和峰态，其主要统计量包括偏态系数和峰态系数等。

2. 有这样一组数据：91，68，92，75，78，81，88，88，95，请计算这组数据的：(1) 平均数；(2) 众数；(3) 中位数；(4) 极差；(5) 四分位差。

【解】

先对数据进行排序：69，75，78，81，86，88，91，92，96。

(1) 这组数据的平均数为：

$$\frac{68+75+78+81+88+88+91+92+95}{9}=84$$

(2) 这组数据的众数为：88。

(3) 这组数据的中位数为：$x_{(5)}=88$。

(4) 这组数据的极差为：$95-68=27$。

(5) 先计算四分位数的位置：

$$Q_{25\%}\text{位置}=\frac{9+3}{4}=3\text{，}Q_{75\%}\text{位置}=\frac{3\times9+1}{4}=7$$

由此可得，$Q_{25\%}$ 为第 3 个数值且 $Q_{25\%}=78$，$Q_{75\%}$ 为第 7 个数值且 $Q_{75\%}=91$。所以，四分位差 IQR 为：

$$IQR=Q_{75\%}-Q_{25\%}=91-78=13$$

3. 某企业的一条产品生产线平均每天的产量为 370 件，标准差为 5 件。如果某一天的产量低于或高于平均产量，并落在±3 个标准差的范围之外，就认为该生产线出现异常。表 2.4 是一周各天的产量，该生产线哪几天出现了异常？

表 2.4 某企业的一条生产线一周各天的产量

时间	周一	周二	周三	周四	周五	周六	周日
产量（件）	383	367	369	372	361	359	370

【解】

设 $x_i(i=1,2,\cdots,7)$ 为周一至周日产量数据。根据题意，该生产线每天产量

的平均数 $\mu = 370$ 件、标准差 $\sigma = 5$ 件，则对于周一来说，其产量与平均产量的相对距离 z_1 为：

$$z_1 = \frac{x_1 - \mu}{\sigma} = \frac{380 - 370}{5} = 2.0$$

同理可求得周二至周日产量的标准分数，与周一产量的标准分数汇总后得到如下汇总表（见表 A)。

表 A　标准分数汇总表

时间	周一	周二	周三	周四	周五	周六	周日
标准分数	2.0	-0.6	-0.2	0.4	-1.8	-4.0	0

由表 2 可知，周六产量的相对距离超过了 ±3 个标准差的界限，因此可以判断，该生产线周六那一天出现了异常。

4. 一种产品需要人工组装，现有三种可供选择的组装方法。为检验哪种方法更好，随机抽取 15 名工人，让他们分别用三种方法组装。表 2.5 所示为 15 名工人分别用三种方法在相同的时间内组装的产品数量。

表 2.5　15 名工人分别用三种方法在相同的时间内组装的产品数量

方法 A	方法 B	方法 C
164	129	125
167	130	126
168	129	126
165	130	127
170	131	126
165	130	128
164	129	127
168	127	126
164	128	127
162	128	127

续表

方法 A	方法 B	方法 C
163	127	125
166	128	126
167	128	116
166	125	126
165	132	125

请问:

(1) 你准备采用什么方法来评价组装方法的优劣?

(2) 如果让你选择一种方法,你会做出怎样的选择?试说明理由。

【解】

(1) 关于组装方法的优劣,可从数据的平均数的高低和离散程度两个方面进行评价。其中,在对各种方法的离散程度进行比较时,应当采用离散系数。

(2) 计算各种方法下所得数据的主要描述性统计量,见表 B。

表 B 所得数据的主要描述性统计量

描述性统计量	方法 A	方法 B	方法 C
平均数	165.5	128.73	125.53
中位数	165	129	126
众数	164,165	128	126
标准差	2.13	1.75	2.77
离散系数	0.013	0.014	0.022

从这三种方法的集中趋势来看,方法 A 的平均产量最高,中位数和众数也都高于其他两种方法;从离散程度来看,方法 A 的离散程度最小。因此,应当选择方法 A。

5. 某用户持有一只基金,连续 5 个月的收益率分别为 6.8%、12.5%、8.9%、15.2%、5.5%,请计算这五个月的平均收益率。

【解】

假定刚开始的收益为 1,则 5 个月后的总收益为:

$$1\times(1+6.8\%)\times(1+12.5\%)\times(1+8.9\%)\times(1+15.2\%)\times(1+5.5\%)\approx 1.590\ 2$$

因此可得这5个月的平均收益为：

$$\sqrt[5]{1.590\ 2}\approx 1.097\ 2$$

由此可得这5个月的平均收益率为：

$$\frac{1.097\ 2}{1}-1=0.097\ 2=9.72\%$$

3 数据统计抽样

【思考与练习】

1. 请比较并说明概率抽样和非概率抽样的特点。

【答】

概率抽样是指按照一定的概率，依据随机原则从总体中抽取部分个体的抽样方法。它所依据的是大数定律，并且能计算和控制抽样误差，因此可以正确说明样本的统计值在多大程度上适合于总体，根据样本调查的结果可以从数量上推断总体。非概率抽样，则是指调查者根据自己的方便或主观判断抽取样本的方法，它不是严格按随机抽样原则来抽取样本，所以失去了大数定律的存在基础，也就无法确定抽样误差，无法正确地说明样本的统计值在多大程度上适合于总体。但是，在大多数情况中，同样规模的概率抽样的费用要比非概率抽样高，概率抽样比非概率抽样需要更多时间策划和实施，概率抽样必须遵守的抽样计划执行程序也会大大增加收集资料的时间。

2. 请简要说明抽样误差的概念、类型与控制因素。

【答】

抽样误差是指由于随机抽样的偶然因素使样本各单位的结构不足以代表总体各单位的结构，从而引起抽样指标和总体指标的绝对离差。简单来讲，抽样误差就是用样本统计值与被推断的总体参数出现的偏差。

抽样误差主要有三种类型：抽样实际误差、抽样平均误差和抽样极限误差。抽样实际误差是指在一次具体的抽样调查中，由于随机因素引起的样本指标值与总体指标值之间的离差。抽样平均误差即样本统计量的标准误，它反映了抽样指标与总体指标的平均离差程度。抽样极限误差是指在一定的可靠度下保证样本指标与总体指标之间的抽样误差不超过某一给定的最大可能范围。

影响抽样误差的主要因素包括抽样的样本量、总体数据的变异程度、抽样方法、抽样组织方式等。除总体数据的变异程度这个因素外，我们还可以通过确定合理的样本容量、选择合适的抽样方法和抽样组织方式等，达到控制抽样误差的目的。

3. 某钢铁厂生产某种钢管。现以重复抽样和不重复抽样两种方式，从该厂某月生产的500根产品中抽取一个容量为100根的样本。已知一级品率为60%。求：在重复抽样和不重复抽样这两种条件下样本一级品率的抽样平均误差。

【解】

根据题意，总体容量$N=500$，样本容量$n=100$，总体比例$P=60\%$，则在重复抽样条件下的平均误差$\mu_p^{(1)}$为：

$$\mu_p^{(1)}=\sqrt{\frac{P(1-P)}{n}}=\sqrt{\frac{60\%\times(1-60\%)}{100}}=4.899\%$$

在不重复抽样条件下的平均误差$\mu_p^{(2)}$为：

$$\mu_p^{(2)}=\sqrt{\frac{P(1-P)}{n}\left(\frac{N-n}{N-1}\right)}=\sqrt{\frac{60\%\times(1-60\%)}{100}\times\left(\frac{500-100}{500-1}\right)}=4.386\%$$

4. 为估计某地区10 000名适龄儿童的入学率，用不重复抽样从该地区抽取400名儿童，有320名儿童入学。求：概率为95.45%时的极限抽样误差为多少？

【解】

根据题意可知：总体容量$N=10\,000$，样本容量$n=400$，样本比例$p=\frac{320}{400}\times 100\%=80\%$，概率$F(t)=95.45\%$。由此可得，抽样误差概率度$t=2$，抽样平均误差为：

$$\mu_p=\sqrt{\frac{80\%\times(1-80\%)}{400}\times\left(\frac{10\,000-400}{10\,000-1}\right)}=1.959\,7\%$$

因此，所求抽样极限误差$\Delta_{\bar{x}}$为：

$$\Delta_p=t\cdot\mu_p=2\times1.959\,7\%\approx3.92\%$$

5. 根据以往的生产统计，某种产品的合格率约为 90%，现要求允许误差为 5%。求：在 95% 的置信区间时应抽取多少个产品作为样本？

【解】

根据题意，有 $p=90\%$，$E=5\%$，$1-\alpha=95\%$，$\frac{\alpha}{2}=0.05$，$z_{0.025}=1.96$，则应抽取的样本容量为：

$$n=\frac{z_{\frac{\alpha}{2}}^{2}\cdot p\cdot(1-p)}{E^{2}}=\frac{(1.96)^{2}\times 0.9\times(1-0.9)}{0.05^{2}}=138.2976\approx 139$$

4 参数估计

【思考与练习】

1. 请简要说明参数估计、估计量与估计值的含义。

【答】

参数估计，是利用样本统计量来估计未知的总体参数的一种统计推断方法。例如，一般而言，我们可以用样本均值 $\bar{X}$ 来估计总体均值 $\boldsymbol{\mu}$、用样本比例 P 来估计总体比例 $\boldsymbol{\pi}$、用样本方差 S^2 来估计总体方差 $\boldsymbol{\sigma}^2$。

在参数估计中，那些用来估计总体参数的样本统计量被称为估计量，总体参数一般用 θ 表示，估计量一般用 $\widehat{\theta}$ 表示。

根据一次抽样得到的具体的样本计算出来的估计量的数据值被称为估计值。

2. 请解释 95%的置信区间。

【答】

我们知道，总体参数真实值尽管未知但却是固定的，并且根据一个具体样本最终计算出来的置信区间也是固定而不是随机的。因此，这个计算出来的置信区间要么包含总体参数的真实值、要么不包含，置信水平并不是某一个置信区间包含总体参数真实值的概率。实际上，置信水平也是一个针对大量重复抽样的渐近概念。如果重复多次抽样，根据每次抽样结果计算出来的具体的置信区间不尽相同，但当抽样的次数充分大时，在大量的置信区间中将有 $(1-\alpha)\times 100\%$ 的区间包含总体参数的真值，其他 $\alpha \times 100\%$ 的区间不包含总体参数的真值。也就是说，置信水平表示的是在重复抽样的情况下按特定方法构造的大量置信区间中包含总体参数真实值的区间个数占构造的所有区间的比例。例如，当大量重复构造置信水平为95%的置信区间时，在所构造的置信区间中，约有95%的置信区间是包含总体参数的真值的。

3. 一家研究机构想估计在网络公司工作的员工每周加班的平均时间，为此随机抽取了9名员工，得到他们每周加班的时间数据（单位：小时）：6，21，17，20，7，8，16，29，3。假定员工每周加班的时间服从正态分布，则网络公司员工平均每周加班时间的95%的置信区间为多少？

【解】

根据题意，有 $n=9$，故 $n-1=8$；因 $1-\alpha=0.95$，则 $\frac{\alpha}{2}=0.05$，故有 $t_{0.025}(8)=2.3060$；根据所给数据，可得 $\bar{x}=\frac{1}{n}\sum_{i=1}^{9}x_i=14.1111$、$s=\sqrt{\frac{1}{n-1}\sum_{i=1}^{n}(x_i-\bar{x})^2}=8.6088$；由此可得网络公司员工平均每周加班时间的一个置信水平为95%置信区间为：

$$\left(\bar{x} \mp t_{\frac{\alpha}{2}}(8) \cdot \frac{s}{\sqrt{n}}\right) = \left(14.111 \mp 2.3060 \times \frac{8.6088}{\sqrt{9}}\right) \Rightarrow (7.494,\ 20.728)$$

4. 某城市想要估计下岗职工中女性所占比例，随机抽取了100名下岗职工，其中65人为女职工。试以95%的置信水平估计该城市下岗职工中女性比例的置信区间。

【解】

根据题意，因 $1-\alpha=0.95$，则有 $\frac{\alpha}{2}=0.025$ 故 $z_{0.025}=1.96$；由给出的数据可得：$p=65\div100=65\%$。由此可得所求比例的一个置信水平为95%的置信区间为：

$$\left(p \mp z_{\frac{\alpha}{2}} \cdot \sqrt{\frac{p(1-p)}{n}}\right) = \left(65\% \mp 1.96 \times \sqrt{\frac{65\% \times (1-65\%)}{100}}\right) \approx (55.65\%,\ 74.35\%)$$

5. 有两个总体 X_1 和 X_2，$X_1 \sim N(\mu_1, \sigma^2)$，$X_2 \sim N(\mu_2, \sigma^2)$。现随机从两个总体中独立抽取样本以构造该两总体均值之差的估计区间。两个样本信息如下：$n_1=$

10，$\bar{x}_1 = 500$，$s_1 = 1.1$；$n_2 = 20$，$\bar{x}_2 = 496$，$s_2 = 1.2$。试求总体均值差 $\mu_1 - \mu_2$ 的一个置信水平为95%的置信区间。

【解】

根据题意可知：两个总体方差相等但数值未知、分别来自两个总体的样本是独立的且均为小样本；因 $n_1 = 10$，$n_2 = 20$，$1 - \alpha = 0.95$，故有 $n_1 + n_2 - 2 = 28$、$\frac{\alpha}{2} = 0.025$，所以 $t_{0.025}(28) = 2.048$；又因 $s_1 = 1.1$，$s_2 = 1.2$，故有 $s_w = \sqrt{\frac{(10-1) \times 1.1^2 + (20-1) \times 1.2^2}{28}} = 1.1688$。由此可得总体均值差 $\mu_1 - \mu_2$ 的一个置信水平为95%的置信区间为：

$$\left(\bar{x}_1 - \bar{x}_2 \mp t_{0.025}(28) \cdot s_w \cdot \sqrt{\frac{1}{n_1} + \frac{1}{n_2}}\right) = \left(500 - 496 \mp 2.048 \times 1.1688 \times \sqrt{\frac{1}{10} + \frac{1}{20}}\right) \approx (3.07,\ 4.93)$$

5 假设检验

【思考与练习】

1. 请简要说明假设检验的含义及其基本思想。

【答】

所谓假设检验，就是事先对总体参数或分布形式做出某种假设，然后利用样本信息来判断假设是否成立的一种统计推断方法。

假设检验是基于反证法与小概率原理的基本思想：如果随机抽取一个样本，所得到的结果与总体的某个假设存在着显著差异，并且这种显著差异发生的概率很小，那么我们就有充足的理由怀疑所做假设是否成立。

2. 请简要说明 α 错误与 β 错误的含义及其关系。

【答】

在进行假设检验时，可能会犯两种情形的错误。一种情形的错误，是原假设正确但被拒绝，这时所犯的是第一类错误或弃真错误，犯第一类错误的概率一般记为

α，因而也被称为 α 错误。另一种情形的错误，是当原假设错误但没有被拒绝时所犯的是第二类错误或纳伪错误，犯第二类错误的概率一般记为 β，因而也被称为 β 错误。

在假设检验中，只要做出拒绝原假设的决策，就有可能犯第一类错误；只要做出不拒绝原假设的决策，就有可能犯第二类错误。我们希望犯这两类错误的概率都越小越好。然而，在样本容量固定的情况下，降低犯第一类错误的概率与犯第二类错误的概率是不能同时发生的，即降低犯第一类错误的概率就会增加犯第二类错误的概率，降低犯第二类错误的概率又会增加犯第一类错误的概率。另外，$\alpha+\beta\neq 1$。

3. 某厂采用自动包装机分装产品，假定每包产品的重量服从正态分布，每包标准重量为 1 000 克。某日随机抽查 9 包，测得样本平均重量为 986 克，样本标准差为 24 克。能否认为这天自动包装机工作正常？（$\alpha=0.05$）

【解】

根据题意，有：$\mu_0=1\ 000$、$n=9$、$\bar{x}=960$、$s=24$，并建立原假设和备择假设：

$$H_0:\ \mu=1\ 000 \leftrightarrow H_1:\ \mu\neq 1\ 000$$

因总体服从正态分布、总体标准差未知且为小样本，故选择 T 统计量，其值为：

$$t=\frac{\bar{x}-\mu_0}{s/\sqrt{n}}=\frac{986-1\ 000}{24/\sqrt{9}}=-1.75$$

因 $\alpha=0.05$，故 $t_{\frac{\alpha}{2}}(n-1)=t_{0.025}(8)=\pm 2.306$，因而有 $|t|<|t_{0.025}(8)|$，应不拒绝原假设，即可以认为这天自动包装机工作正常。

4. 某研究者估计本市居民家庭的电脑拥有率为 30%。现随机抽查了 200 个家庭，其中 68 个家庭拥有电脑。研究者的估计是否可信？（$\alpha=0.05$）

【解】

根据题意，有：$p_0=30\%$，$n=200$，$\hat{p}=\frac{68}{200}=34\%$，$s=5\ 000$。建立原假设和备择假设：

$$H_0:\ p=30\% \leftrightarrow H_1:\ p\neq 30\%$$

因总体服从二项分布且为大样本，故选择 Z 统计量，其值为：

$$z=\frac{\hat{p}-p_0}{\sqrt{\frac{p_0(1-p_0)}{n}}}=\frac{34\%-30\%}{\sqrt{\frac{30\%\times(1-30\%)}{200}}}=1.234$$

因 $\alpha=0.05$，故 $z_{\frac{\alpha}{2}}=z_{0.025}=\pm1.96$，因而有 $|z|<|z_{0.025}|$，应不拒绝原假设，即可认为该研究者的估计是可信的。

5. 有两种方法可用于制造某种以抗拉强度为重要特征的产品。根据以往的资料得知，第一种方法生产出的产品其抗拉强度的标准差为 8 千克，第二种方法的标准差为 10 千克。从两种方法生产的产品中各抽取一个随机样本，样本容量分别为 $n_1=32$、$n_2=40$，测得 $\bar{x}_1=50$ 千克、$\bar{x}_2=44$ 千克。这两种方法生产的产品平均抗拉强度是否有显著差别？（$\alpha=0.05$）

【解】

根据题意，有：$\bar{x}_1=50$，$\bar{x}_2=44$，$n_1=32$，$n_2=40$，$\sigma_1=8$，$\sigma_2=10$。建立原假设和备择假设：

$$H_0:\ \mu_1=\mu_2 \leftrightarrow H_1:\ \mu_1\neq\mu_2$$

因两个总体服从正态分布、标准差已知且为独立抽样，故选择 Z 统计量，其值为：

$$z=\frac{(\bar{x}_1-\bar{x}_2)-(\mu_1-\mu_2)}{\sqrt{\dfrac{\sigma_1^2}{n_1}+\dfrac{\sigma_2^2}{n_2}}}=\frac{(50-44)-0}{\sqrt{\dfrac{8^2}{32}+\dfrac{10^2}{40}}}\approx2.828$$

因 $\alpha=0.05$，故 $z_{\frac{\alpha}{2}}=z_{0.025}=\pm1.96$，因而有 $|z|>|z_{0.025}|$，应拒绝原假设，即有证据表明这两种方法生产的产品平均抗拉强度存在显著差别。

6 方差分析

【思考与练习】

1. 请简要说明方差分析的含义及其基本原理。

【答】

方差分析又称变异数分析，是用于研究分类型自变量，即控制变量与数值型因变量，即观测变量的关系的一种分析方法。它通过检验多个总体的均值是否相等，来判断一个或多个分类型自变量对数值型因变量是否有显著影响。

方差分析认为，观测变量值的变化受到两类因素的影响：第一类是控制变量，即可控因素的不同水平所产生的影响；第二类是除可控因素外的随机因素所产生的影响。如果可控因素的不同水平对观测变量产生了显著影响，那么它和随机变量共同作用必然使得观测变量的值有显著的变动；反之，如果可控因素的不同水平没有对观测变量产生显著影响，那么，观测变量的数据波动应当是由抽样误差所造成的，即观测变量的值一般不会有显著的变动。判断控制变量在不同水平下观测变量的值产生了明显变动的依据是：如果控制变量在各水平下的观测变量总体的分布出现了显著差异，则认为观测变量值发生了明显变动，也即意味着控制变量的不同水平对观测变量产生了显著影响：反之，如果控制变量在各水平下的观测变量总体的分布没有显著差异，则认为观测变量的值没有发生明显变动，即意味着控制变量的不同水平对观测变量没有产生显著影响。如果存在如下前提条件，即控制变量的各水平下在观测变量的总体服从正态分布且方差相同，那么这时，方差分析对各总体分布是否有显著差异的推断就转化成了对各总体均值是否存在显著差异的推断。

2. 请简要说明方差分析中的三种波动平方和的含义及其关系。

【答】

方差分析中有三种波动平方和：总波动平方和、组间波动平方和和组内波动平方和。

总波动平方和 *SST* 是全部观测值与总平均值的离差平方和，其反映的是所有观测数据的总波动程度。

组间波动平方和是控制变量各水平下的样本平均值与总平均值的离差平方和，它反映的是控制变量在不同水平下样本均值之间的波动程度。

组内波动平方和是观测变量在每个水平下的各样本数据与其平均值的离差平方和，其反映了控制变量在同一个水平下样本数据之间的波动程度。

理论上可以证明，总波动平方和、组间波动平方和、组内波动平方和这三者的关系为：

总波动平方和 = 组间波动平方和 + 组内波动平方和

3. 请完成表 6.14 的①~⑤，并判断是否拒绝原假设。

表 6.14　方差分析表

方差来源	平方和	自由度	均方	F 值	F 临界值
组间	①	②	210	③	3.354 1
组内	3 836	④	⑤	—	—
总和	4 256	29	—	—	—

【解】

根据题意，得到完整的方差分析表（表 C）。

表 C　完整的方差分析表

方差来源	平方和	自由度	均方	F 值	F 临界值
组间	420	2	210	1.478 1	3.354 1
组内	3 836	27	142.074 1	—	—
总和	4 256	29	—	—	—

因 F 值小于 F 临界值，故不拒绝原假设。

4. 从 3 个总体中各抽取容量不同的样本数据，结果如下：样本 1 的数据分别为 158、148、161、154、169，样本 2 的数据分别为 153、142、156、149，样本 3 的数据分别为 169、158、180。现要求检验：3 个总体的均值之间是否有显著差异？($\alpha = 0.01$)

【解】

设 3 个总体的均值分别为 μ_1、μ_2、μ_3，则建立假设：

$$H_0: \mu_1 = \mu_2 = \mu_3 \leftrightarrow H_1: \mu_1、\mu_2、\mu_3 \text{ 不全相等}$$

根据题意，有 $\bar{\bar{x}} = 158.083\ 3$、$n = 12$；$\bar{x}_1 = 158$、$n_1 = 5$；$\bar{x}_2 = 150$、$n_2 = 4$；$\bar{x}_3 = 169$、$n_3 = 3$；$k = 3$，则组间离差平方和为：

$$SSA = \sum_{i=1}^{k} n_i(\bar{x}_i - \bar{\bar{x}})^2 \approx 618.916\ 7$$

组内离差平方和为：

$$SSE = \sum_{i=1}^{k} \sum_{j=1}^{n_i} (x_{ij} - \bar{x}_i)^2 = 598$$

因而组间均方为：

$$MSA = \frac{SSA}{k-1} \approx 309.458\ 3$$

组内均方为：

$$MSE = \frac{SSE}{n-k} \approx 66.4444$$

由此可得检验统计量 $F = \frac{MSA}{MSE} = 4.6574$。查 F 分布分位数表，得 $F_{\alpha}(k-1, n-k) = F_{0.01}(2, 9) = 8.0215$。因 $F < F_{0.01}(2, 9)$，故不拒绝原假设，即没有证据表明这 3 个总体的均值之间有显著差异。

5. 为研究某产品的销售区域与包装样式对该产品销量的影响，在 3 个不同销售区域、使用 3 种不同包装样式进行产品销售，获得的销量数据如表 6.15 所示。

表 6.15 某产品在不同区域、采取不同包装情况下的销量数据

（单位：万元）

销售区域	包装样式		
	1	2	3
1	45	75	30
2	50	50	40
3	35	65	50

检验销售区域与包装样式对该产品的销量是否有显著性影响。($\alpha = 0.05$)

【解】

假设销售区域为控制变量 A，包装样式为控制变量 B，两个控制变量之间没有交互作用。

对于控制变量 A，设不同销售区域的平均销量分别为 μ_1^A、μ_2^A、μ_3^A，则建立假设：

$$H_0: \mu_1^A = \mu_2^A = \mu_3^A \leftrightarrow H_1: \mu_1^A, \mu_2^A, \mu_3^A \text{ 不全相等}$$

对于控制变量 B，设包装样式的平均销量分别为 μ_1^B、μ_2^B、μ_3^B，则建立假设：

$$H_0: \mu_1^B = \mu_2^B = \mu_3^B \leftrightarrow H_1: \mu_1^B, \mu_2^B \text{ 不全相等}$$

根据题意，可得到方差分析表（表 D）。

表 D 方差分析表

方差来源	平方和	自由度	均方	F 值	F 临界值
销售区域	22.222 2	2	11.111 1	0.072 7	6.944 3

续表

方差来源	平方和	自由度	均方	F 值	F 临界值
包装样式	955.555 6	2	477.777 8	3.127 3	6.944 3
误差项	611.111 1	4	152.777 8	—	—
总和	1 588.888 9	8	—	—	—

因 $F_A < F_{0.05}$，故不拒绝原假设，即没有证据表明不同销售区域对销量的影响是显著的；因 $F_B < F_{0.05}$，故不拒绝原假设，即没有证据表明不同的包装样式对销量的影响是显著的。

7 相关分析

【思考与练习】

1. 请简要解释函数关系与相关关系。

【答】

函数关系是指当一个或几个变量取一定的值时，另一个变量有确定值与之对应。确定性现象或事物之间的关系常常表现为函数关系，即一种现象或事物的数量确定以后，另一种现象或事物的数量也随之完全确定，表现出一种严格的、一一对应的函数关系。

相关关系是指变量之间保持着不确定的数量依存关系，即变量间关系不能用严格的函数关系精确表达，一个变量的取值不能由另一个变量唯一确定，即当一个变量取某个值时，另一变量的取值可能有几个。

2. 请简述简单线性相关分析的一般步骤。

【答】

简单线性相关分析，就是对两个变量之间的相关性进行计算与分析，其分析的一般步骤为：

（1）在进行相关分析时，应当先确定变量之间是否存在相关关系。这时，我们可以使用散点图的方法定性描述两个变量之间是否存在相关关系以及存在什么样的相关关系；

(2) 通过散点图的方法，确定出两个变量之间大致呈线性相关关系后，可以通过相关系数的方法计算变量之间线性相关的程度；

(3) 计算出相关系数后，还应当对其进行显著性检验，以检验变量之间是否真的存在这样的线性关系。

3. 在研究人均消费水平的问题中，将人均消费额记为 y，把人均国民收入记为 x，单位计为美元。现收集到某经济体的近十年的样本数据，数据如表 7.3 所示，请画出人均消费额与人均国民收入的散点图，并根据散点图判断它们之间存在什么样的关系。

表 7.3　某经济体的近十年的样本数据

年份编号	人均国民收入	人均消费额
1	400	249
2	420	267
3	460	289
4	545	329
5	670	406
6	740	451
7	860	513
8	1 070	643
9	1 170	690
10	1 250	713

【解】

根据题意，所求散点图如图 A 所示。

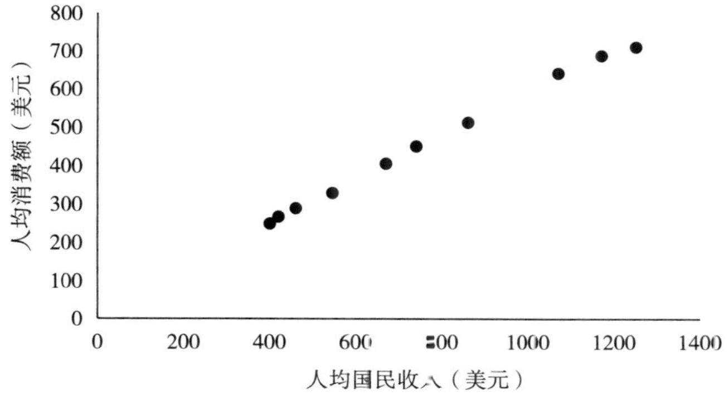

图 A　散点图

从图 1 可以看出，人均消费额与人均国民收入存在线性的正相关关系。

4. 数据接上题，请计算人均消费额与人均国民收入之间的 Pearson 相关系数，并根据 Pearson 相关系数判断它们之间存在什么样的关系。

【解】

为计算 Pearson 相关系数所需的相关数据，如表 E 所示。

表 E　计算 Pearson 相关系数的相关数据

年份编号	人均国民收入 x_i（美元）	人均消费额 y_i（美元）	x_i^2	y_i^2	x_iy_i
1	400	249	160 000	62 001	99 600
2	420	267	176 400	71 289	112 140
3	460	289	211 600	83 521	132 940
4	545	329	297 025	108 241	179 305
5	670	406	448 900	164 836	272 020
6	740	451	547 600	203 401	333 740
7	860	513	739 600	263 169	441 180
8	1 070	643	1 144 900	413 449	688 010
9	1 170	690	1 368 900	476 100	807 300
10	1 250	713	1 562 500	508 369	891 250
合计	7 585	4 550	6 657 425	2 354 376	3 957 485

由此可计算得到 Pearson 相关系数为：

$$r=\frac{10\times 3\ 957\ 485-7\ 585\times 4\ 550}{\sqrt{10\times 6\ 657\ 425-7\ 585^2}\times\sqrt{10\times 2\ 354\ 376-4\ 550^2}}\approx 0.998\ 9$$

由此可以看出，人均消费额与人均国民收入存在线性的高度正相关关系。

5. 数据接上题，请检验人均消费额与人均国民收入之间的 Pearson 相关系数的显著性。

【解】

为了检验该相关系数的显著性，建立假设：

$$H_0: \rho = 0 \leftrightarrow H_1: \rho \neq 0$$

因服从 t 分布，故选择 T 检验统计量，其值为：

$$t = |0.9989| \times \frac{\sqrt{10-2}}{\sqrt{1-0.9989^2}} \approx 60.2525$$

取显著性水平 $\alpha = 0.05$，故上侧 $\alpha/2$ 分位数 $t_{0.025}(8) = 2.3060$，因而有 $|t| > t_{0.025}(8)$。由于所选择 T 统计量的值落在拒绝域内，因此拒绝原假设，即有证据表明人均消费额与人均国民收入之间存在显著的高度正相关关系。

8 回归分析

【思考与练习】

1. 请简述回归分析的概念及其主要内容。

【答】

在统计学中，回归分析是指确定两种或两种以上变量间相互依赖的定量关系的一种统计分析方法。回归分析侧重考察变量之间的数量变化规律，用于分析事物之间的数量统计关系，并通过数学上的函数方程形式来定量描述这种规律和关系，使我们能够准确地把握变量受其他变量的影响程度，从而为科学决策提供数量依据和重要参考。

回归分析的主要内容有：①从随机样本数据出发，确定因变量何自变量之间的数学关系式；②对所得数学关系式的可信程度进行各种统计检验，并对影响因定变量的自变量进行显著性检验；③利用所得数学关系式，根据自变量的取值来预测或控制因变量的取值，并给出这种预测或控制的可靠程度。

2. 请简要解释普通最小二乘法。

【答】

普通最小二乘法简称最小二乘法，它是通过使得每一个实际观测点 (x_i, y_i) 与回归方程上的对应点 $(x_i, E(y_i))$ 之间的偏差的总和达到最小来估计模型参数的一种方法。在这里，实际观测点 (x_i, y_i) 与回归方程上的对应点 $(x_i, E(y_i))$ 之间的偏差一般用因变量的实际观测值 y_i 和估计值 $\hat{y}_i$ 之间的离差平方和来表示，因而最小二乘法有时也被称为最小平方法。当回归模型的误差项 ε 满足前面所提的三个假定条件时，模型参数的最小二乘法估计具有许多优良的统计性质，因此该估计方法被广泛应用。

3. 表 8.5 为某小卖部 6 天卖出热茶的杯数（y）与当天气温（x）的对比。

表 8.5 某小卖部 6 天卖出热茶的杯数（y）与当天气温（x）的对比

气温（℃）	26	18	13	10	4	-1
杯数	20	24	34	38	50	64

试求：

（1）利用最小二乘法建立一元线性回归方程；

（2）若某天的气温为-3 ℃，请预测这天可能会卖出热茶多少杯。

【解】

（1）根据普通最小二乘法，计算得到所求回归系数：

$$\beta_1 = \frac{n\sum xy - \sum x \sum y}{n\sum x^2 - (\sum x)^2}(2') \approx -1.648$$

$$\widehat{\beta}_0 = \bar{y} - \widehat{\beta}_1 \bar{x}(2') \approx 57.557$$

故所求一元线性回归方程为：$y = -1.65x + 57.56$。

（2）当气温 $x = -3$ ℃时，所求杯数为：

$$y = -1.648 \times (-3) + 57.557 \approx 62（杯）$$

4. 随机抽取 7 家生产类似产品企业，得到其广告费用和销售额额数据，如表 8.6 所示。

表 8.6 7 家生产类似产品企业的广告费用和销售额额数据

企业	广告费用 X（万元）	销售额 Y（万元）
1	1	19
2	2	32
3	4	44
4	6	40
5	10	52
6	14	53
7	20	54

请建立估计的回归方程，并检验广告费用与销售额之间的线性关系是否显著。

【解】

根据普通最小二乘法，计算得到所求回归系数：

$$\beta_1 = \frac{n\sum xy - \sum x \sum y}{n\sum x^2 - (\sum x)^2} \approx 1.547\,5$$

$$\widehat{\beta}_0 = \bar{y} - \widehat{\beta}_1 \bar{x} \approx 29.399\,1$$

故所求一元线性回归方程为：$y = 1.547\,5x + 29.399\,1$。

为检验所构造一元线性回归方程的显著性，建立假设：

$$H_0: \beta_1 = 0 \leftrightarrow H_1: \beta_1 \neq 0$$

选用 F 检验统计量，其值为：

$$F = \frac{SSR/1}{SSE/(n-2)} \approx 11.146\,8$$

取显著性水平 $\alpha = 0.05$，故上侧 α 分位数 $F_{0.05}(1, 5) = 6.608$，因而有 $F > F_{0.05}(1, 5)$。由于所选择 F 统计量的值落在拒绝域内，因此拒绝原假设，即有证据表明广告费用与销售额之间的线性关系是显著的。

5. 根据表 8.7 中的数据，用 Excel 进行回归，并对回归结果进行解释。

表 8.7　原始数据表

Y	X_1	X_2
12	174	3
18	281	9
31	189	4
28	202	8
52	149	9
47	188	12
38	215	5
22	150	11
36	167	8
17	135	5

【解】

使用 Excel 输出的结果如表 F 所示。

表 F　使用 Excel 输出的结果

回归统计	
Multiple R	0. 459 234
R Square	0. 210 896
Adjusted R Square	−0. 014 56
标准误差	13. 341 22
观测值	10

表 F 为方差分析表。

表 G　方差分析

	df	*SS*	*MS*	*F*	*Significance F*
回归分析	2	332. 983 7	166. 491 9	0. 935 41	0. 436 485
残差	7	1 245. 916	177. 988		
总计	9	1 578. 9			

表 H 为标准误差表。

表 H　标准误差

	Coefficients	标准误差	*t* Stat	*P*−value	Lower 95%	Upper 95%
Intercept	25. 028 7	22. 278 63	1. 123 44	0. 298 298	−27. 651 9	77. 709 218
X Variable 1	−0. 049 71	0. 105 992	−0. 469 04	0. 653 301	−0. 300 35	0. 200 918
X Variable 2	1. 928 169	1. 472 16	1. 309 755	0. 231 624	−1. 552 94	5. 409 276

由此，可得到所求回归方程：$\hat{y}=25.0287-0.04971x_1+1.928169x_2$。判定系数 *R* Square 约为 21. 09%，表示在因变量的变差中能够被 Y 与 X_1、X_2 之间的线性关系所解释的比例约为 21. 09%；由于该比例较低，说明回归方程的拟合程度较差。方差分析表明，Significance *F* 远大于显著性水平 $\alpha=0.05$，表明 Y 与 X_1、X_2 之间的线性关系不显著；同时，用于回归系数检验的 *P*−value 均大于 $\alpha=0.05$，表明两个回归系数

均不显著。

9 时间序列分析

【思考与练习】

1. 简述时间序列分析的含义，并说明其余回归分析的区别。

【答】

时间序列分析是研究按时间顺序观测的系列数据的统计分析方法，着重于从时间的发展变化角度揭示事物或现象数量变化和时间的关系，研究随时间推移的演变趋势和变化规律，分析并预测在未来时间可能达到的数量规模和水平。

时间序列分析与回归分析看上去有些类似，但其本质上是不同的。它们最大的差别在于：时间序列不追求自变量 x 因素对因变量 Y 的影响，它更关注于时间变化对 Y 的影响。也就是说，在某一时期或时点上的 Y 值，其实是多个自变量 x 对其影响的结果，而时间序列分析是将这些 x 对 Y 的影响在时间维度上进行了概括。在时间序列分析中，通常只研究因变量 Y 和时间 t 之间的关系。

2. 简述时间序列分析的步骤。

【答】

在进行时间序列分析与预测时，通常包括以下几个步骤：

(1) 确定时间序列所包含的影响因素，也就是确定时间序列的类型；

(2) 根据时间序列的类型，确定适合的预测方法；

(3) 对可能的预测方法或方案进行评估，以确定最佳预测方法或方案；

(4) 利用最佳预测方法或方案进行预测。

3. 某企业过去 18 个月的销售额数据，如表 9.9 所示。

表 9.9 某企业过去 18 个月的销售额数据 （单位：万元）

月份编号	销售额	月份编号	销售额	月份编号	销售额
1	295	7	381	13	449

续表

月份编号	销售额	月份编号	销售额	月份编号	销售额
2	283	8	431	14	544
3	322	9	424	15	601
4	355	10	473	16	587
5	286	11	470	17	644
6	379	12	481	18	660

请使用 3 期移动平均法预测第 19 个月的销售额。

【解】

第 19 个月的 3 期移动平均销售额预测值 F_{19} 为：

$$F_{19} = \frac{587 + 644 + 660}{3} \approx 630.33$$

4. 数据接上题，采用平滑指数法，分别用平滑系数 $\alpha = 0.3$ 和 $\alpha = 0.5$ 预测各月数据，分析预测误差，说明哪个平滑系数更加适合预测。

【解】

使用两种平滑系数的各个月份的预测值如表 I 所示。

表 I　使用两种平滑系数的各个月份的预测值

月份编号	销售额	预测值 $\alpha = 0.3$	预测误差	预测误差的平方	预测值 $\alpha = 0.5$	预测误差	预测误差的平方
1	295	295.00	0.00	0.00	295.00	0.00	0.00
2	283	295.00	-12.00	144.00	295.00	-12.00	144.00
3	322	291.40	30.60	936.36	289.00	33.00	1 089.00
4	355	300.58	54.42	2 961.54	305.50	49.50	2 450.25
5	286	316.91	-30.91	955.18	330.25	-44.25	1 958.06
6	379	307.63	71.37	5 093.08	308.13	70.88	5 023.27
7	381	329.04	51.96	2 699.43	343.56	37.44	1 401.57
8	431	344.63	86.37	7 459.65	362.28	68.72	4 722.27
9	424	370.54	53.46	2 857.81	396.64	27.36	748.54

续表

月份编号	销售额	预测值 α = 0. 3	预测误差	预测误差的平方	预测值 α = 0. 5	预测误差	预测误差的平方
10	473	386. 58	86. 42	7 468. 58	410. 32	62. 68	3 928. 74
11	470	412. 51	57. 49	3 305. 63	441. 66	28. 34	803. 15
12	481	429. 75	51. 25	2 626. 18	455. 83	25. 17	633. 52
13	449	445. 13	3. 87	15. 00	468. 42	-19. 42	376. 94
14	544	446. 29	97. 71	9 547. 37	458. 71	85. 29	7 274. 81
15	601	475. 60	125. 40	15 724. 52	501. 35	99. 65	9 929. 37
16	587	513. 22	73. 78	5 443. 23	551. 18	35. 82	1 283. 30
17	644	535. 36	108. 64	11 803. 68	569. 09	74. 91	5 611. 74
18	660	567. 95	92. 05	8 473. 45	606. 54	53. 46	2 857. 52
合计	—	—	—	87 514. 68	—	—	50 236. 04

当 α =0. 3 时，预测的均方误差为 87 514. 68/18 ≈4 861. 93，当 α =0. 5 时，预测的均方误差为 50 236. 04/18 ≈2 790. 89。因此，使用平滑系数 α =0. 5，更加适合预测。

5. 数据接上题，建立一个预测趋势方程，并计算估计标准误差。

【解】

使用 Excel 输出的结果如表 J 所示。

表 J　使用 Excel 输出的结果

回归统计	
Multiple *R*	0. 967 3
R Square	0. 935 6
Adjusted *R* Square	0. 931 6
标准误差	31. 662 8
观测值	18

表 K 为方差分析。

表 K　方差分析

	df	SS	MS	F
回归分析	1	232 982. 5	232 982. 5	232. 394 4
残差	16	16 040. 49	1 002. 53	
总计	17	249 022. 9		

表 L 为标准误差。

表 L　标准误差

	Coefficients	标准误差	t Stat	P-value
Intercept	239. 732 03	15. 570 55	15. 396 5	5. 16E-11
X Variable 1	21. 928 793	1. 438 474	15. 244 49	5. 99E-11

根据输出结果，可以得到所求预测趋势方程为：

$$\widehat{Y}_t = 293.73 + 21.93t$$

估计标准误差 $s_Y = 31.6628$。

10　统计指数

【思考与练习】

1. 简述统计指数的含义。

【答】

统计指数简称指数，它是一种对比性的分析指标，是测定数量变动的相对数，通常表现为百分数。统计指数是分析社会经济现象数量变化的一种重要统计方法，其有广狭二义。从广义上讲，凡是表明社会经济现象总体数量变动的相对数都是指数。从狭义上讲，统计指数是表明复杂社会经济现象总体数量综合变动的相对数。广义的统计指数与狭义的统计指数在实际中均得到较为广泛的应用。但从指数理论和方法上看，统计指数所研究的主要是狭义指数。

2. 简述拉氏指数、帕氏指数的含义及其区别联系。

【答】

(1) 拉氏指数。拉氏指数是由德国经济统计学家拉斯贝尔斯于 1864 年提出，他将作为权数的同度量因素固定在基期来计算加权综合指数。拉氏指数的计算公式为：

$$拉氏数量指标指数I_q = \frac{\sum q_1 p_0}{\sum q_0 p_0}$$

$$拉氏质量指标指数I_p = \frac{\sum q_0 p_1}{\sum q_0 p_0}$$

(2) 帕氏指数。帕氏指数是由德国学者帕煦于 1874 年提出，他将作为权数的同度量因素固定在报告期来计算加权综合指数。帕氏指数的计算公式为：

$$帕氏数量指标指数I_q = \frac{\sum q_1 p_1}{\sum q_0 p_1}$$

$$帕氏质量指标指数I_p = \frac{\sum q_1 p_1}{\sum q_1 p_0}$$

(3) 拉氏指数与帕氏指数的比较。

(a) 拉氏指数将同度量因素固定在基期，在定基指数数列中，各期指数不受权数结构变动影响，可比性更强；帕氏指数将同度量因素固定在报告期，无论是在定基指数数列中还是在环比指数数列中，权数结构都会随报告期改变而改变，从而使各期指数的可比性受到影响。

(b) 由于权数不同，依据同一资料计算的拉氏指数和帕氏指数的计算结果通常会存在差异；一般情况下，拉氏指数大于帕氏指数。

(c) 如果所有个体指数都按相同比例变化或所有的同度量因素都按相同比例变化，则拉氏指数与帕氏指数相等。

3. 某企业三种产品的销量和价格数据如表 10.5 所示。

表 10.5 某企业三种产品的销量和价格数据

产品名称	计量单位	销量（万件）		价格（元/件）	
		基期 q_0	报告期 q_1	基期 p_0	报告期 p_1
甲	支	400	600	0.25	0.2

续表

产品名称	计量单位	销量（万件）		价格（元/件）	
		基期 q_0	报告期 q_1	基期 p_0	报告期 p_1
乙	件	500	600	0.4	0.36
丙	个	200	180	0.5	0.6

试求：

(1) 用拉氏指数计算销量指数及价格指数；

(2) 用帕氏指数计算销量指数及价格指数。

【解】

(1) 拉氏销量指数为：

$$I_q = \frac{\sum p_0 q_1}{\sum p_0 q_0} = \frac{0.25 \times 600 + 0.4 \times 600 + 0.5 \times 180}{0.25 \times 400 + 0.4 \times 500 + 0.5 \times 200} = 120.00\%$$

拉氏价格指数为：

$$I_p = \frac{\sum p_1 q_0}{\sum p_0 q_0} = \frac{0.2 \times 400 + 0.36 \times 500 + 0.6 \times 200}{0.25 \times 400 + 0.4 \times 500 + 0.5 \times 200} = 95.00\%$$

(2) 帕氏销量指数为：

$$I_q = \frac{\sum p_1 q_1}{\sum p_1 q_0} = \frac{0.2 \times 600 + 0.36 \times 600 + 0.6 \times 180}{0.2 \times 400 + 0.36 \times 500 + 0.6 \times 200} = 116.84\%$$

帕氏价格指数为：

$$I_p = \frac{\sum p_1 q_1}{\sum p_0 q_1} = \frac{0.2 \times 600 + 0.36 \times 600 + 0.6 \times 180}{0.25 \times 600 + 0.4 \times 600 + 0.5 \times 180} = 92.50\%$$

4. 某商店报告期与基期三种商品价格及销售量资料如表 10.6 所示。

表 10.6　某商店报告期与基期三种商品价格及销售量资料

商品名称	销售量（万件）		价格（元/件）	
	基期	报告期	基期	报告期
A	20	15	20	25
B	15	25	10	15

续表

商品名称	销售量（万件）		价格（元/件）	
	基期	报告期	基期	报告期
C	25	30	20	10

试求：

(1) 报告期与基期相比，商品总销售额增长的百分比和绝对额各是多少？

(2) 采用拉氏指数公式计算商品的销售量综合指数及由于销售量变动而影响的绝对额。

(3) 采用帕氏指数公式计算商品的价格综合指数及由于价格变动而影响的绝对额。

【解】

由已知条件整理得表 M。

表 M　原始及整理数据表

商品名称	q_0	q_1	p_0	p_1	p_0q_0	p_1q_1	p_0q_1
A	20	15	20	25	400	375	300
B	15	25	10	15	150	375	250
C	25	30	20	10	500	300	600
求和					1 050	1 050	1 150

(1) 报告期与基期相比，商品总销售额指数为：

$$\frac{\sum p_1q_1}{\sum p_0q_0} = \frac{1\ 050}{1\ 050} = 100\%$$

总销售额增长的百分比为 0%。商品总销售增长的绝对额为：

$$\sum p_1q_1 - \sum p_0q_0 = 0(\text{万元})$$

(2) 销售量综合指数为：

$$\frac{\sum p_0q_1}{\sum p_0q_0} = \frac{1\ 150}{1\ 050} \approx 1.095$$

由于销售量变动而影响的绝对额为：

$$\sum p_0q_1 - \sum p_0q_0 = 1\ 150 - 1\ 050 = 100(\text{万元})$$

(3) 价格综合指数为：

$$\frac{\sum p_1q_1}{\sum p_0q_1} = \frac{1\ 050}{1\ 150} \approx 0.913$$

由于价格变动而影响的绝对额为：

$$\sum p_1q_1 - \sum p_0q_1 = 1\ 050 - 1\ 150 = -100(\text{万元})$$

5. 某零售店成本如表 10.7 所示。

表 10.7　某零售店成本情况

商品名称	平均成本（元）		商品件数	
	基期 x_0	报告期 x_1	基期 f_0	报告期 f_1
A	900	950	150	154
B	960	1 020	240	300
C	1 020	1 060	210	240

试求：

(1) 计算说明该零售店总平均成本变动指数及变动绝对额；

(2) 计算说明该零售店商品平均成本变动指数及变动绝对额；

(3) 计算说明该零售店商品结构变动指数及变动绝对额。

【解】

所需数据计算如表 N 所示。

表 N　所需数据

商品结构	x_0	x_1	f_0	f_1	x_0f_0	x_1f_1	x_0f_1
A	900	950	150	154	135 000	146 300	138 600
B	960	1 020	240	300	230 400	306 000	288 000
C	1 020	1 060	210	240	214 200	254 400	244 800
合计			600	694	579 600	706 700	671 400

则有：

（1）该零售店总平均成本变动指数为：

$$\frac{\sum x_1f_1}{\sum f_1} \div \frac{\sum x_0f_0}{\sum f_0} = \frac{706\ 700}{694} \div \frac{579\ 600}{600} = 105.41\%$$

该零售店总平均成本变动绝对额分别为：

$$\frac{\sum x_1f_1}{\sum f_1} - \frac{\sum x_0f_0}{\sum f_0} = \frac{706\ 700}{694} - \frac{579\ 600}{600} = 52.30$$

（2）该零售店商品平均成本变动指数为：

$$\frac{\sum x_1f_1}{\sum f_1} \div \frac{\sum x_0f_1}{\sum f_1} = \frac{706\ 700}{694} \div \frac{671\ 400}{694} = 105.26\%$$

该零售店商品平均成本变动绝对额为：

$$\frac{\sum x_1f_1}{\sum f_1} - \frac{\sum x_0f_1}{\sum f_1} = \frac{706\ 700}{694} - \frac{571\ 400}{694} = 50.86$$

（3）该零售店商品结构变动指数为：

$$\frac{\sum x_0f_1}{\sum f_1} \div \frac{\sum x_0f_0}{\sum f_0} = \frac{671\ 400}{694} \div \frac{579\ 600}{600} = 100.15\%$$

由此可知，该零售店商品结构变动绝对额为：

$$\frac{\sum x_0f_1}{\sum f_1} - \frac{\sum x_0f_0}{\sum f_0} = \frac{671\ 400}{694} - \frac{579\ 600}{600} = 1.44$$